本书是教育部学校规划建设发展中心、重庆第二师范学院儿童研究院“基于主动式学习的 0~3 岁早教课程及师幼操作手册研发”（CSDP19F01116）成果之一，重庆第二师范学院校级科研平台“0~6 岁儿童家庭教育研究中心”（编号：16xjpt03）的系列研究成果之一。

0~3 岁婴幼儿早期教育活动设计与指导

胡红梅　王　书　编著

西南大学出版社
SWUP 国家一级出版社 全国百佳图书出版单位

图书在版编目(CIP)数据

0~3岁婴幼儿早期教育活动设计与指导 / 胡红梅，王书编著. — 重庆：西南师范大学出版社，2021.5
ISBN 978-7-5697-0789-2

Ⅰ.①0… Ⅱ.①胡… ②王… Ⅲ.①婴幼儿－早期教育－研究 Ⅳ.①G61

中国版本图书馆CIP数据核字(2021)第066179号

0~3岁婴幼儿早期教育活动设计与指导

0~3 SUI YINGYOU'ER ZAOQI JIAOYU HUODONG SHEJI YU ZHIDAO

胡红梅　王　书　编著

责任编辑：周明琼
责任校对：张燕妮
书籍设计：观止堂_未氓
排　　版：张　祥
出版发行：西南大学出版社(原西南师范大学出版社)
地　　址：重庆市北碚区天生路2号
邮　　编：400715
电　　话：023-68868624
经　　销：全国新华书店
印　　刷：重庆新荟雅科技有限公司
幅面尺寸：185 mm×260 mm
印　　张：13.5
字　　数：312千字
版　　次：2021年5月 第1版
印　　次：2024年2月 第3次印刷
书　　号：ISBN 978-7-5697-0789-2

定　　价：39.00元

前言

PREFACE

自2010年《国家中长期教育改革和发展规划纲要(2010—2020年)》提出"重视0至3岁婴幼儿教育"目标以来,我国不断加强对0~3岁婴幼儿早期教育的政策关注、建设扶持、工作督促,这极大提升了社会大众及相应教育机构对此领域的关切和介入。

近年来我国婴幼儿早期教育研究和应用实践不断丰富深入,全面覆盖到包括农村贫困地区在内的婴幼儿早期教育理念及标准研制、师资培养、家庭教育指导、社区培养及专业托育服务建设等方方面面。我国社会当前可见的早教服务形式主要包括家庭早教、商业早教、幼儿园早教、社区早教等,涉及普惠性和营利性的不同种类,在各自领域扮演不同的社会功能,满足了不同群体家庭对早教的需求。然而,随着当前国内经济发展和全面开放二孩政策的推进,人们对早教的需求越来越大,也越来越复杂,强调质量取向、专业保障、规范监督是未来早教工作发展的必然趋势,有关早教工作的理念科学性、内容系统性、操作规范性等研究探索需求进一步凸显。

2019年5月9日,《国务院办公厅关于促进3岁以下婴幼儿照护服务发展的指导意见》强调:"加强对家庭婴幼儿照护的支持和指导。""为家长及婴幼儿照护者提供婴幼儿早期发展指导服务。""加大对社区婴幼儿照护服务的支持力度。""加强婴幼儿照护服务专业化、规范化建设。""依法逐步实行工作人员职业资格准入制度。"这充分说明了当前早期教育研究务必抓住包括早教理念内涵建设,早教课程体系建设,早教实践规范化、可操作化技术建设在内的具体领域工作。

2013年,重庆第二师范学院学前教育学院开设"婴幼儿早期教育"课程,开始了关于0~3岁婴幼儿教育的艰难摸索。2015年在教师能力与学生兴趣相结合的基础上,开设了早教工作坊、感统工作坊以及食育工作坊;2016年成立了0~6岁儿童家庭教育研究中心。本书基于学前教育学院0~3岁婴幼儿早期教育的经验和平台支持,进一步整合早教课程理论体系和实践应用操作指导,针对社会大众及教科研工作需求开启新的探索。本书出版的意义和目的在于:

本书以0~3岁婴幼儿早期教育理念内涵为起点,通过若干核心活动案例的示范,为读者建构规范、专业的早教课程理论知识及操作应用指导框架。在此基础上,本书还特别研制了适应0~3岁婴幼儿的特色早教课程设计,进一步针对婴幼儿感知机能发展和营养膳食所需进行可操作化指导,并在0~3岁婴幼儿各细分年龄段中着眼广大家庭和社会所关切的早期教育话题、问题进行诊断答疑。因此,本书力求理论与实践、规范与利行的兼容,对广大早期教育学习与研究者、婴幼儿家庭、早教机构、社区服务人员、家庭教育服务人员皆具适宜性。

全书共分上中下三个篇章。上篇为0~3岁婴幼儿早期教育活动课程及方案;中篇为0~3岁婴幼儿特色活动课程及方案,包括婴幼儿感统和食育课程系列案例设计与详细操作指导;下篇为0~3岁婴幼儿早期教育常见问题答疑,分别针对0~1岁,1~2岁,2~3岁婴幼儿早期教育中的常见生理、心理教养问题进行分析诊断。

全书由重庆第二师范学院的胡红梅、王书负责整体框架建构、撰写、统稿工作,学前教育学院的李雪、胡昊、王瑜、代娅丽、谢丽、刘菁菁、瞿巧玲等人也为本书贡献了智慧与汗水。此外,学前教育学院早教工作坊、感统工作坊以及食育工作坊的学生为本书贡献了大量素材,做了大量支持工作。

本书是教育部学校规划建设发展中心、重庆第二师范学院儿童研究院“基于主动式学习的0~3岁早教课程及师幼操作手册研发”(CSDP19F01116)的课题成果之一,同时也是重庆第二师范学院校级科研平台“0~6岁儿童家庭教育研究中心”(编号:16xjpt03)的系列研究成果之一。本书编著过程中参考了大量的文献和同行的研究成果,在此深表感谢。最后特别感谢西南师范大学出版社的倾力相助。

秉持对0~3岁婴幼儿早期教育研究和实践工作的探索热诚,以及对广大同行关注的敬重,我们力求在全面梳理0~3婴幼儿早期教育课程设计理念的基础上,分享本团队在实践工作中的一点收获与心得,尽可能为读者提供规范的操作样式参考。鉴于经验和案例应用的局限性,本书难免存在疏漏,恳请专家学者及广大读者批评指正。

编者

2020年9月

目录

CONTENTS

相关课程资源

上篇 0～3岁婴幼儿早期教育活动课程及方案

第一章 0～3岁婴幼儿早期教育课程设计说明 …… 2

第一节 0～3岁婴幼儿早期教育课程的研制背景 …… 2
第二节 0～3岁婴幼儿是如何学习的 …… 3
第三节 0～3岁婴幼儿早期教育课程的核心基石 …… 5
第四节 0～3岁婴幼儿早期教育课程的内容框架 …… 7
第五节 0～3岁婴幼儿早期教育课程的特点 …… 8

第二章 活动方案 …… 11

第一节 4～12个月婴儿早期教育活动方案 …… 11
第二节 1～1.5岁幼儿早期教育活动方案 …… 21
第三节 1.5～2岁幼儿早期教育活动方案 …… 32
第四节 2～2.5岁幼儿早期教育活动方案 …… 44
第五节 2.5～3岁幼儿早期教育活动方案 …… 56

中篇 0~3岁婴幼儿特色活动课程及方案

第三章 0～3岁婴幼儿感统课程设计说明 …… 70

第一节 课程理论基础 …… 70
第二节 0～3岁婴幼儿早期教育感统特色课程简介 …… 74

第四章 0～3岁婴幼儿感统课程活动方案 …… 77

第五章 0～3岁婴幼儿食育课程设计说明 …… 128

第一节　课程理论基础 …………………………………… 128
第二节　0~3岁婴幼儿早期教育特色食育课程简介 ……… 130

第六章　0~3岁婴幼儿食育课程活动方案 …132

下篇　0~3岁婴幼儿早期教育常见问题答疑

第七章　早期教育理念答疑 ………………………… 156

第八章　早期教育问题答疑 ………………………… 161

第一节　0~1岁婴儿早期教育问题答疑 ……………… 161
第二节　1~2岁幼儿早期教育问题答疑 ……………… 179
第三节　2~3岁幼儿早期教育问题答疑 ……………… 193

上篇

0~3岁婴幼儿早期教育活动课程及方案

第一章　0~3岁婴幼儿早期教育课程设计说明

近年来，随着脑科学、心理学等相关学科的迅速发展，0~3岁婴幼儿的早期教育开始在全世界受到前所未有的关注，人们已经深刻认识到开展0~3岁婴幼儿教育的必要性和紧迫性。据调查，经济与合作发展组织（OECD）的成员国，3岁前婴幼儿进入正规照料机构的约占32%，其中丹麦甚至超过60%。但我国在这方面的缺口还甚大。党的十九大报告指出，中国特色社会主义进入新时代，我国社会的主要矛盾已经转化为人民日益增长的美好生活需要和不平衡不充分的发展之间的矛盾。在全面二孩政策背景下，不少家长对3岁前婴幼儿提供照料和教育服务的需求迫在眉睫。0~3岁婴幼儿早期教育和服务已经成为我国社会关注的焦点。

21世纪初以来，我国已连续出台多项支持性政策。国务院2001年颁发的《中国儿童发展纲要（2001—2010年）》中明确提出了要发展0~3岁儿童早期教育。2010年颁布的《国家中长期教育改革和发展规划纲要（2010—2020年）》，在学前教育的发展任务中，提出要"重视0至3岁婴幼儿教育"。2011年印发《中国儿童发展纲要（2011—2020年）》，在"儿童与教育"部分指出要"促进0~3岁儿童早期综合发展"。2013年1月，教育部办公厅下发《关于开展0~3岁婴幼儿早期教育试点的通知》，决定在上海市、北京海淀区等14个地区启动0~3岁婴幼儿早教试点工作，提出要充分整合公共教育、卫生和社区资源，努力构建以幼儿园和妇幼保健机构为依托的，面向社区、指导家长的婴幼儿早期教育服务体系。2019年国务院办公厅下发《国务院办公厅关于促进3岁以下婴幼儿照护服务发展的指导意见》，提出要促进婴幼儿照护服务发展。同年，重庆市人民政府办公厅下发了《重庆市人民政府办公厅关于促进3岁以下婴幼儿照护服务发展的实施意见》，提出"到2020年，建成一批具有示范效应的婴幼儿照护服务机构，婴幼儿照护服务水平有所提升。到2025年，多元化、多样化、覆盖城乡的婴幼儿照护服务体系基本建成，婴幼儿照护服务水平明显提升。"

0~3岁婴幼儿早期教育课程需着眼于家长和早教从业人员照护服务能力的提升，是0~3岁婴幼儿教育的重要载体。

第一节 ‖ 0~3岁婴幼儿早期教育课程的研制背景

0~3岁是儿童生理和心理发展最迅速的时期，也是性格形成和行为习惯养成的重要时期。为0~3岁婴幼儿及其家长提供教育和服务的早期教育服务网站、早教书刊资料、早教机构等在我国各大城市掀起热潮，并呈现出数量多、发展快、收费高的特点。但许多早教机构的课程特色和课程内容五花八门，部分早教课程缺乏科学完整的育儿理念，缺乏合理的课程体系。此外，在教育活动中教师为了活动而活动，缺乏对家长的指导。家长们由于对早期教育知识的匮乏而对名目众多的早教课程难以辨识和判断，并不能从早教课程中获得他们急需的日常生活中的育儿知识和育儿方法，致使早期教育的效果大打折扣。课程目标错位、课程价值取向失当、课程内容"本末倒置"、教学僵化等问题反复出现。

0～3岁婴幼儿早教课程作为一种新型课程模式，国内研究者从20世纪末开始研究，不断向国外学习，其中蒙台梭利教学法、多元智能理论、感觉统合训练、奥尔夫课程、瑞吉欧教育体系对国内早期教育研究者产生过积极的影响。但教育是具有时空限制的文化活动，只要开展教育就不可能回避国情和文化差异，单纯复制、照搬来的做法很可能"水土不服"。

0～3岁婴幼儿的早教课程不是3～6岁幼儿教育课程的附庸，不是亲子游戏的简单堆砌，不是单纯的儿童保健，应该综合考虑对课程论、教学论、婴幼儿心理学、感统认知等相关理论展开研究。根据0～3岁婴幼儿身心发展的特点和规律，对0～3岁婴幼儿教养活动进行系统的设计和筹划，以亲子课堂、家长讲座、咨询分析等形式为其家庭提供完整、系统的早教方案是我国学前教育研究者、实践者共同面临的问题。

第二节 ‖ 0~3岁婴幼儿是如何学习的

正确认识和理解婴幼儿的学习过程和学习规律，是制订0～3岁早期教育活动方案的重要逻辑起点。研究婴幼儿的学习需要了解婴幼儿脑科学。尽管婴幼儿脑科学研究有很大难度，科学家还是通过实验和观察在这一领域取得了重大进展，为婴幼儿的学习过程提供了操作性很强的理论基础。

新生儿脑重平均为370克，只有成人大脑的四分之一，而且大量的神经联系尚未完成。3个月时，控制视觉区域的大脑突触（指一个神经元的轴突接触并影响另一个神经元的树突或胞体的部位）密度达到最大，婴儿开始能分辨颜色，顺利地跟踪物体的运动。6个月时，帮助婴儿理解和产生语言的大脑部分全面发展。12个月时，海马（延伸于脑的每一个侧脑室下角底上的一条海马状突起，被认为是记忆之所在）已发育成熟，学步的婴儿能回忆起几分钟以前发生的事情。18个月时，幼儿的注意力持续时间以及计划和执行行动的能力暗示在额叶前部的脑皮层中，智力正在出现。24个月时，随着脑力的增强和从社会环境中获取的经验的积累，幼儿能够独立找到被隐藏起来的东西。

婴幼儿动作的发展是神经系统发育的重要标志。人的动作发展与心理、智能的发展是密切相关的，心理的发展离不开动作和活动，动作发育是其他方面的基础。婴幼儿从先天无条件反射到形成复杂动作技能的过程遵循着一定原则，基本上都经过同样的程序或阶段：抬头—翻身—坐—爬—站—行走—跑—跳;手不会接触物体—手能接触物体—五指一把抓—拇指与四指对立抓—食指与拇指协调抓。婴幼儿时期是大量学习动作技能的时期。早期动作的发展与以后的动作技能和其他心理活动相比较,起着更为重要的作用。但是它的发展仍然离不开环境的作用,环境可以加速或延缓动作发展的速度。0~3岁婴幼儿喜欢模仿,喜欢不厌其烦地重复同一个动作,并不怕别人嘲笑和失败。动作技能的学习还影响着婴幼儿个性的形成。掌握了一定数量的技能后,儿童会产生一种独立感,要求摆脱成人的帮助,自己独立行动,并增加一些社交行为。动作技能的学习影响着婴幼儿的认知能力、个性独立和社会交往等方面的学习。

婴幼儿时期认知能力的发展包括感知能力、记忆能力、思维能力、想象能力的全面和谐发展。对周围环境的好奇心是认知能力发展的内在动力,3岁幼儿的认知能力是他们所有能力技能和情感行为习惯形成和发展的基础,是日后学习和求知的基础。最初人们认为婴幼儿的认知是一片白纸,他们被动地接受外界的刺激,缺乏思考、观察和感知能力。事实上,婴幼儿积极地探索周围的世界并从中建构意义。婴幼儿是天生的学习者,他们一出生就具备了多种技能,对周围的世界充满好奇,能主动地探索周围的世界,并在主动探索过程中获得学习经验并成长。

情绪是婴幼儿进行人际交往的重要手段。婴儿生后不久,对人即有了泛化的认识,任何人逗都会微笑,2~3个月婴儿吃饱后就会全身活跃或笑出声。情绪情感直接影响婴儿的行为,对婴儿的认识活动起着激发和推动的作用。5~6个月开始,新鲜的东西可能更能引起注意。婴儿在愉快的情绪下做什么事都积极,也乐于学习,而情绪不好时,则什么也不听、不学、不做。婴儿6~7个月开始表现认生情绪,并产生了与亲人相互依恋的情绪,这种情绪在13~15个月最强,1岁半以后逐渐减弱。1岁多的婴儿即可出现对人对物关系的体验,如有同情感。2岁时已出现快乐,兴高采烈,爱亲人,喜爱小朋友,害怕,厌恶,苦恼,甚至妒忌等情绪的表现。

事实上,0~3岁婴幼儿的学习过程是自身神经系统特别是脑与外在的环境刺激、社会经验共同作用的过程。一方面大脑的相关脑区的成熟是许多“学习成就”取得的前提和基础;另一方面,0~3岁婴幼儿的表现与行为通过练习和外在强化而进一步发展与塑造,也促进大脑相关区域更趋于成熟。①

① 周念丽.0~3岁儿童心理发展[M].上海:复旦大学出版社,2017.

第三节 ‖ 0~3岁婴幼儿早期教育课程的核心基石

一、0~3岁婴幼儿处于身心整体高速发展的特殊时期

随着时代的发展，家长们越来越认识到0~3岁阶段是孩子人生发展的高速时期，都很重视婴幼儿早期教育。但有些做法和观念不仅不能促进婴幼儿的健康成长，反而会适得其反。其实婴幼儿是整体的人，其发展具有整体性。婴幼儿的发展一般可分为动作发展、认知发展、社会性和情感发展、语言发展等部分。这些部分互相联系，缺一不可。例如婴儿学习爬行动作，表面上是属于身体动作的发展，但其实也发展了其他方面。首先，婴儿掌握了爬行动作，可以自由地活动，不断认识自己和物体的距离和关系，物体之间的距离和关系。他们逐渐学会了协调自己的动作和距离，知道怎样通过协调可以达到目标。"手段—目标"概念就在这个阶段形成了。爬行对认知发展起促进作用。其次，婴幼儿通过爬行能得到自己想要的玩具，能到自己想去的地方。这些认识使他们的自主意识逐渐形成，个性的独立性开始萌芽。最后，婴儿通过爬行能得到以前看得见却够不到的东西，通过这种行为使他们经常体验内心的喜悦和自豪感，情绪情感得到发展。

因此，科学的早教课程应该是整合的，将婴幼儿在动作、认知、语言和社会性等各方面的发展有机融合在课程中，促进婴幼儿全面整体地健康成长。0~3岁早教活动的各个课程内容之间是相互渗透、相互融合的。科学的早教活动的设计与开展应有助于婴幼儿跨领域学习能力的增长。

二、0~3岁婴幼儿应当在游戏中快乐成长

华爱华曾说，游戏是儿童的天性，这一天性中蕴含着生长的需要和生长的内动力。对年幼儿童来说，其生理、心理还在不断地成熟过程中，当身体和心理要发展什么的时候，其身体机能就会自动地发挥作用，自发地使用它。[①]例如孩子之所以行走时喜欢奔跑，喜欢走窄窄的街沿边缘，喜欢跨跳路上的障碍物，喜欢向远处扔投小东西……其实，这是孩子发展动作、发展平衡、发展肢体协调性的需要。所以，科学的早教活动应该给予婴幼儿合适的空间、时间、玩具材料去游戏，那么他们就会得到发展上的最大满足。

许多人错误地把儿童的游戏与学习对立起来，认为游戏只是消遣，而不是学习。其实，儿童可以在游戏中获得大量的感性经验，正是以后学科学习的基础。婴幼儿的年龄特点决定了他们是通过感官认识周围世界，科学的早教活动是以游戏为婴幼儿提供手脑并用、亲身体验、动手操作的机会为前提的。这些游戏中存在大量重复性行为，婴幼儿在快乐的、自然的、没有压力的游戏中不知不觉地重复练习和巩固已有的发展水平。游戏中还富含大量探索性行为，当婴幼儿对已经熟练的行为不满足时，可以变换着花样进行自我挑战，小步递进地提升自己的行为水平。

---

① 华爱华.游戏才是儿童的正业[N].中国教育报，2017-6-18(2).

三、0～3岁婴幼儿需要一个安全、有爱的真实环境

0～3岁婴幼儿是人生最稚嫩的时期，他们需要来自稳定照料者的情感呵护和安全健康的生活环境。良好的环境是婴幼儿主动学习、积极探索的前提。蒙台梭利非常重视环境在儿童发展中所起的作用，她认为，安全的、适宜的环境对儿童来说非常重要。

优质的早教课程应提供生活中真实的操作材料，便于教师借助生活事件开展活动。生活事件是婴幼儿最熟悉的，这样的活动才能很快吸引婴幼儿的注意和兴趣，也便于发展婴幼儿多方面感知。如“认识水果”，宜选用真实的水果，使婴幼儿通过视、嗅、味、触等多种感觉获得多方面认知。又如为婴幼儿提供包括植物、生活用品、食物等多种不同性质的“材料”，为婴幼儿提供多种尝试的机会。婴幼儿脑功能发育与活动机制的特点决定了他们的思维以具体形象思维为主，所以必须借助大量利于其理解和接受的形象来促进婴幼儿发展。抽象性与符号性较强的“小学化”的学科教学内容对婴幼儿而言是“揠苗助长”。

此外，儿童还需要与环境中的成人建立良好的人际关系，让他们体会到环境中的爱与温情，这有助于婴幼儿获得安全感和信任感。婴幼儿会更加自信地去探索周围的世界，如他们会乐于尝试新事物，并且在探索时敢于冒适当的风险。同时，当成人参与并支持婴幼儿探索周围的世界时，将会促进婴幼儿形成积极的成就感和自信感。良好人际关系所给予婴幼儿的这些积极感受，有利于婴幼儿学会与同伴合作、解决新任务、建立注意力、形成自我概念等品质与能力。

积极的情绪情感对婴幼儿的认知、语言和社会性发展具有潜移默化的影响。在积极的情绪情感中，婴幼儿更开放地、更主动地接收外界信息刺激，掌握语言更迅速，更愿意在游戏中表现出分享与合作的行为。持有科学理念的早教指导教师会注意在活动中调动婴幼儿的情绪状态，注重积极情感的培养。

四、0～3岁婴幼儿每一个个体的表现都应得到关注

心理学研究表明，个体的发展是年龄越小，速度越快，加上个体先天气质、兴趣爱好等差异的展现，0～3岁婴幼儿的个体差异非常大。这一差异使得0～3岁早教活动不可能是真正意义上的集体活动，虽然表面看起来婴幼儿是在参与集体活动，但实际上他们的反应千差万别。同样的月龄段，同样的活动材料，婴幼儿由于发展的独特性和差异性，在活动开展过程中各自表现出精彩的局面并不少见。因为不同水平和不同年龄的婴幼儿对生活中的一件物品或一种现象的兴趣有可能相同，但这个兴趣不会随年龄的增长而停止，只不过随着认知发展和体能的增加，婴幼儿会不断地赋予这个物品或这种现象新的兴奋点。

科学的早教活动从目标设定、内容呈现、活动要求上，都应体现多元化和多层次。在活动过程中，早教指导师应关注每一个独特的个体以及他背后家庭的教养需求。教师应对每一个孩子的行为进行观察与指导，并根据每一个孩子对特定活动材料的反应与家长进行一对一交流。虽然早教活动是以集体活动的形式开展，但并不意味着活动中每个孩子的节奏要统一、步调要一致。比如，在“串珠活动”中，根据每个婴幼儿的最近发展区，提供不同大小的线头、不同软硬的毛线以及不同大小洞口的串珠。每个婴幼儿都值得被个性化地积极关注。

第四节 ‖ 0～3岁婴幼儿早期教育课程的内容框架

国内早期教育机构开设的常规课程有入园过渡课程、家长指导课程、母婴亲子课程、语言阅读课程、音乐课程、手工艺术课程、外语课程等。许多早期教育机构的课程尽管在名称介绍上五花八门，但具体到课程内容，实则并无本质区别。刘丽云通过问卷和访谈发现，国内早期教育机构的课程内容设置侧重婴幼儿教育相关的知识和技能，对婴幼儿保育内容涉及的较少。究其原因是因为国内早期教育机构大多接受非全托婴幼儿，每次早教活动在1～2小时，活动之后很多家长直接就带孩子回家了，因此不少早期教育机构老师对0～3岁婴幼儿生理和心理发展特点和规律关注不够，掌握不足。就算家长在和老师面对面交流时提出自己的保育困惑，也鲜有老师能给予科学的解答。[①]林慧琴发现，育儿专题讲座和营养培训是较受家长欢迎的早教指导内容，尤其是0～2岁的婴幼儿家长。家长希望获得更多关于“技能培养知识”的指导，而课程往往是附带相关内容，把关注点过多放在对婴幼儿的智力开发和技能培养上了。[②]

国外0～3岁早期教育政策和相关内容研究非常丰富。如新西兰的“普鲁凯特计划”、英国的“确保早期开端”计划、美国的“早期开端计划”等。美国北卡罗来纳州大学法兰克波特葛兰儿童发展中心是美国最为悠久的儿童发展研究机构，他们致力于研发教育方案供早教专业的培训师、教师及新手父母使用。近年美国等发达国家为确保早期教育质量和提升幼儿入学准备水平，开始研制“婴幼儿早期学习标准”（Early Learning Standards for Infants and Toddlers，简称ELS）或称为“早期学习指南”（Early Learning Guidelines）、“早期学习框架”（Early Learning Frameworks）。“婴幼儿早期学习标准”认为明确0～3岁婴幼儿有能力学什么和做什么将帮助婴幼儿看护者或婴幼儿父母充分理解婴幼儿自身发展的具体进程，将鼓励教育者为婴幼儿提供高质量的早期学习经验以改善婴幼儿的学习成果。

研究者明确了美国的早期学习标准涵盖了四到七个不等的幼儿发展关键领域。其中大部分州的早期学习标准的发展领域是依据全美儿童早期教育协会（NAEYC）规定的四个发展领域，即健康与身体发展、情绪发展、社会发展、认知发展，进一步扩展到涵盖语言、识字、艺术、科学等更多领域。综合各州标准来看，出现频次最高的是身体协调与运动发展、社会性与情感发展、语言与交际发展、认知与常识发展、学习态度取向发展这五个领域。

在身体协调与运动发展领域，主要包括大肌肉运动、小肌肉运动、身体健康及安全等方面的指标。标准规定了婴幼儿基本的健康和营养指标，侧重婴幼儿行动能力的获得。其中，肌肉运动、身体健康及安全等方面内容受关注最多，营养方面内容受关注相对较少。

在社会和情感发展领域，主要包括与成人交往、与同伴交往、适应性社会行为、理解多样性、自我概念、自我控制等方面的指标。标准侧重在婴幼儿的情绪表达，与成年人的感情互动，自我概念及对自我认识方面的发展。与同伴交往的内容相对较少。

---

① 刘丽云．早教机构教师对家长指导能力的现状调查[J]．幼儿教育（教育科学），2012（3）：36-39，55.

② 林慧琴．家长早教需求与早教课程设置关系研究——以南京市鼓楼区调查为基础[D]．昆明：云南师范大学，2014.

在语言和交际领域中，主要包括听与理解、说与交流、早期阅读、早期书写等方面的指标。标准侧重婴幼儿的口语表达交流技能，强调早期识字技能，如对字母的认识意识，同时随着幼儿年龄变化提出不同的标准。特别是在有关早期识字技能方面的标准更详细。

在认知与常识发展领域，主要包括历史、地理、经济、公民与政府、文化等方面的指标。认知与常识发展领域侧重对幼儿所在的社会的认知，对人类活动的认知。历史子领域侧重培养幼儿的年代、时间顺序概念。地理子领域侧重幼儿在定位能力、空间感方面的意识，更强调幼儿对地域的文化风俗知识的理解。经济子领域要求幼儿渐渐感知经济活动的环节。公民与政府子领域侧重培养幼儿民主精神，初步了解政府。文化子领域则要求儿童渐渐了解文化是不同的。认知与常识发展领域侧重的社会学习是一个较为复杂的领域，它从社会科学和其他科学中提取教育内容，因此与其他领域又有交叉。

学习态度取向发展领域起初较少被人们关注，后来才逐步被纳入标准之中，并开始引起重视，此领域关注的是幼儿学习兴趣、学习态度、学习倾向的发展，具体包括好奇、坚持、反思、问题解决与创造性方面的指标。①

随着婴幼儿年龄的增长，身体协调与运动领域、社会性与情感发展领域的内容逐渐减少，而语言与交际、认知与常识领域的内容逐渐增加。

在资料收集和自身探索尝试过程中，课题组逐渐完善0~3岁早教课程的内容框架。课题组认为，科学的早教课程内容设置应从0~3岁婴幼儿的全面发展出发，关注婴幼儿生命的整体性，促进婴幼儿在动作、认知、情绪、审美等方面的和谐发展。同时，在活动组织中不仅要关注婴幼儿的体验，还要注重家长养育能力的提升，使科学的早期教育延伸到家庭中去。本次0~3岁早教活动设计编写，课题组精选了70个活动方案，其中0~1岁有10个活动方案，因其年龄偏小而目标内容侧重以生活照料为主。1~3岁分别以6个月为一个阶段，每个阶段有15个活动方案。②整体课程内容在纵向上形成“以动作发展、认知发展、社会性和情绪发展、艺术发展为主，多领域融会贯通的局面”，横向上体现“遵循0~3岁婴幼儿年龄规律”的内容框架。

第五节 ‖ 0~3岁婴幼儿早期教育课程的特点

一、关注0~3岁婴幼儿的主动性发展

幼儿是天生的学习者，他们对周围一切都充满好奇，愿意探索和尝试，并在直接感知、动手操作和亲身体验的过程中获取有效的成长经验。但很多早教机构的课程过于注重教师教

① 赫红英，楚琳，史大胜. 美国婴幼儿早期学习标准的内容、特点及影响研究[J].外国教育研究，2014(5)，58-64.

② 部分活动方案放在二维码资源中。

学，倾向统一化节奏安排，对婴幼儿个性化游戏需求视而不见。家长和孩子在课堂上不停跟随早教教师转换活动空间及活动教具。每次转换都可以看到一些孩子因自身活动节奏被打乱而不愿意离开、哭闹的现象。此外，市场化的早教活动还存在课程目标错位，课程价值取向失当，课程内容“本末倒置”，教学僵化等问题。根据最近发展区理论，基于“儿童独立解决问题的实际发展水平与在成人指导下或在有能力的同伴合作中解决问题的潜在发展水平之间的差距”的活动，才利于婴幼儿掌握，同时促进其大脑发育。0～3岁的早教课程选取婴幼儿生活中的熟悉场景，以绘本、儿歌、律动等作为材料生成活动方案，基于婴幼儿的兴趣和需要，助其充分、自由地探索。遵循婴幼儿的发展特点，不强调核心能力达成的确定时间，由幼儿主导自己的活动，独立、自主地操作体验。通过观察、记录、反思与调整生成活动方案，在该年龄段孩子核心能力发展的最近发展区横向扩展或纵向递进既定活动内容，避免对幼儿进行知识灌输，强调婴幼儿在游戏中的深度参与，以婴幼儿的亲身实践、动手操作、体验等层层递进的方式助推婴幼儿能力的提升。

二、强调主题式整合的课程设计

蒙台梭利认为：人出生后头三年的发展，在其程度和重要性上，超过人一生中任何阶段。在这段时间内通过早期学习发展起来的认知技能、社交和情感技能等将为儿童日后取得成就打下重要基础。但现实中割裂的早教活动和内容往往难以为婴幼儿的持续性发展提供有效准备。

优秀的早教课程选取婴幼儿熟悉的生活事件和生活材料，以游戏化的方式让幼儿沉浸其中，让其核心能力得到潜移默化的提升。比如认识水果这一主题环节，可以指导家长通过苹果的红、梨子的黄、葡萄的紫等发展婴幼儿的颜色认知，还可以通过数一数苹果有几个，融入数字概念的启蒙，还可以通过念“水果三字儿歌”发展婴幼儿的语言技能……这样，整个早教课程的目标通过日常的认识水果就可以完成。在每个游戏环节中早教教师可以对家长的教养态度、互动技巧随时进入辅助指导。这样的课程讲究从生活内容出发，以整合的方式培养整体协调发展的儿童。

主题式整合的早教课程设计至少包括三个层面的整合，一是婴幼儿早期教育的发展包括动作、语言、认知、社会化等，单一领域的偏重教育不能带来婴幼儿的健康发展，整合式早教课程力图将上述领域的目标、内容整合一体，促进婴幼儿的整体和谐发展。二是0～3婴幼儿早期教育的主阵地是家庭，但也应整合社区和相关普惠性早期教育服务中心的力量，搭建婴幼儿健康成长的合力。三是0～3岁婴幼儿的早教课程不应是3～6岁幼儿教育活动的简单延伸，不应是亲子游戏的简单堆砌，不应是单纯的儿童保健，应该综合考虑课程与游戏论、教学论、婴儿心理学、感统认知等相关理论。

三、重视早期教育机构、家庭和社区合力共育

家庭环境作为儿童生活的微观系统,对儿童的影响非常深刻,尤其是与婴幼儿朝夕相处的父母的抚养、教育行为对婴幼儿的影响是非常大的。当婴幼儿能够与自己生活中有意义的人物建立关爱和安全的关系时,婴幼儿对周围世界更有探索兴趣,并乐于分享自己发现的新事物,从而有助于其获得积极的学习品质。越来越多的研究者认同0~3岁婴幼儿早期教育的主阵地是在家庭,但当前家长的教养观念和教养方式都需要提高。很多家长没有意识到家庭应为婴幼儿的未来学习与发展奠定良好的基础。科学的早教课程在课程设置中应增加对家长教育理念、教养方式等的引导,增加对家长与幼儿互动的指导,帮助家长更新教育理念、改善教养行为。比如,在每次早教活动后填写家长指导语观察表,在观察表中及时肯定家长教养的适宜之处,并对需要改进的地方提出建议。

0~3岁婴幼儿分布在社区的不同家庭,这决定了社区也应是早期教育服务的主要承担者和实施场所。如2001年《北京市学前教育条例》就明确规定:“父母或者其他监护人对学龄前儿童的教育负有首要责任。”因此,早教课程应遵循“依托社区、立足家庭、依靠家长”的原则。①

社区可以为婴幼儿提供全方位的、动态的、个性化整合性的服务,是早教课程服务中重要的合作伙伴。利用社区资源,一方面可以提高整合社区向家庭提供服务与支持的能力;另一方面强化家庭参与早教课程服务的制订与管理,满足家庭需要的同时可以提高国民健康与素质水平。

---

① 文颐.婴儿早期教育指导课程(0~3)[M].北京:北京师范大学出版社,2012.

第二章 活动方案

第一节 ‖ 4～12个月婴儿早期教育活动方案

方案一 听一听

一、活动目标

(一)家长学习目标

(1)知道该阶段婴幼儿身心动作发展规律的代表性行为：
代表性行为一：开始对声音感兴趣，能发出“哦”“呀”之类的声音。
代表性行为二：愿意参与翻身等活动。
(2)学习被动操的操作，能实施被动操。
(3)丰富环境内容，满足婴儿对新环境的探究欲望。

(二)婴儿发展目标

(1)愿意参与游戏。
(2)能配合成人完成被动操。
(3)能够专注听声音(故事)，能进行简单模仿。

二、活动准备

(1)音乐：“Forest Sounds Make Baby Sleep”“Find Me”。
(2)绘本《噗隆噗隆洗脸啦》、弹跳椅。
(3)毛毯、仿真娃娃、摇铃、健身架、有声悬挂小玩具。

三、活动过程

(一)教师揭示教育价值

婴儿在满百日以后，生理性的条件反射开始逐渐消失，开始逐渐进入一个能够通过自己去发现、去探索这个世界的阶段。手、脚、身体的肌肉力量也发生了很大的改变，于是情绪、动作开始变得活跃起来。我们需要做到的是，满足他们的探索需求，提供丰富的环境，从而激活他们的各种敏锐感官。

（二）活动中心环节

1.活动导入：打个招呼吧

教师行为：教师将仿真娃娃平躺放置在毛毯上，拍手对仿真娃娃亲切地唱《问好歌》（见下文旋律乐谱）。鼓励父母用拍手打节奏的方式微笑对着宝宝打招呼，让宝宝初步感知音乐韵律，以及家长的注目眼光。

1 1 | 5 5 | 6 6 | 5 – ‖
宝 贝，宝 贝，早 上 好；
4 4 | 3 3 | 2 2 | 1 – ‖
我 们 一起 抱一 抱。

家长指导语：这个阶段的宝宝，对声音的感知逐渐增强。在日常生活中，我们可以哼唱着歌谣和我们的宝贝打招呼、聊天，让宝宝对音乐产生一定的兴趣。

2.活动操作环节

（1）游戏一：丁零丁零在哪里？

教师行为：教师将仿真娃娃平躺放置在地毯上，将摇铃或其他有声音的玩具高举在宝宝周围，不停地变换位置进行摇铃发声，并对着宝宝说："宝宝，摇铃的声音出现啦！在这里，在这里，在这里！"引导家长参照同样的方式和宝宝互动。

家长指导语：这个阶段的宝宝，眼睛和听觉的协调有了很大的进步，能够逐渐准确地定位发声位置。这个阶段也是筛查宝贝听力是否发展良好的一个很好时期。

（2）游戏二：嘿呀、嘿呀，抓住他

教师行为：教师将娃娃放置在健身架下，引导宝宝观察架子上的小玩具，并不断逗引宝宝进行抓握尝试，并让宝宝感受到玩具被抓握后会发声而产生愉快的情绪感受，从而激励他不断地想要探索更多。帮助宝宝翻身成俯卧位，将宝宝的双手垂直放置在宝宝肩膀下，将健身架置于宝宝的眼前，然后让宝宝练习双手的俯卧支撑。观察宝宝的情绪，3～5秒即可。

健身架

家长指导语：在日常生活中，宝宝进行抓握探索时，家长尽量陪在身旁，照顾宝宝安全，避免宝宝扯下玩具砸到自己，并及时鼓励宝宝，和宝宝一起进行模拟发声。

（3）游戏三：一二三四，动起来

教师行为：教师将仿真娃娃平躺放置在毛毯上，播放音乐，然后根据被动操的动作和宝宝进行互动，数节拍"一二三四……"，并告知宝宝我们现在锻炼的是身体的什么部位。被动操结束环节，教师引导家长变换自己的位置，并用声音吸引宝宝的目光，让宝宝尝试进行翻身。

家长指导语：这个阶段的宝宝，大肌肉的发展处于重要时期，大腿、背部的良好训练有助于其很好地发展翻身、蹬腿等动作技能。

被动操和抚触操需要的环境条件一致。同样的，被动操需要宝宝的配合，只有在其状态良好的情况下开展才是最有效的。若宝宝表现出不适、哭闹等，立即停止。运动时和宝宝互动沟通，让宝宝注视着自己并开心地微笑，并听着我们的哼唱咿咿呀呀。

附：被动操

①将宝宝两臂左右张开，再胸前交叉；

②握住宝宝的双手，手臂垂于身体两侧，向上弯曲肘关节后还原，左右手臂依次交替进行；

③握住宝宝的左手、右手，手臂垂于身体两侧。由内向外带动宝宝手臂画圆，旋转肩关节，左右手依次交替进行；

④将宝宝的双手向外平展，然后胸前交叉再举向头顶，最后还原放置至身体两侧；

⑤教师示范用左手握住宝宝脚踝，右手握住五个脚趾，帮助宝宝进行勾、绷脚运动；

⑥握住宝宝小腿交替弯曲膝关节至其腹部，成踩脚踏车样；

⑦教师示范两掌心向下，握住宝宝两膝关节，将宝宝两腿伸直平放，然后上举90度；

⑧一手扶住宝宝胸部，一手垫于宝宝背部，帮助其从仰卧转为侧卧再到俯卧，最后从俯卧到仰卧，左右方向交替进行。

(4) 游戏四：噗隆噗隆洗脸啦！

教师行为：教师翻动着绘本，用比较夸张的语言和表情模仿绘本里洗脸的动作，和宝贝开展声音游戏。绘本的故事内容可以重复讲两遍，引导宝宝微笑、关注，并尝试重复发出一些小声音，进行声音的模仿。

家长指导语：对声音异常关注的宝宝，非常喜欢这类型的声音和绘本。在这个阶段，我们可以有意识地重复一些绘本内容，引起宝宝的兴趣，引导宝宝发声。

(三)活动结束环节

教师和宝宝们进行活动结束语的沟通："宝宝们，我们今天的活动就到这里结束啦！你们表现得很棒哦，很开心能够见到你们！我们下次见！"引导家长对宝宝表达喜爱。

教师和家长们进行告别："今天课程到这里就结束了，宝宝们、家长们再见！"

四、家庭延伸活动

该阶段的宝宝开始有自主意识地探索世界，开始能有意识地握物，掌握视觉定向的新技能；能够听声辨位，准确地知道声音的位置等。

这里给家长一些小的建议，希望在宝宝的成长过程中，为宝宝们创设良好的条件，更利于宝宝的发展：

(1)增加和宝宝的有意义互动，如进行绘本阅读，哼唱童谣等；主动陪伴宝宝进行游戏活动。

(2)在宝宝的周围放置些许安全可咬的抓握玩具，让宝宝在无人陪伴的情况下也有事可做，而避免通过哭闹获取注意力。

(3)坚持为宝宝做被动操，促进宝宝的身体发展。

方案二 我真能干

一、活动目标

(一)家长学习目标

(1)能掌握4~6个月婴幼儿听音辨音、交换手等发展水平知识。

(2)能运用各种游戏、被动操和婴幼儿进行互动，促进其腿部发展及语言发展。

(二)婴儿发展目标

(1)能用手有意识地抓握住看到的东西，并尝试进行交换手。

(2)会较准确地追踪到声音来源。

(3)乐意进行被动操，并进行俯卧抬头训练。

二、活动准备

(1)音乐："Forest Sounds Make Baby Sleep"、《我真的很不错》等。

(2)毛毯、仿真娃娃、手鼓、三角铃、抓握玩具、纸巾等。

三、活动过程

(一)教师揭示教育价值

该阶段的婴儿探索欲望日益增长。他们尝试通过他们的手、口、耳等一切感官，去感知、认识这个世界。他们变得活泼好动，愿意更多地展现自己的新本领。因此，我们需要拥有更多的时间和耐心，能够和他们进行互动，带他们更多地认知这个世界。

(二)活动中心环节

1.活动导入：打个招呼吧

具体操作见本节方案一。

2.活动操作环节

(1) 游戏一:我能听声辨位

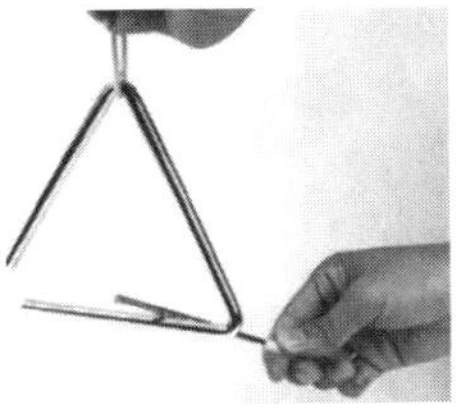
三角铃

教师行为:教师将仿真娃娃平躺放置在地毯上,并对着宝宝说:"宝宝,这是我们的乐器三角铃,它有三个角呢!现在老师要敲敲三角铃啦!你来猜猜它在哪里发出的声音呢?"教师不断变化位置,敲铃的声音也逐渐变小。引导家长参照同样的方式和宝宝互动。

家长指导语:能准确地听音辨位是这个阶段宝宝的一个突出的能力。我们可以逐渐地变换不同的乐器或选择其他的物品等发出声音,让宝宝感知、认识不同的物体,倾听不同的声音,并通过转头、转眼准确指示位置。

(2) 游戏二:我能换换手

教师行为:教师将娃娃放置在地毯上,给宝宝两个抓握玩具放在手心里,同时准备更多的抓握玩具,引导宝宝将手上的玩具放下,进行新的选择,并且引导其将玩具从一只手转到另一只手。结束后,还可以轻轻地将一张面巾纸盖在宝宝的下巴或者脸侧,引导宝宝扯下纸巾,并进行撕纸,锻炼小手的灵活性。

家长指导语:5月大后,宝宝能有意识地握物,会将盖在脸上的东西扯掉;在感受到撕扯的愉悦感后,更愿用手进行更多的尝试。因此我们也需要提供更多不同的抓握玩具,促进宝宝的认知和不同的触感体验。宝宝还可能将抓住的物品送入嘴中,因此成人要特别注意抓握玩具的大小,避免宝宝放入口中,误吞。

(3) 游戏三:我能抬头看

教师行为:教师将仿真娃娃平躺放置在毛毯上,播放音乐;然后根据被动操的动作和宝宝进行互动,数节拍"一二三四……",并告知宝宝我们现在锻炼的是身体的什么部位(所有的动作,宝宝拇指始终放置在其手掌内,呈握拳势)。被动操结束之后,和宝宝进行更多的俯卧抬头练习。让宝宝俯卧,教师示范拿一玩具在宝宝的眼睛的正前上方进行逗引,引导宝宝进行俯卧抬头训练。

家长指导语:这阶段的宝宝,已基本掌握翻身、蹬腿等动作技能。我们可以有意识地去引导宝宝认识自己的身体部位,并在互动过程中,有节奏地哼唱节拍,引导宝宝跟着拍子动起来。家长的动作一定要轻柔,要让宝宝感知到我们对他的爱与关注

(4) 游戏四:我能动起来

教师行为:让宝宝平躺在毛毯上,播放节奏感强的音乐。教师示范,跟着音乐做动作,引导宝宝也下意识地跟随音乐的节拍动起来。在此过程中,引导家长有意识地和宝宝介绍自己"妈妈"("爸爸"),让宝宝模仿家长的发音,逐渐有说话的意识。

家长指导语:宝宝在5月左右时,对声音的兴趣度很高,尤其期望能够通过自己的嘴巴进行发声。因此我们可以为宝宝创造有利的丰富的语言环境,引导宝宝进行表达。

（三）活动结束环节

教师和宝宝们进行活动结束语的沟通："宝宝们，我们今天的活动就到这里结束啦！你们表现得很棒哦，很开心能够见到你们！我们下次见！"引导家长对宝宝表达"妈妈爱你"！

教师和家长们进行告别："今天课程到这里就结束了，宝宝们、家长们再见！"

四、家庭延伸活动

该阶段的宝宝开始有自主意识地探索世界，开始能有意识地握物，掌握视觉定向的新技能；能够听声辨位，准确地知道声音的位置等。

这里给家长一些小的建议，希望在宝宝的成长过程中，为宝宝们创设良好的条件，更利于宝宝的发展：

（1）增加和宝宝的有意义互动，如进行绘本阅读、哼唱童谣等；主动陪宝宝进行游戏活动，降低宝宝觉得无人陪的频率。

（2）在宝宝的周围放置些许安全可咬的抓握玩具，让宝宝在无人陪伴的情况下也有事可做，而避免通过哭闹获取注意力。

（3）坚持为宝宝做被动操，促进宝宝的身体发展。

方案三　我是百变小能手

一、活动目标

（一）家长学习目标

（1）提供4～6个月婴儿感兴趣的游戏，发展其认知能力、抓握能力等。

（2）提供安全且丰富的环境，满足婴儿现阶段的发展需求，注意保证婴儿的安全。

（二）婴儿发展目标

（1）乐于参与捉迷藏游戏，并能找到藏起来的物体。

（2）喜欢用手去敲打玩具，并对发生的声音非常感兴趣。

（3）能够专注听绘本故事，对绘本的内容感兴趣。

二、活动准备

（1）音乐"The Beauty Within"。

（2）毛毯、仿真娃娃、毛巾、红球、铃鼓、沙锤、小滚球。

三、活动过程

(一)教师揭示教育价值

"三翻六坐七滚八爬"这句总结的话语很典型地反映了婴幼儿在不同的月龄阶段,身体运动的主要发展目标和能力。

这个阶段的婴幼儿对自己身体的掌控能力逐渐增强,开始更多地用手、眼、嘴去探索他身边的事物,且能够移动更多的位置。因此,我们需要提供安全的环境,避免吞食或抓握受伤,以及滚下床等造成危险;同时需要丰富婴儿可探索的环境,促进其感官的发展。

(二)活动中心环节

1.活动导入:打个招呼吧

具体操作见本节方案一。

教师指导语:6个月左右的宝宝会"认生",看到陌生的面孔可能会出现"啼哭"的行为,成人要注意对宝宝进行情绪安抚。

2.活动操作环节

(1) 游戏一:我是小小寻宝员

教师行为:将仿真娃娃坐立放置在毛毯上,在娃娃脚前方放置一个小红球,并和娃娃对话:"宝宝,这是一个大大的红球,现在老师要将它藏起来喽,你能找到他吗?"然后教师用一块毛巾将其掩盖住,引导宝宝将球找出来,并在手中把玩;指导家长和宝宝参照这样的方式进行"寻宝"游戏。

家长指导语:捉迷藏的小游戏,有助于宝宝建立客体永恒的概念。当宝宝找到红球时,家长可以表情夸张地表扬宝宝。

(2) 游戏二:我是小小音乐家

教师行为:将仿真娃娃坐立放置在毛毯上,然后将铃鼓放置在娃娃前面,示范轻拍一下发出声响,引导宝宝能够注意到,并用手拍响。将沙锤等玩具放置在宝宝前方,引导宝宝自主拿起进行敲打发声。

家长指导语:抓东西、敲东西的动作可促进宝宝手部的小肌肉,并能增加对物体的认知。在这一时期,玩"抓球"的游戏也很适合。将球滚向宝宝,吸引他的视线并引导他抓住小球,可训练他的手眼协调能力。当宝宝抓住一个球后,不妨再滚一个球给他,看看宝宝:是放掉先前抓的球呢,还是用另一个手去抓第二个球,或者将手中的球换手后再进行抓球。

(3) 游戏三:我是小小运动员

教师行为:教师将仿真娃娃平躺放置在毛毯上,播放音乐,然后根据被动操的动作和宝宝进行互动,并告知宝宝我们现在锻炼的是身体的什么部位。被动操结束后,教师引导家长在宝宝身体的一侧放置玩具,并用玩具的声音吸引宝宝的目光,让宝宝自己通过翻身和不断地滚动移动，甚至侧翻身坐立起来，得到玩具并进行玩耍。

家长指导语：这阶段的宝宝，翻身等动作技能已基本掌握，坐立、滚动是他们练习的新技能，我们可以多提供滚动、坐立的机会，也可拉一下宝宝，帮助其坐立，也为其之后的爬行、站立打好基础。

被动操需要宝宝配合，只有在其状态良好的情况下开展，才是最有效的。若宝宝表现出不适、哭闹等，立即停止。运动时和宝宝互动沟通，让宝宝注视着自己并开心地微笑，并清晰地告知宝宝每个动作对应的身体部位，增加宝宝的认知。

（4）游戏四：我是小小阅读家

教师行为：教师翻动绘本，用游戏的方式和宝宝进行互动，用夸张的语言吸引宝宝，并让宝宝猜测并调动起宝宝想要翻页查看后面画面的欲望。绘本的故事内容可以重复讲几遍，引导宝宝关注并了解、认识里面的小动物，产生基本的认知概念。

家长指导语：捉迷藏的游戏，对于宝宝的吸引力很大。这阶段的宝宝，也很乐意了解新事物，更多地认知这个世界。我们可以有意识地重复一些绘本内容，引起宝宝的兴趣，引导宝宝发声。

（三）活动结束环节

教师和家长们进行告别："今天课程到这里就结束了，宝宝们、家长们再见！"

教师引导家长和宝宝们进行活动结束语的沟通。

四、家庭延伸活动

6个月左右的宝宝有更强烈的欲望去练习"手眼技能"，用手探索世界，身体的能动性也有所增强。我们依旧需要为宝宝们创设良好且安全的条件，以利于宝宝的发展。这里给家长一些小的建议，希望在宝宝的成长过程中，能够有更好的促进作用。

（1）和宝宝玩"小青蛙"的游戏，双手抱着宝宝，让他的双腿在家长的腿上有节奏地跳跃。

（2）多读绘本，逐渐养成宝宝的良好阅读习惯。

方案四 我长大了

一、活动目标

（一）家长学习目标

（1）掌握7个月左右婴儿身心动作发展规律的代表性行为：

代表性行为一：开始逐渐练习爬行。

代表性行为二：探究物体的运动轨迹。

代表性行为三:初步理解语言与动作的关系。

(2)能运用各种游戏、被动操和婴幼儿进行互动,促进其动作及语言发展。

(二)婴儿发展目标

(1)能用眼睛找大人所问的东西,并能指出来。

(2)愿意参与爬行游戏。

(3)初步理解语言与动作的关系。

二、活动准备

(1)音乐“The Beauty Within”。

(2)木棍、毛毯、仿真娃娃、球(抓握玩具)。

三、活动过程

(一)教师揭示教育价值

随着婴儿身体大肌肉的发展,他们对身体的掌控能力日益增强。他们期望通过自己的本领去触碰、感知眼所能及的物体。他们开始更多地和家长进行互动,能够回应家长的提问,能够更多地理解一些简单的事物,并能够通过微笑或啼哭表达情绪。那我们需要更多地和婴幼儿进行有效互动,促进他们的认知发展。

(二)活动中心环节

1.活动导入:打个招呼吧

教师行为:教师先向家长们进行自我介绍。然后举起娃娃的手和宝宝们打招呼,并向大家挥手:“大家好,我是××,我7个月了,很高兴见到大家!”鼓励父母同样让宝宝坐着,然后握住宝宝的双手,挥手进行自我介绍。最后一起唱唱见面歌。

家长指导语:宝宝现在的姿势可以从平躺转成坐立了,这和他们身体的发展需求是一致的。因此,我们和宝宝的沟通方式也逐渐产生了变化。需要注意的是,这个阶段的小朋友会“认生”,看到陌生的面孔可能会出现“啼哭”的行为,注意宝宝的情绪安抚。

2.活动操作环节

(1)游戏一:指一指,在哪里?

教师行为:将仿真娃娃坐立放置在毛毯上,在娃娃前方放置两张毛巾,一张下面隐藏着红色弹力球,一张没有。然后和宝宝对话:“宝宝,你知道红色小球在哪个毛巾下面? 指一指,在哪儿呢?”教师换一个黄色弹力球在其中一个毛巾下,和宝宝进行同样的对话游戏,请宝宝指出来。

家长指导语:宝宝对小球能够有所认识,并能很快地找出藏在哪个毛巾下面。放置不同颜色的小球,可以促进宝宝对颜色的认知。

(2) 游戏二:听一听,什么声?

教师行为:教师将娃娃放置在地毯上,让宝宝一手拿一个玩具,示范对敲玩具。鼓励宝宝对敲。让宝宝感受到对敲物品带来的快乐,并对物体发声进行认知。

教师引导家长为宝宝更换不同质地和不同形状的玩具来玩这个游戏,带给宝宝更丰富的体验,促进其感知能力的发展。

家长指导语:对敲的游戏能够锻炼宝宝双手的灵活性,促进手眼协调发展;对敲用的玩具需要适中,以防宝宝不能握住玩具,或者敲击时碰疼小手。

(3) 游戏三:爬一爬,抓住它

教师行为:

①教师将仿真娃娃坐立放置在毛毯上,播放音乐。

②教师让宝宝独立坐着,并给宝宝手上可以把玩的玩具。在宝宝独坐玩玩具后,将宝宝平放在地毯上,然后将小球滚动到毛毯的很前端吸引宝宝通过爬行的移动方式,观察小球的滚动轨迹,然后获取、把玩小球。

③对于会爬宝宝:教师引导家长在前方用一个玩偶吸引宝宝,让宝宝向前爬行,每爬行一米,就让宝宝停下来休息并玩一玩,从而体验成功的快乐,促进宝宝下一次爬行的欲望,反复进行。将玩具慢慢移至宝宝身后,让宝宝学会调整方向拿取玩具,促进身体协调性及灵活性的发展。

④对于不会爬的宝宝:教师引导家长俯下身,手膝着地,请宝宝俯在家长身下。家长用膝盖交替顶着宝宝的脚底处,使宝宝的脚底有一个支撑的力量,并可以协调向前。交替挪动宝宝的双手,当宝宝伸出左手的时候,推宝宝的右脚,当宝宝伸出右手的时候,推宝宝的左脚。在宝宝的正前方拿玩具引导,协助宝宝爬行。

⑤对于部分腰腹力量不够的宝宝:教师引导家长帮助宝宝手膝撑地,腹部离开地面。家长一只手拖住宝宝的胸腹部,另一只手顶住宝宝的脚底,前方放一个可以吸引宝宝的玩具,鼓励宝宝向前爬。让宝宝体验手膝着地的感觉,对以后手膝爬会有很大的帮助。

家长指导语:这个阶段的宝宝,已基本掌握翻身、滚动、坐立等动作技能,而“手膝爬行”的能力开始萌芽。我们可以给宝宝提供丰富的玩具,在前方吸引宝宝,让他更多地练习爬行。家长还可在宝宝前方使用拖拉玩具。在使用拖拉玩具时,请注意速度不要太快,时间不宜太长,可让宝宝拿着玩具玩一下,歇一会儿后再继续爬。

(4) 游戏四:抱一抱,打招呼

教师行为(创设情境):引导宝宝和家长打招呼,如家长说“宝宝,很高兴见到你,抱一抱吧”,并挥手打招呼,拥抱宝宝;“宝宝,妈妈现在要离开了,再见啦”,挥挥手,告别。

家长指导语:宝宝能够理解我们在日常生活中的部分语言。因此,和宝宝互动,并进行动作与语言的联结。教宝宝认识周围环境,并与发展语言相结合。

(三)活动结束环节

教师和宝宝们进行活动结束语的沟通:“宝宝们,我们今天的活动就到这里结束啦！你们表现得很棒哦,很开心能够见到你们！我们下次见!”引导家长对宝宝表达“妈妈爱你”。

四、家庭延伸活动

该阶段的宝宝开始逐渐练习爬行,并对物体的运动轨迹产生兴趣。因此我们可以运用各种游戏、被动操和宝宝进行互动,促进其腿部发展以及语言发展等。

(1)坚持为宝宝做被动操,引导练习爬行,尽量避免宝宝直接跳过该步骤到行走。

(2)有意地引导宝宝根据大人的请求做出相应的动作。

第二节 ‖ 1~1.5岁幼儿早期教育活动方案

方案一 我有一双小小手

一、活动目标

(一)家长学习目标

(1)了解幼儿认知发展中颜色认知的价值。

(2)能引导幼儿模仿儿歌《小小手》的手部动作。

(3)能协助幼儿完成食指涂抹的动作。

(二)幼儿发展目标

(1)能够通过涂抹颜料感知红、绿、蓝三种颜色。

(2)能够完成食指涂抹的动作。

(3)能够基本操作完成拉开—套上的动作。

二、活动准备

手掌图片、橡皮圈、纸板手指、颜料。

三、活动过程

(一)教师揭示教育价值

该年龄阶段的幼儿可以自己动手进行一些操作,并喜欢用手去探索世界,他们有了最初的自我意识,意识到了自己的力量,愿意自己动手做一些简单的事,因此以宝宝们熟悉的手为载体设计了念儿歌、涂颜料、套橡皮筋、舞蹈律动等游戏来锻炼幼儿手指灵活性、语言表达力,以及丰富对颜色的认知。结合幼儿身心发展规律,本次活动主要是围绕小手而设计一系列游戏,在游戏过程中穿插了语言、颜色认知的游戏任务。

(二)活动中心环节

1.活动导入:手指玩偶

教师行为:教师出示手指玩偶,引导幼儿观察,并模仿手指宝宝做自我介绍:“大家好,我叫手指宝宝,我今年12个月了,我想和你们交朋友。”教师把手指玩偶靠向任一幼儿说:“××小朋友,很高兴认识你,请你来介绍一下自己吧!”

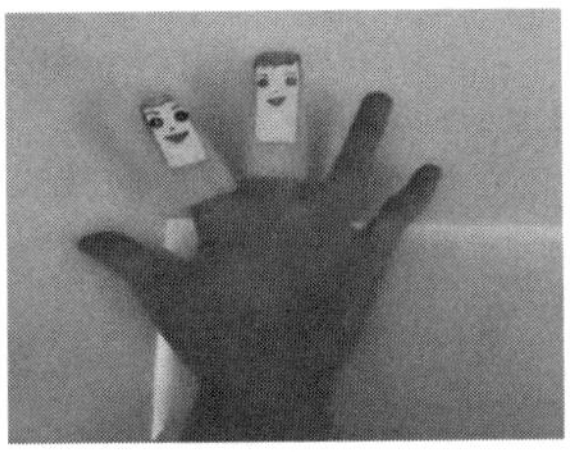

手指玩偶

家长指导语:受限于幼儿的语言发展能力,宝宝并不能完整地做自我介绍。当轮到自己的宝宝做自我介绍时,家长可以引导宝宝说一声“嗨”或挥挥手。自我意识的启蒙和表现需要有一个过程,当婴幼儿出现排斥或不愉悦的心情时,请给予耐心等待或陪同孩子一起进行。每个婴幼儿的性格和成长环境不同,不要把自己的孩子和其他孩子相比较,要多给孩子鼓励和帮助。

2.活动操作环节

(1)游戏一:儿歌《我有一双小小手》

教师行为(夸张地出示双手):“宝宝们,每个人都有一双手,其实我们的双手非常能干,现在我们一起来听听儿歌里是怎么说的。”小小手本领大(小手张开,来回转动),见面时握握手(小手抱拳摇动)。高兴时拍拍手(双手做拍手动作),再见时挥挥手(双手做挥手的动作)。

家长指导语:念儿歌时,家长的语速可以慢一点儿,并引导幼儿模仿手部动作,这几个手部动作是这个时期宝宝能有意识完成的动作。在生活中家长可以引导宝宝用不同的手部动作和人交流。

(2)游戏二:彩色手指

教师行为(出示没有颜色的手指模型):“手指宝宝很想穿上漂亮的有颜色的衣服,我们一起来帮它们穿上好看的衣服。”教师戴上手套并示范用食指蘸取颜料给手指模型涂色。助教老师分发操作材料,家长协助幼儿完成操作。

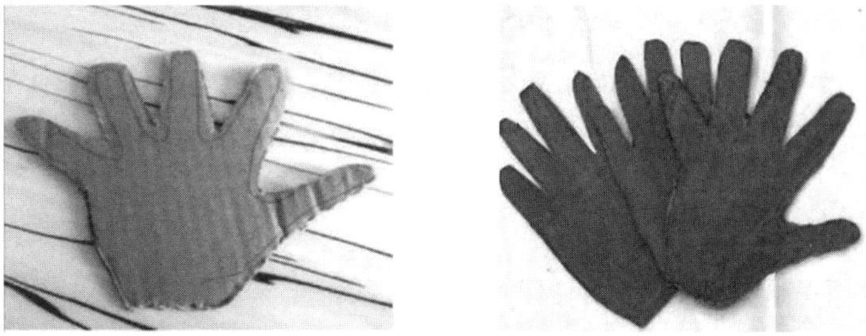

(1) (2)

彩色手指

家长指导语:如果宝宝不愿意戴手套去涂色也是可以的,因为我们提供的颜料是水洗颜料,可以直接用手蘸取。幼儿在涂色时可以巩固对颜色的认知,在涂色的过程中家长要关注幼儿的行为,避免幼儿把颜料吃到嘴巴里。

(3) 游戏三:戴戒指

教师行为(创设情境):“手指宝宝穿上了漂亮的新衣,它们非常开心,但是它们还想请大家帮它们戴上彩色戒指。”教师出示彩色橡皮圈,并示范把彩色橡皮圈套在手指模具上的动作。教师可以重复示范2~3遍套橡皮筋的动作,家长协助幼儿完成操作。

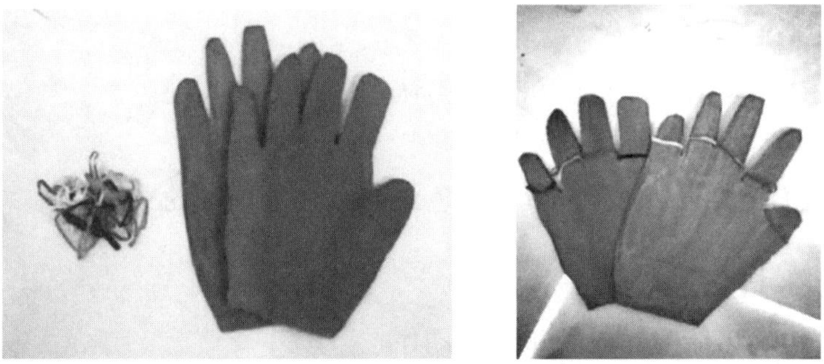

(1) (2)

手指戴戒指

家长指导语:戴戒指这个行为,涉及“拉开”“对准”“松开”等分解动作,貌似简单,但幼儿完成这些动作有一定的难度。在这个过程中家长不要有过多口头打扰,以免影响宝宝的专注力,也不要替代幼儿完成操作。

(4) 游戏四:律动操《小小手》

教师行为(出示手指模具):“宝宝们,原来我们的手这么厉害,现在我们来做律动操吧!”助教老师播放音乐《小小手》,主教老师和助教老师戴着手指模型随音乐示范律动操的动作,幼儿和家长模仿老师动作。

家长指导语:律动操可以培养幼儿节奏感和增强幼儿表现能力。家长根据老师的示范纠正幼儿错误的动作,对于较难的动作家长可以给幼儿示范多遍。

附：儿歌《小小手》

一双小小手(伸出左手和右手)，十个手指头(双手转动)。
掰手算算术(双手放在背后)，一三五七九(左右挥动双手)。
拍手来唱歌(双手拍掌)，哆来咪发嗦(双手拍掌)。
互相分不开(双手交叉胸前)，都是好朋友(伸出右手并左右挥动)。

(三)活动结束环节

宝宝、家长、老师一起念儿歌《我有一双小小手》后，宝宝们拥抱再见。

四、家庭延伸活动

家长在家里也可以和宝宝一起复习有关手指的儿歌——《小小手》，让宝宝给手指模型套橡皮圈。

方案二 有趣的海洋球

一、活动目标

(一)家长学习目标

(1)了解幼儿认知发展中颜色认知和分类认知的价值和表现。
(2)能协助幼儿完成单脚踢球的动作。
(3)掌握利用海洋球发展幼儿红黄蓝颜色认知和分类认知的方法。

(二)幼儿发展目标

(1)能够完成用手指抓握和取海洋球的动作。
(2)能够完成单脚踢球的动作。
(3)能按红黄蓝三种颜色完成海洋球的正确分类。

二、活动准备

彩色的海洋球、胶带、硬纸板做的树、篮子、山羊玩偶。

三、活动过程

(一)教师揭示教育价值

该年龄阶段的幼儿喜欢玩色彩鲜艳的球，五指从不分工到较为灵活地分工，手眼配合能力、手的操作能力明显提高，并且会初步分辨颜色。因此设计了摘果果、运果果、扔果果、踢果果、果果分类的游戏来训练幼儿手指的灵活性、专注力及手眼协调能力。结合幼儿身心发展规律，本次活动主要是围绕海洋球设计一系列游戏，在游戏过程中穿插了颜色认知、语言训练的任务。

（二）活动中心环节

1.活动导入：五颜六色的海洋球

教师行为（从篮子里拿出各种颜色的海洋球）："蓝色、粉色、白色、红色……"教师示范海洋球宝宝的自我介绍，引导幼儿打招呼并开始自我介绍。

家长指导语：受限于幼儿的语言发展能力，宝宝并不能完整地做自我介绍。当轮到自己的宝宝做自我介绍时，家长可以引导宝宝说一声"嗨"或挥挥手。自我意识的启蒙和表现需要有一个过程，当婴幼儿出现排斥或不愉悦的心情时，请给予耐心等待或陪同孩子一起进行。每个婴幼儿的性格和成长环境不同，不要把自己的孩子和其他孩子相比较，要多给孩子鼓励和帮助。

2.活动操作环节

（1）游戏一：彩色小果果

教师行为：助教老师把贴有海洋球的树放到宝宝们的身后，主教老师举起果树并说："山羊爷爷果园里的果子都成熟了，果树上有红果果、白果果、粉果果……现在我们把果子摘下来并放到自己篮子里。"教师示范摘果果的动作（首先握住海洋球，然后把海洋球取下来，最后把球放到篮子里），教师引导家长协助幼儿完成操作。

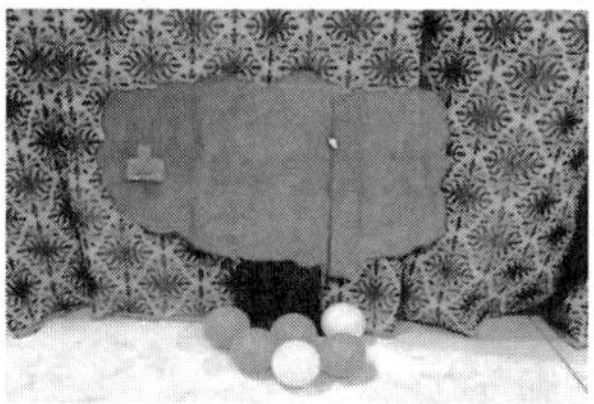
（1）

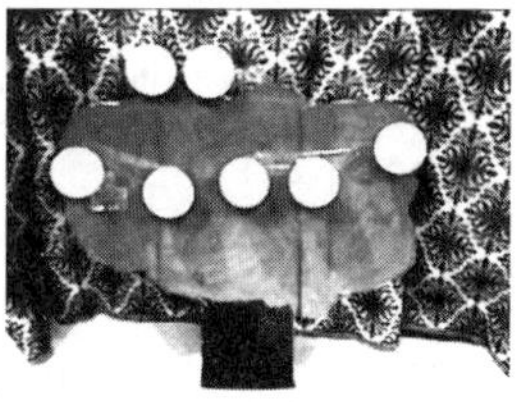
（2）

摘果果

家长指导语：摘果果能够训练幼儿的踮脚动作、伸手取物动作。家长可以根据幼儿能力发展状况调整果树的高度，在游戏过程中家长不要过多口头打扰，以免影响宝宝的专注力。

（2）游戏二：球球下楼梯

教师行为（用夸张的语调描述）："山羊爷爷果园里的果子长得很高，我们要用梯子才能把果子运下山，现在我们一起来运果子吧！"教师示范制作梯子（撕开双面胶把纸板粘到墙上）和运果子下山的动作，教师引导家长协助幼儿完成操作。

(1)

(2)

球球下楼梯

家长指导语：制作梯子的过程训练了幼儿手部精细动作，运果子下山的游戏可以锻炼幼儿大肌肉动作，在游戏过程中家长要提醒幼儿一个一个地把果子运下山。

(3) 游戏三：扔扔乐

教师行为(夸张地说)："篮子里的果果跑出来了，我们一起把果果放进篮子吧！"教师示范扔球入筐的动作，并提醒幼儿过肩扔球，教师进行一对一观察指导。

扔球

家长指导语：扔球入筐训练了幼儿手眼协调能力，促进了幼儿大肌肉动作的发展。在游戏过程中家长可以根据幼儿能力发展状况调整篮子和宝宝的距离，家长不要过多口头打扰，更不要替代幼儿完成操作。

(4) 游戏四：踢踢乐

教师行为(出示海洋球说)："五颜六色的果果还可以踢着玩。"主教老师和助教老师站成相对位置并示范来回踢球的动作，家长和幼儿模仿老师踢球动作。

家长指导语：踢球可以训练幼儿单脚站立能力，在游戏过程中家长根据幼儿能力发展状况调整对踢的距离。踢球时，家长可以告诉幼儿球的颜色，丰富幼儿对颜色的认知。

(5) 游戏五：果果回家

教师行为："果果玩累了，我们把果果送回家吧。"主教老师示范根据颜色分类海洋球的动作，"红色果果放在红色盒子里，蓝色果果放在蓝色盒子里，绿色果果放在绿色盒子里……"助教老师分发材料，教师根据实际情况进行一对一指导。

家长指导语：颜色分类游戏可以训练幼儿的专注力，丰富幼儿对颜色的认知。在游戏过程中若幼儿未按颜色正确分类，家长可以用语言引导宝宝完成操作。

(三)活动结束环节

教师拿起海洋球说："山羊爷爷为了感谢你们，它今天给每位宝宝送一个海洋球，希望大家今后继续帮助别人。"教师分发海洋球，拥抱再见。

四、家庭延伸活动

家长可以让幼儿两手握着海洋球进行敲击。在家里家长可以让幼儿用双手去取贴在墙上的海洋球。

方案三 神奇的纸

一、活动目标

(一)家长学习目标

(1)了解幼儿认知发展中纸的种类认知价值。

(2)能协助幼儿用手指完成穿纸的动作。

(3)能改编生活小游戏,巩固幼儿对纸特性的认识。

(二)幼儿发展目标

(1)能用手指完成抽纸的动作。

(2)能用指尖完成撕碎面巾纸、报纸、卡纸的动作。

(3)通过玩纸飞机和飞行器感受到“飞”与“落”的含义。

二、活动准备

面巾纸、报纸、纸宝宝、卡纸、盒子、彩色纸条。

三、活动过程

(一)教师揭示教育价值

纸是日常生活中较易获得的物品,宝宝对纸也很熟悉。该年龄阶段的幼儿可以自己动手进行一些操作,五指从不分工到较为灵活地分工,手眼配合能力、手的操作能力明显提高。因此设计了抽纸、撕纸、穿纸、玩纸飞机和飞行器的游戏来训练幼儿手眼协调能力、手指灵活性,锻炼幼儿对不同纸的触觉感受和上臂肌肉的发展。结合宝宝身心发展规律,本次活动主要是围绕纸而设计的一系列游戏,在游戏过程中穿插了纸的认知、语言训练的任务。

(二)活动中心环节

1.活动导入:城堡主人来了

教师行为(创设情境):“城堡主人想和幼儿做朋友。”引导幼儿进行自我介绍。

家长指导语:受限于幼儿的语言发展能力,宝宝并不能完整地做自我介绍。当轮到自己的宝宝做自我介绍时,家长可以引导宝宝说一声“嗨”或挥挥手。自我意识的启蒙和表现需要有一个过程,当婴幼儿出现排斥或不愉悦的心情时,请给予耐心等待或陪同孩子一起进行。每个婴幼儿的性格和成长环境不同,不要把自己的孩子和其他孩子相比较,要多给孩子鼓励和帮助。

2.活动操作环节

(1)游戏一:抽纸

教师行为(出示魔法盒说):“城堡主人给各位宝宝们带来了一个魔法盒,盒里住着许多纸宝宝,现在我们来摸一摸并把它们取出来吧!”教师示范抽纸的动作(把手伸进盒里,用五根手指把它们取出来),助教老师分发材料,教师根据实际情况完成一对一指导。

魔法盒

家长指导语:抽纸可以增强幼儿手指灵活性,在触摸不同材质的纸的过程中训练了幼儿手部触觉,家长可以在幼儿抽纸的过程中告诉幼儿纸的名字,丰富幼儿对纸的种类认知。

(2)游戏二:撕纸

教师行为(出示纸):“主人想使宴会更热闹,他让我们把纸撕碎并把纸屑抛向空中。”助教老师分发材料,主教老师示范用指尖撕纸动作(首先拿起一张纸,然后用双手的指尖捏住纸的两端并用力一撕,接着又拿刚刚撕下的一半纸并重复之前的步骤,最后纸张就变成了纸屑)。

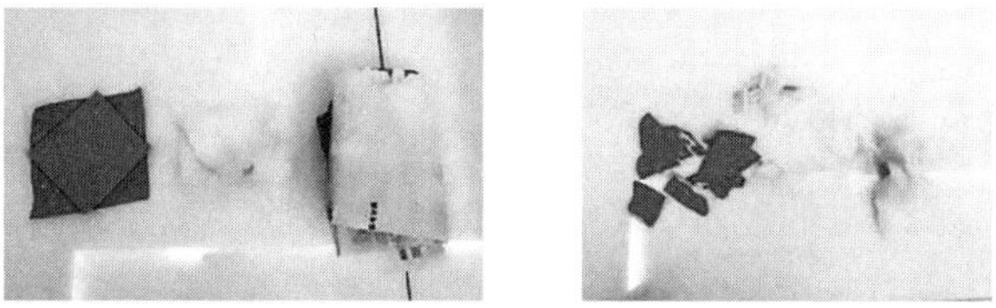

(1) (2)

撕纸

家长指导语:撕纸能锻炼幼儿手部精细动作,幼儿在撕纸过程中,家长要提醒幼儿避免用一把握的方式撕纸。无论幼儿把纸撕成什么形状,家长不要责怪幼儿,只要幼儿愿意动手操作就值得表扬。

(3)游戏三:漂亮的纸衣服

教师行为(夸张地说):纸宝宝想穿漂亮的衣服去参加宴会,现在我们来给纸宝宝穿衣服吧!助教老师分发材料,主教老师示范给纸宝宝穿衣服的动作(首先用手指拿一张纸条,然后沿着缝穿过纸条,直到把缝穿完为止,接着拿起第二张纸条……依次类推)家长协助幼儿完成操作。

(1)　　　　(2)

穿纸

家长指导语：穿纸游戏可以训练幼儿手眼协调能力和专注力，给纸宝宝穿衣还能增强幼儿的自理能力。幼儿在穿纸条时，家长提醒幼儿纸条要一条一条地穿过缝隙，家长不能代替幼儿完成操作。

(4) 游戏四：会飞的纸

教师行为：教师出示折好的飞机、飞行器，教师示范飞纸飞机。家长引导幼儿按正确的方式飞纸飞机，发展上臂力量。

家长指导语：幼儿在玩纸飞机和飞行器时能增强对"飞"和"落"含义的理解，并且训练了上臂力量。家长可以和幼儿一起玩纸飞机和飞行器，比一比、赛一赛谁的飞机飞得高或谁的飞行器最先落到地面。

图4　纸飞机

(三)活动结束环节

把宝宝们的作品悬挂起来，大家一起欣赏！

四、家庭延伸活动

家长可以让宝宝在一定距离内(根据宝宝的发展情况调整距离)往篮子里扔纸团。家长也可以和宝宝一起做白纸染色的小实验。

方案四　有趣的夹子

一、活动目标

(一)家长学习目标

(1)了解幼儿在社会性发展中培养自理能力的价值。

(2)能协助幼儿完成"撕"与"贴"的动作。

(3)能引导幼儿在推夹子火车时完成"站"与"蹲"的动作。

(二)幼儿发展目标

(1)能够用大拇指和食指完成取夹子的动作。

(2)能够在做动物夹子时完成“撕”与“贴”的动作。

(3)能够用大拇指和食指完成夹袜子的动作。

二、活动准备

(1)音乐《小火车》。

(2)刺猬形状的纸板,五颜六色的夹子,兔子、白兔、胡萝卜、苹果的图片,棉线。

三、活动过程

(一)教师揭示教育价值

该阶段宝宝的动手操作能力和手眼协调能力较前有了一定的发展,有了最初的独立性并能做一些简单的事,加上五颜六色的夹子是常用的生活物品,因此设计取夹子、做动物夹子、开夹子火车、夹袜子的游戏来训练幼儿手指灵活性、手部精细动作,锻炼幼儿腿部大肌肉动作,以及培养幼儿生活自理能力。结合宝宝身心发展规律,本次活动主要是围绕夹子而设计的一系列游戏,在活动过程中穿插了颜色认知和语言训练的任务。

(二)活动中心环节

1.活动导入:打个招呼吧

教师行为:教师用衣服夹子跟幼儿打招呼,引导被衣服夹子夹到的幼儿做自我介绍。

家长指导语:受限于幼儿的语言发展能力,宝宝并不能完整地做自我介绍。当轮到自己的宝宝做自我介绍时,家长可以引导宝宝说一声“嗨”或挥挥手。自我意识的启蒙和表现需要有一个过程,当婴幼儿出现排斥或不愉悦的心情时,请给予耐心等待或陪同孩子一起进行。每个婴幼儿的性格和成长环境不同,不要把自己的孩子和其他孩子相比较,要多给孩子鼓励和帮助。

2.活动操作环节

(1)游戏一:取夹子

教师行为(出示刺梨图形并夸张地说):“宝宝们,刺梨长满了刺,我们一起帮刺梨拔掉刺吧!”助教老师分发材料,主教老师示范取夹子的动作(大拇指和食指握住夹子尾巴,然后用力一按,夹子就取下来了),教师根据实际情况给予相应指导,家长协助幼儿完成操作。

家长指导语:取夹子可以增强幼儿手指精细动作。幼儿在取夹子时家长提醒幼儿不要用手直接扯夹子。对于有困难的幼儿,家长可以协助幼儿取下夹子,但不要代替幼儿完成操作。

(2)游戏二:动物夹子

教师行为:“宝宝们,今天刺猬请各位动物吃东西,我们一起给动物宝宝喂食物吧!”助教老师分发材料,主教老师示范贴纸的动作(首先把剪成两半的动物贴在夹子的一面,然后在夹子的另一面贴上食物的图案,接着用手按动夹子,小动物的嘴巴就张开啦!)教师示范2~3遍贴纸的动作,家长协助幼儿完成操作。

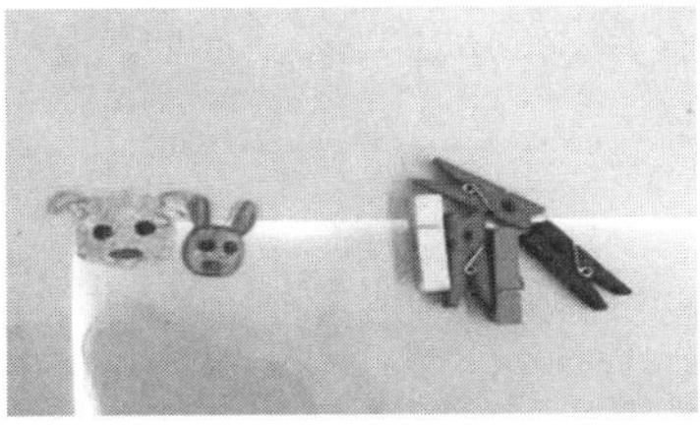

(1)

(2)

动物夹子

家长指导语:贴图游戏可以促进幼儿手指精细动作的发展,但撕下图片上的双面胶对有些幼儿比较困难,家长可以协助幼儿撕下双面胶,让幼儿自己贴在夹子上。对于动作较慢的幼儿,家长不要焦虑,也不要代替幼儿完成操作。

(3) 游戏三:夹子火车

教师行为(夸张地说):“为了感谢大家,刺猬宝宝邀请大家一起玩夹子火车的游戏。”助教老师播放音乐并分发材料,主教老师示范玩夹子火车游戏的动作(首先用大拇指和食指把夹子夹在线上,然后家长用手拉着线的两端,接着老师播放音乐《小火车》,当老师喊“呜呜呜,开火车啦”,幼儿就把夹子从高处推下去或者把夹子从低处推上去。)教师根据实际情况进行一对一指导,家长协助幼儿完成操作。

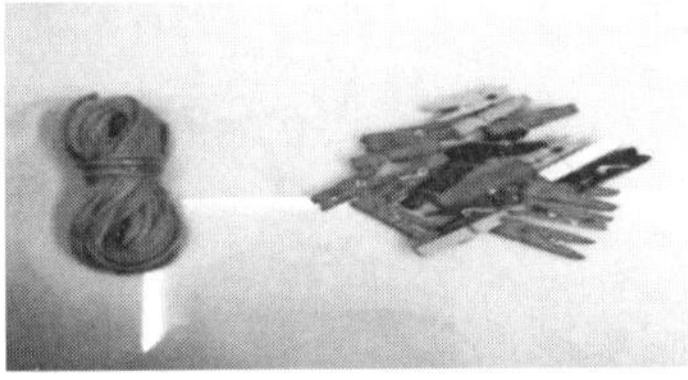

(1)

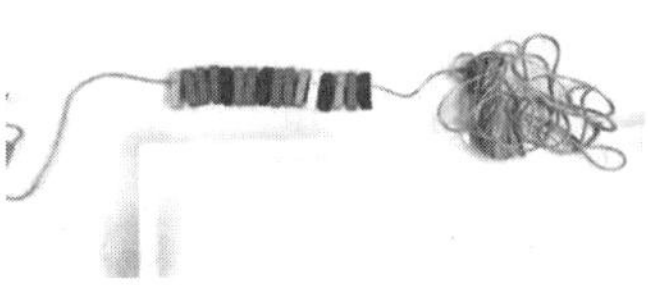

(2)

夹子火车

家长指导语:或上或下推夹子火车训练了幼儿大肌肉动作。在推夹子火车时,家长用语言营造情景提示宝宝蹲下或站起来,例如“火车进隧洞啦或者火车爬山坡了”。

(4) 游戏四:夹袜子

教师行为(出示袜子夸张地说):“刺猬宝宝家有好多袜子,我们帮它整理一下吧!”助教老师分发材料,主教老师示范用夹子夹袜子的动作(左手的五指握住袜子的一端,然后右手用大拇指和食指按动夹子尾巴并夹住袜子),家长协助完成操作,教师根据实际情况进行一对一指导。

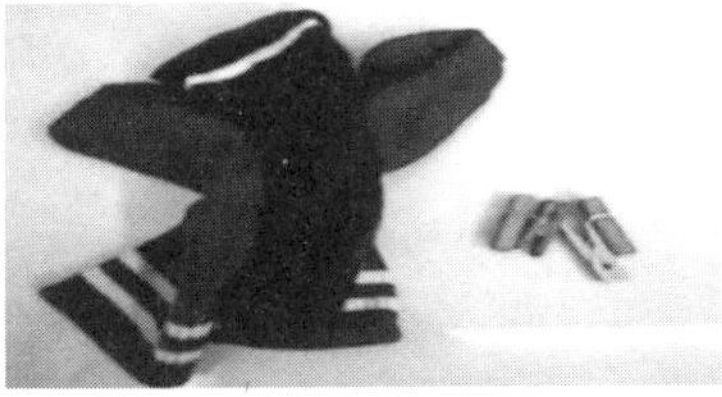

(1)

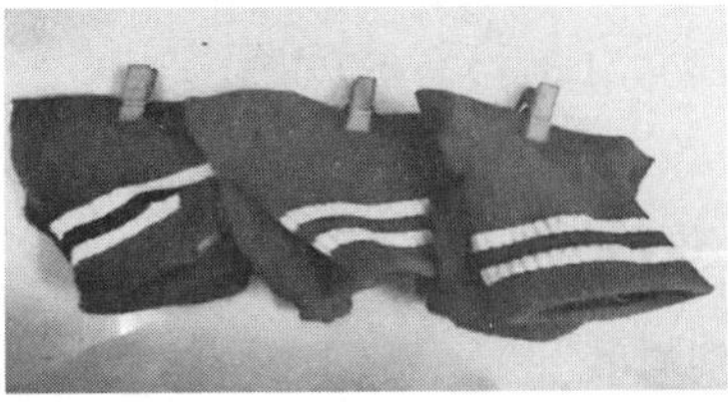

(2)

夹子夹袜子

家长指导语:用夹子夹袜子可以培养幼儿自理能力,同时幼儿手指精细动作得到发展,家长可以模仿教师行为并给幼儿多示范几遍用大指和食指按的动作,家长不要代替幼儿完成操作。

(三)活动结束环节

大家欣赏幼儿做的动物夹子,幼儿们比一比谁做的动物夹子嘴巴张得最大。

四、家庭延伸活动

家长可以让幼儿用夹子夹画有衣服图案的卡片。家长也可以让幼儿沿着光盘夹夹子。

第三节 ‖ 1.5~2岁幼儿早期教育活动方案

方案一 青青草原大探险

一、活动目标

(一)家长学习目标

(1)掌握该年龄段幼儿粗大动作能力四个不同难度的代表性行为:
代表性行为一:平稳爬行。
代表性行为二:扶着栏杆上下楼梯。
代表性行为三:能走平衡木。
代表性行为四:能够用脚跨过栏架。
(2)会观察并了解现阶段幼儿在爬行、扶栏上下楼梯、走平衡木、用脚跨栏的情况。

(二)幼儿发展目标

(1)乐意参与探险活动,并且表现出很感兴趣。
(2)能参与到活动中,进行钻、爬、走、跨等动作。
(3)能在活动完成后,有成就感

二、活动准备

(1)音乐《别看我只是一只羊》。
(2)阳光隧道、栏架、有扶手的楼梯、平衡木、花环。

三、活动过程

(一)教师揭示教育价值

探险是一个神秘的词语,能激发幼儿探索欲望。对幼儿来说,探险需要做些什么是他们最感兴趣的。将幼儿的探险活动与该年龄段的运动相结合,能促进幼儿粗大运动的发展。粗大运动包括躯干和四肢的大肌肉动作:如抬头、翻身、坐、爬、站、走、蹲、跑、跳等。此次活动我们就涉及了爬行、走、跨等动作。

(二)活动中心环节

1.活动导入

教师行为:用收到青青草原羊村长的一封信导入,青青草原一年一度的探险活动开始了,邀请大家一起参加,探险活动共设置了四个关卡。

家长指导语:探险活动中,家长情绪饱满,鼓励并引导幼儿积极参与各项活动。

2.活动操作环节

(1)游戏一:过山洞(阳光隧道)

教师行为:教师示范用爬行的姿势钻过山洞(臀部要离地,双手与双脚跪地做支撑,往前爬行)。爬完阳光隧道,示范自我整理休息(用手捶捶肩膀和小腿,捏捏小腿和肩膀)

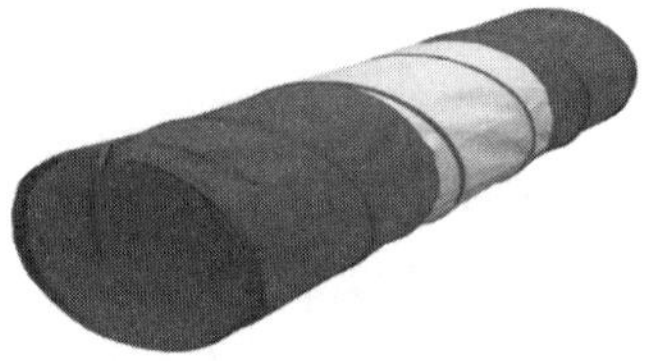

阳光隧道

家长指导语:阳光隧道可以给幼儿提供丰富的视觉、触觉刺激,加强幼儿肌肤和各项接触刺激,并调节平衡感。在幼儿不想爬过去或者害怕的时候,家长不要对幼儿进行否定或者责骂,耐心等待陪伴即可。

(2)游戏二:翻山越岭(有扶手的儿童楼梯)

教师行为:教师示范双手扶着栏杆,一步一步上楼梯,再下楼梯,可以上下脚交叉上下楼梯,也可以一级一级地上下楼梯。上下完楼梯,示范自我整理休息(用手捶捶肩膀和小腿,捏捏小腿和肩膀)。

楼梯

家长指导语：上下楼梯有助于训练幼儿的手眼协调能力以及下肢肌肉的锻炼，增强平衡协调能力。

（3）游戏三：走过独木桥（平衡木）

教师行为：教师示范过独木桥（将手臂打开，先踏出一只脚走上平衡木并且站稳，再伸出另一只脚走到前面）。教师示范儿歌念唱："独木桥，独木桥，走一步，摇一摇，勇敢的人不胆怯，大摇大摆过了桥。我们都是勇敢的好宝宝。"走完独木桥，示范自我整理休息（用手捶捶肩膀和小腿，捏捏小腿和肩膀）。

平衡木

家长指导语：走平衡木有助于锻炼幼儿的平衡能力、手眼协调能力以及过平衡木时的专注力。幼儿过平衡木时，家长可以在旁边牵着幼儿，给幼儿一点儿鼓励。

（4）游戏四：跨越河沟（栏架）

教师行为：教师示范双手打开，保持平衡，伸出一只脚跨过栏杆，再将另一只脚跨过来。跨过后，示范自我整理休息（用手捶捶肩膀和小腿，捏捏小腿和肩膀）。

栏架

家长指导语：此活动可以训练幼儿的单脚站立的动作发展。有的幼儿走路可能还不太稳，做跨这个动作有困难，我们的家长可以牵着幼儿，让幼儿跨过栏架。

（三）活动结束环节

教师说："羊村长庆祝我们探险成功，用'花环'颁奖。"幼儿来拿花环的时候，教师应双手给幼儿，并对幼儿说谢谢，从而引导幼儿对教师说谢谢。

花环

四、家庭延伸活动

粗大动作的训练有助于幼儿平衡感、手眼协调能力、注意力等方面的发展。在家里我们可以做的事情:

(1)平时出去散步,可以牵着幼儿的手,让幼儿走路沿。

(2)家里的地砖都有直线,可以在家里和幼儿一起走直线。

方案二 给小动物喂食

一、活动目标

(一)家长学习目标

(1)知道幼儿能通过观察进行颜色配对,通过已有认知进行食物配对。

(2)能观察幼儿在配对活动中的表现,了解幼儿的现有水平,并学会如何在家训练幼儿的配对能力发展。

(3)能观察幼儿在走、跑、跳时的动作表现,并学会如何在家锻炼幼儿的动作发展。

(二)幼儿发展目标

(1)能对常见动物的外形特征有初步的认知,能根据颜色将动物缺失的部位配好对。

(2)能在游戏中完成单脚或者双脚跳圈、走平衡木等动作。

(3)能知道不同动物的主食特点,能将对应的形状嵌入相对应的孔内。

二、活动准备

(1)《森林狂想曲》。

(2)兔子、小猫、小狗的拼图,彩圈,平衡木,树桩,纸箱,胡萝卜、骨头、鱼的图片(若干)。

三、活动过程

(一)教师揭示教育价值

该年龄段的幼儿能进行简单的配对游戏,比如会根据颜色、形状匹配物品,如将三角形、圆形等嵌入相对应的孔内。此次活动用小动物兔子、小猫、小狗作为主要角色,能吸引幼儿的注意力,带来趣味性。小动物身体缺失部位匹配、帮小动物寻找食物以及给小动物喂食等游戏,能促进幼儿简单推理能力、粗大动作和精细动作、手眼协调能力等的发展。

(二)活动中心环节

1.活动导入:一起来猜谜

教师行为:教师导入猜谜游戏,调动幼儿兴趣,引导幼儿主动思考。

家长指导语：家长引导幼儿根据谜语的描述，一边思考一边做动作，以及学叫声，进行猜谜游戏。

附：谜语

耳朵长长吃萝卜，蹦蹦跳跳真可爱。（小兔子）

爱吃肉骨头，还爱汪汪叫。（小狗）

长长的胡须，还爱吃鱼，总是喵喵叫。（小猫）

（1）游戏一：配一配

教师行为：教师出示操作材料，示范为衣服缺失的兔子、猫、狗匹配身子。

（1）

（2）

拼图操作材料

家长指导语：这个就是简单的配对活动，能引导幼儿观察动物的颜色，从而将头与身子相对应起来。

（2）游戏二：为小动物找食物

教师行为：教师布置教室，示范为小动物找食物。具体包括：像兔子蹦蹦跳跳地跳到终点，拔出胡萝卜放进篮子；像小猫走路走到终点，捉小鱼放进篮子；像小狗奔跑到终点，捡起骨头放进篮子里。找完食物后，示范自我整理并休息（用手捶捶肩膀和小腿，捏捏小腿和肩膀）。

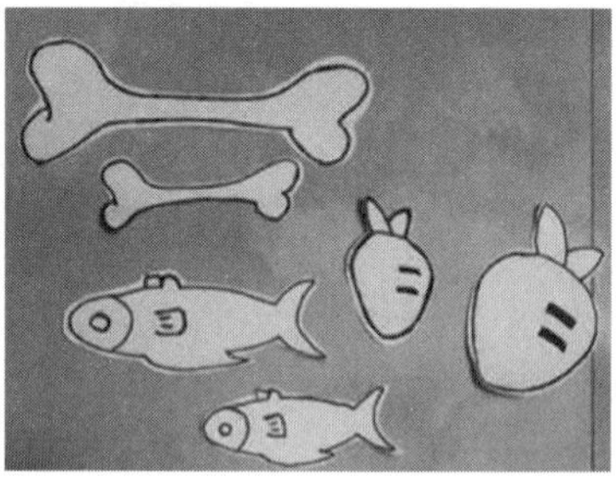

食物

家长指导语：此活动通过帮小动物找食物增加了趣味性，同时跳、走平衡木、障碍跑能锻炼幼儿粗大动作的发展。

（3）游戏三：食物上色

教师行为：教师示范用彩笔为食物上色，以帮助食物变得美味。可以自由选择颜色。幼儿在家长的引导下模仿练习，教师一对一观察与指导。

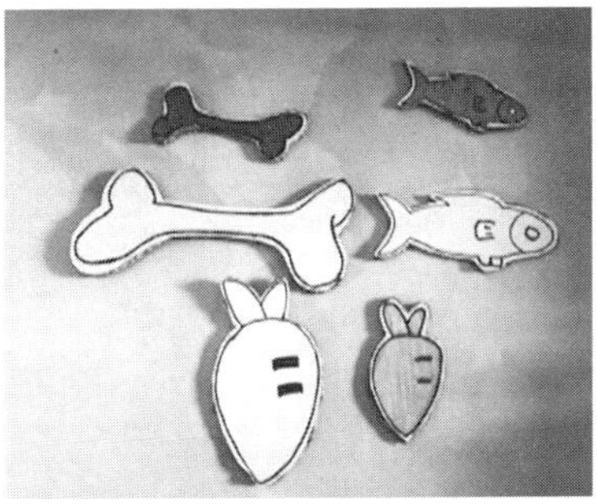

上色食物

家长指导语：家长引导幼儿用喜欢的颜色给食物上色，如果幼儿将颜色涂到食物外面去，也不需责骂幼儿，应该耐心地引导幼儿慢慢地涂。这个活动能锻炼幼儿的精细动作以及手眼协调能力。

（4）游戏四：给小动物喂食

教师行为：教师出示材料，示范选择合适的食物给小动物喂食。幼儿在家长的引导下模仿练习，教师一对一观察与指导。

（1）

（2）

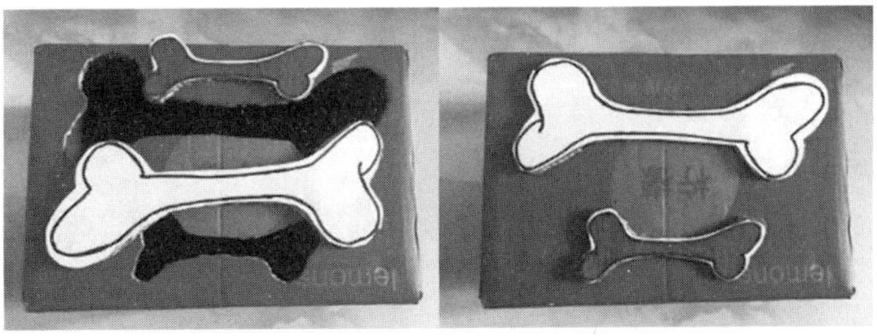

（3）

喂食

家长指导语:这个活动实质是一个拼图活动,但拼图有大小之分,可以让幼儿在试误中学习.家长可以在幼儿喂不进食物时,引导幼儿仔细观察。切忌批评或代替幼儿投喂。

(三)活动结束环节

幼儿分享作品,相互告别。

四、家庭延伸活动

该活动以“给小动物喂食”为基础,开展了配对、拼图、涂色、蹦跳等活动,能锻炼到幼儿多个方面的能力,在家我们可以做的是:

(1)瓶盖的颜色配对、瓶盖与瓶子的配对等。

(2)可以带幼儿去公园进行散步、跑步、蹦跳等活动,时间不宜太长。

(3)买适合幼儿年龄段的拼图,或者自己在家手工制作拼图。

方案三 好玩的纸——柳树姐姐

一、活动目标

(一)家长学习目标

(1)知道该月龄段幼儿对撕纸很感兴趣,并且能撕成一条,能用手捏成小纸团,能进行贴这个动作。

(2)能观察幼儿的行为,了解幼儿现有的撕纸、捏纸、贴纸水平。

(3)了解撕纸、捏纸、贴纸游戏对幼儿发展的益处,以及在家里还能如何开展与纸相关活动。

(二)幼儿发展目标

(1)能用手撕纸,并在教师或家长的引导下,将纸撕成条状再贴纸。

(2)能体验到撕纸、贴纸的乐趣。

(3)乐意跟着教师做简单的舞蹈动作。

二、活动准备

(1)纯音乐“Summer”、儿歌《柳树姐姐》。

(2)绿色皱纹纸、红色皱纹纸、吸管、空树枝(提前贴满了双面胶)、塑料瓶。

三、活动过程

(一)教师揭示教育价值

幼儿在这个阶段对任何事物都很好奇并且有能力自己动手去拿。随着幼儿的发展,手部动作的发展变得越来越重要,他想要的东西便会自己去拿,纸巾就是一种很容易让幼儿接触到的东西,幼儿拿到之后就会开始乱撕、乱扔,但是大部分的家长都会制止幼儿的行为,并进行训斥、责骂或者讲道理。但是该年龄段的幼儿处于一种叛逆阶段,你不要他做什么,他非要做什么,会与你反着干,所以与其让他对纸越来越好奇,不如放手陪他一起玩儿。

纸的种类很多,除了纸巾,还有硬纸、卡纸等。纸不但可以撕,还可以粘贴。让幼儿自己动手,通过撕纸、贴纸等游戏促进手眼协调能力、双手的协调性以及撕纸过程中对手部的控制力等方面的发展。

(二)活动中心环节

1.活动导入:五颜六色的纸

教师行为:宝贝们看,老师今天给大家带来了许多五颜六色的纸。让我们来看看它们可以做些什么吧。

家长指导语:家长引导幼儿观察教师手上的物品,并表示出极大的兴趣。

2.活动操作环节

(1)游戏一:儿歌《柳树姐姐》

教师行为(出示柳树画):“这是我们的柳树姐姐,柳树姐姐有着长长的、绿色的头发。宝宝们和老师一起来念一念儿歌《柳树姐姐》。”

家长指导语:用儿歌能增加幼儿对柳树的理解,念儿歌能引导幼儿开口说话,家长也可以参与其中,和幼儿一起念儿歌,增加亲子互动。

附:儿歌《柳树姐姐》

柳树姐姐头发长,(指着柳树顺着它的柳枝比画)
一根一根往下长。(顺着一根一根的柳枝比画)
风吹来了飘呀飘,(将手做成波浪形代表风)
小小嫩芽长呀长。(指着柳枝的线条比画)

(2)游戏二:撕一撕,做柳枝

教师行为:“柳树姐姐的头发真好看,让我们一起来做一棵柳树吧。”教师示范用左右两手的大拇指和食指对捏住纸并将纸撕成条,再贴到空树枝上。教师引导家长带领幼儿模仿练习,教师一对一观察与指导。

(1)

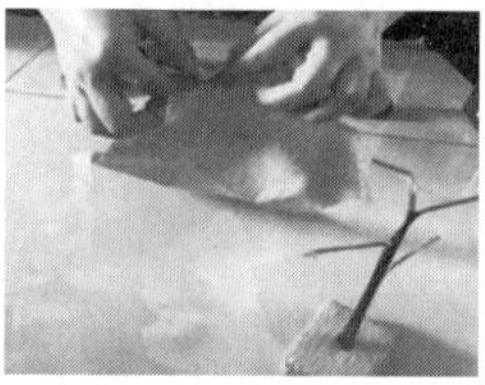

(2)

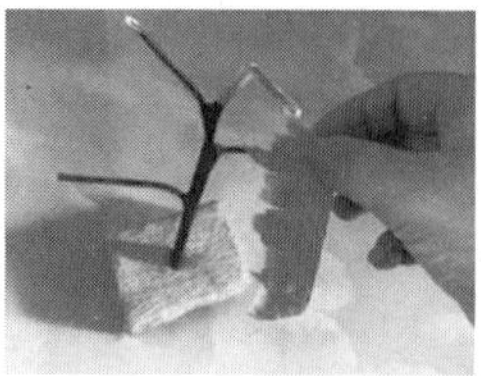

(3)

(4)

图1　做柳枝

家长指导语：撕这个动作可以锻炼幼儿的精细动作以及手眼协调能力，家长在幼儿撕得不好时（比如撕断时）不要责骂幼儿，可以教他，引导他慢慢做，要有耐心。

（3）游戏三：捏一捏，捏成球

教师行为：“柳树姐姐真好看，很多小鸟飞来了。”教师示范，将提前裁好的长方形皱纹纸捏成团，再放在双手中搓一搓，一只小鸟就做好了。教师示范将小鸟贴在树枝上。幼儿在家长的引导下模仿练习，教师一对一观察与指导。

(1)

(2)

(3)

做小鸟

家长指导语：揉和捏纸的动作可以锻炼幼儿的手指精细动作，幼儿可能手指的力量不够，需要家长帮忙，家长要耐心对待幼儿。

（4）游戏四：动一动，来跳舞

教师行为：“柳树姐姐想要与各位宝宝一起跳舞。”教师示范简单的舞步，在音乐《柳树姐姐》的伴奏下，带领幼儿一起舞蹈。跳完舞后，示范自我整理并休息（用手捶捶肩膀和小腿，捏捏小腿和肩膀）。

家长指导语：此活动是简单的音乐律动，该月龄段幼儿能学习简单的舞蹈动作，锻炼幼儿的四肢协调性，培养幼儿对音乐的韵律感。

（三）活动结束环节

幼儿分享作品，相互告别。

四、家庭延伸活动

撕、捏、贴纸都有助于精细动作、手眼协调能力等方面的发展，在家里我们可以做的事情：
(1)从硬度上来说，在家里我们可以撕比皱纹纸硬一点的A4纸、彩色卡纸等。
(2)从颜色上来说，像A4纸，我们也可以先给它上色，再撕。

方案四 有趣的乒乓球

一、活动目标

(一)家长学习目标

(1)知道该月龄段幼儿动作能力的三个不同难度的代表性行为：
代表性行为一：用手抱住纸箱晃球。
代表性行为二：能用球拍打中乒乓球。
代表性行为三：能转动乒乓球陀螺。
(2)能观察幼儿晃动纸箱、打乒乓球等的情况，了解幼儿手部及身体协调能力发展的水平。

(二)幼儿发展目标

(1)能晃动纸箱，让乒乓球进洞。
(2)能用球拍打中乒乓球。
(3)能够用手转动乒乓球陀螺。

二、活动准备

乒乓球、纸箱、线、胶枪、矿泉水瓶瓶盖、光碟。

三、活动过程

(一)教师揭示教育价值

球类既是幼儿喜欢的玩具之一，又是运动的好器材。由于球是圆的，能滚动，如果没有阻力，它能无限地滚动下去，这让幼儿特别感兴趣，总是能乐此不疲地追球玩。此次活动以乒乓球为主，通过歌谣、晃球进洞、打乒乓球、旋转吧乒乓球等活动，来训练幼儿的手部精细动作、手眼协调能力以及身体的协调性等。

(二)活动中心环节

1.活动导入

教师行为：教师直接导入，让幼儿伸出手与教师一起根据手指谣互动。

家长指导语:家长引导幼儿跟着教师做手指动作。幼儿若跟不上节奏或做得不够好,家长不要指责,应有耐心地去引导幼儿,若还是做不好,也没关系。

2.活动操作环节

(1)游戏一:乒乓球手指谣

教师行为:教师边做动作,边唱手指谣。

家长指导语:这是一套有关乒乓球的手指操,富有童趣,能锻炼幼儿手部动作的灵活性。在家也可以与幼儿一起做,能促进幼儿的语言发展。

附:手指谣

乒乓球,上高楼;
上上下下左左右右;
咕噜咕噜锤,咕噜咕噜插;
咕噜咕噜一个变成三;
三变五,五变八,变成手枪啪啪啪。

(2)游戏二:送乒乓球回家

教师行为:教师摇晃纸箱,让乒乓球通过纸箱上的小洞掉进纸箱底部。教师引导家长带领幼儿模仿练习,并提醒幼儿只能通过晃动纸箱进球,不能用手碰乒乓球。教师一对一观察与指导。

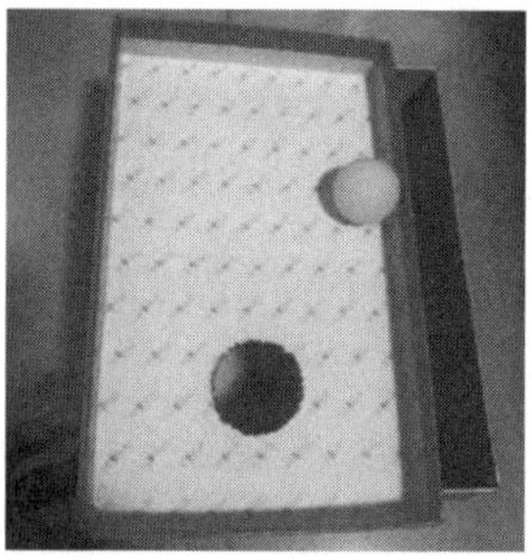

晃球进洞

家长指导语:此游戏能训练幼儿的手部控制力量和手眼协调能力。家长可以在幼儿有困难时进行引导,帮助幼儿将乒乓球晃进洞,让幼儿再试一次。

(3)游戏三:飞舞的乒乓球

教师行为:教师示范将绳子穿过打孔瓶盖,固定绳头和瓶盖。再用胶枪在瓶盖的开口边沿涂一圈,粘在乒乓球上(该过程需要家长动手制作)。助教老师提着绳子,教师拿着球拍去击打乒乓球。幼儿在家长的引导下模仿练习,教师一对一观察与指导。

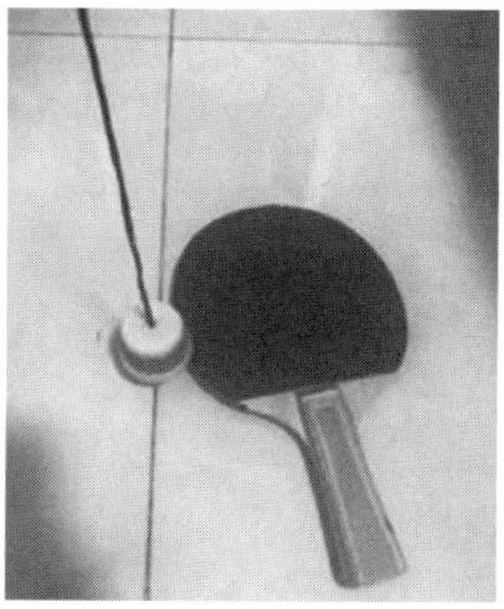

打乒乓球

家长指导语:此活动通过固定乒乓球的一端,让幼儿来打中乒乓球,能训练幼儿的手眼协调能力,同时还能促进亲子互动。

(4)游戏四:旋转吧乒乓球

教师行为:教师示范先将瓶盖开口边沿处涂上胶,固定在光碟中间,再将光碟的另一头中间处涂上胶,将乒乓球固定。教师手握住瓶盖位置在地上转动,乒乓球陀螺就转动起来了(该过程需要家长动手制作)。幼儿在家长的引导下模仿练习,教师一对一观察与指导。

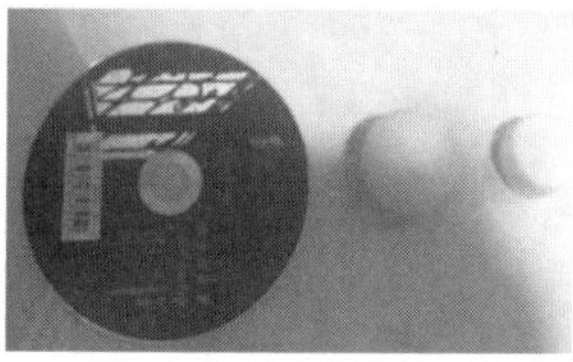

(1)

(2)

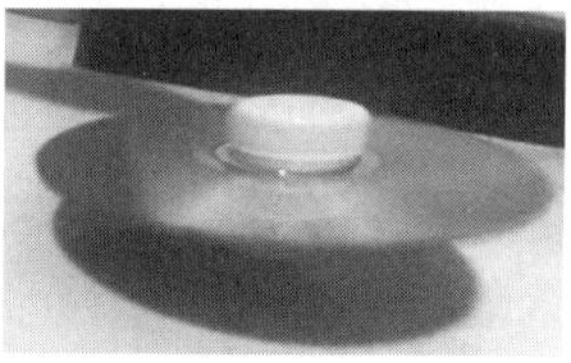

(3)

旋转陀螺

家长指导语:该活动需幼儿握住瓶盖、转动瓶盖,能训练手部精细动作和手眼协调能力。

(三)活动结束环节

幼儿分享作品,相互告别。

四、家庭延伸活动

乒乓球的玩法还有很多,在家里可以做的是:

(1)吹球进杯。可以将多个纸杯固定在纸箱、桌子等的一端,将乒乓球用吹气的方式滚进纸杯里,此活动可以促进幼儿的口腔肌肉的发展。

(2)投乒乓球。在幼儿面前放一个纸箱,让幼儿将乒乓球投进去。

(3)捡球也是一种玩法,能训练幼儿的手眼协调能力。

第四节 ‖ 2~2.5岁幼儿早期教育活动方案

方案一 快乐的小袋鼠

一、活动目标

(一)家长学习目标

(1)了解幼儿大肌肉发展中蹦高和跳跃能力的价值和表现。
(2)掌握利用动物的行为特征发展幼儿的运动能力的方法。
(3)能根据相应儿歌,在生活中巩固幼儿蹦高和跳跃能力。

(二)幼儿发展目标

(1)能尝试并足连续跳3步。
(2)能够根据儿歌《袋鼠妈妈》进行唱跳。
(3)理解绘本故事《袋鼠宝宝出生了》。

二、活动准备

(1)儿歌《袋鼠妈妈》。
(2)布袋、苹果道具、障碍跑道具、绳子、夹子、袋鼠服装、袋鼠布偶。

三、活动过程

(一)教师揭示教育价值

各位家长好,本次课程主要训练25~30月龄段幼儿的并足连续跳、蹦高的行为能力。这些技能除了发展幼儿的大肌肉,同时还发展了平衡。另外,正确的运动可以刺激骨骼生长,促进幼儿身高的发展。本节课在进行幼儿跳跃游戏时,还融入了语言、音乐的活动,帮助幼儿的跳跃活动变得丰富多彩。

在游戏的过程中,也希望家长能够积极地参与到幼儿们的游戏中进行亲子互动,但是事事切勿着急,每个幼儿的性格特质都不一样,请家长们慢慢等待幼儿自己进行,在他们能力范围之外的,可以进行适当的帮助。

(二)活动中心环节

1.活动导入:快乐的小袋鼠

教师行为:教师换上袋鼠服装,模仿袋鼠和幼儿互动,说:“袋鼠有大大的耳朵,走起路来蹦蹦跳跳的，最有趣的是，袋鼠妈妈的肚子上有个袋子，袋鼠宝宝就放在袋子里面。”然后进行自我介绍。

家长指导语：调动幼儿向袋鼠进行自我介绍的积极性，如果幼儿不愿意，家长不需要勉强。

(1)

(2)

小袋鼠服装

2.活动操作环节

(1) 游戏一：我是小袋鼠

教师行为：教师示范一边念儿歌《我是小袋鼠》一边表演跳。

家长指导语：家长鼓励幼儿模仿，热情表达。

附：儿歌《我是小袋鼠》

小袋鼠，真可爱，怀里有个小袋袋，(手指向肚子)
小袋鼠，真奇怪，一弹一跳跑得快，(左右蹦跳)
小袋鼠，真调皮，快来和我做游戏。(手掌向上打招呼状)

(2) 游戏二：袋鼠妈妈摘苹果

教师行为：教师设置帮袋鼠妈妈摘苹果的情景，示范过沼泽地、过河、摘苹果的动作。过沼泽地的动作是双脚跳到室内垫上；过河的动作是走独木桥；摘苹果的动作是蹦高或踮脚尖，伸手取，苹果的高度在幼儿稍微蹦高一点儿即可摘得的高度，教师根据实际情况调整。教师引导家长带领幼儿模拟练习，教师一对一观察与指导。

家长指导语：在幼儿运动过程中，初期可能因为不熟悉规则会有一定的混乱，这时家长切勿心急，忙着去指导幼儿该怎么做，而是用耐心的引导代替指导。如果遇到幼儿跌倒，则是先鼓励幼儿自己站起来。

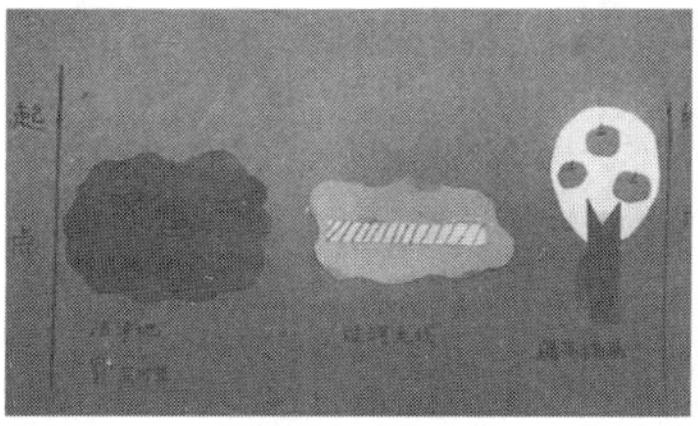

摘苹果的路线

摘苹果的道具

(3) 游戏三：袋鼠妈妈

教师行为：教师示范表演舞蹈《袋鼠妈妈》，表达对袋鼠妈妈的感谢之情。

家长指导语：该儿歌可以丰富幼儿的词汇，帮助幼儿理解袋鼠动物的特点，促进亲子关系。如果幼儿记不准确也没关系，只要能积极参与游戏即可。

附：儿歌《袋鼠妈妈》

袋鼠妈妈袋鼠妈妈有个袋袋；（头左右轻摆，手指向袋子）
袋袋就是为了为了保护乖乖。（手先指向肚子，然后交叉双臂，轻拍手臂）
袋鼠妈妈袋鼠妈妈有个袋袋；（头左右轻摆，手指向袋子）
袋袋就是为了为了保护乖乖。
（手先指向肚子，然后交叉双臂，轻拍手臂）
澳洲草原就是我的家，（双手手臂摊开）
蓝天白云和我做游戏，（双手向上，手腕转动）
拍拍手呀 点点头呀 努力向前跳，（拍手、点头、双脚向前跳跃一小步）
不回头呀 不后退呀 我们最骄傲。（双手向前举，左右摆动手掌，伸出大拇指放在胸前）
妈妈爱我 守护着我 健康成长，（交叉双臂，轻拍手臂）
亲爱的妈妈 健康的乖乖，（身体左右摆动）
幸福的家啊。（身体左右摆动）
乖乖和妈妈相亲相爱多愉快。（双手在头顶上比画爱心）

（4）游戏四：绘本故事《袋鼠宝宝出生了》

教师行为：教师讲述故事《袋鼠宝宝出生了》。引导幼儿跟着老师一起阅读故事。帮助幼儿理解小袋鼠是如何出生的以及袋鼠一家相亲相爱的情感。

家长指导语：该绘本故事通过温馨的画风、简洁的语言和符合低龄宝宝的认知特点，有效地让幼儿理解故事内容。希望家长在活动过程积极与幼儿一起阅读，与幼儿一起度过快乐的亲子时光。

绘本《袋鼠宝宝出生了》

（三）活动结束环节

“太阳快落山了，小袋鼠也要回家找爸爸妈妈了。”

教师和各位小朋友们也互相拥抱再见！

四、家庭延伸活动

(1)家长可在家里利用地板砖的格子或自制小障碍,锻炼幼儿双脚和单脚跳。

(2)鼓励幼儿在家跳袋鼠舞《袋鼠妈妈》。

方案二　帮玩具找到家

一、活动目标

(一)家长学习目标

(1)了解幼儿掌握物归原处的良好习惯的价值和表现。

(2)利用配对的方法促进幼儿形成归纳意识。

(二)幼儿发展目标

(1)养成配对、收纳意识,能够将玩具放回原处。

(2)能够收纳自己的小衣物。

二、活动准备

(1)《连一连》图册、自编绘本《宝宝的家》及儿歌。

(2)玩具和收纳箱、小袜子若干。

三、活动过程

(一)教师揭示教育价值

很多家长常常抱怨,家里总是乱糟糟的,到处都是小孩子的玩具,有时候走路都会不小心踩到玩具,有时候又找不到玩具的某一个零件。本次课程旨在培养幼儿物归原处的良好生活习惯,这对幼儿将来的生活和学习都大有裨益。而在生活中,家长要注意不要包办幼儿的任何事情,例如收拾玩具,要让幼儿明白,自己的玩具自己收拾的道理。本次设计的游戏将会提高幼儿的认知能力,在活动过程中,也希望家长慢慢耐心地等待幼儿自己进行,只在必要时给予一定的帮助。

(二)活动中心环节

1.活动导入:连一连

教师行为:教师分发《连一连》图册,吸引幼儿。教师示范用手指把食物根据路线送给小动物。

家长指导语：该年龄段的幼儿注意力很短暂，所以用手指指着卡通形象进行连线配对活动可以帮助他们集中注意力，同时锻炼手眼协调能力。该游戏的意义并不在于活动有多难，而是要让婴幼儿在与家长互动中逐渐适应环境，培养配对意识。在游戏中，希望家长给孩子足够的耐心，当孩子遇到问题时引导其完成，并在游戏过程中多与幼儿沟通交流。

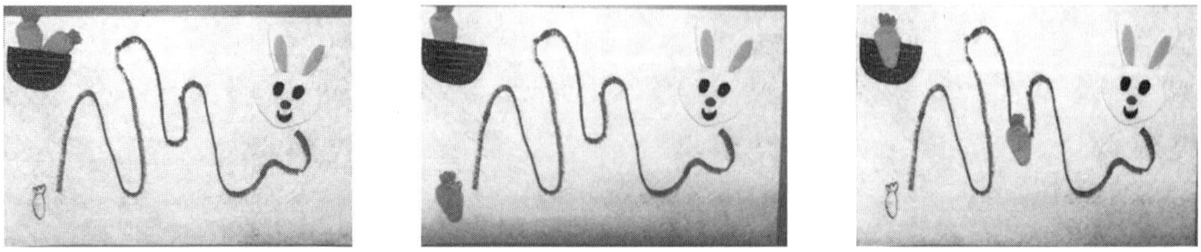

(1)　　(2)　　(3)

连一连

2.活动操作环节

(1) 游戏一：绘本《宝宝的家》

教师行为：教师讲述自编绘本故事《宝宝的家》，引导幼儿专心听故事，明白每一样物品都有自己的归属。

家长指导语：本故事的重点在于建立幼儿的归类意识，家长也可发现其他类似题材的绘本故事讲给幼儿听。

附：绘本故事内容

这是鞋宝宝，它的家在鞋架上；
这是书宝宝，它的家在书架上；
这是衣服宝宝，它的家在衣柜里；
这是玩具宝宝，它的家在玩具箱里；
这是树宝宝，它的家在森林里；
我是乖宝宝，这是我的家。

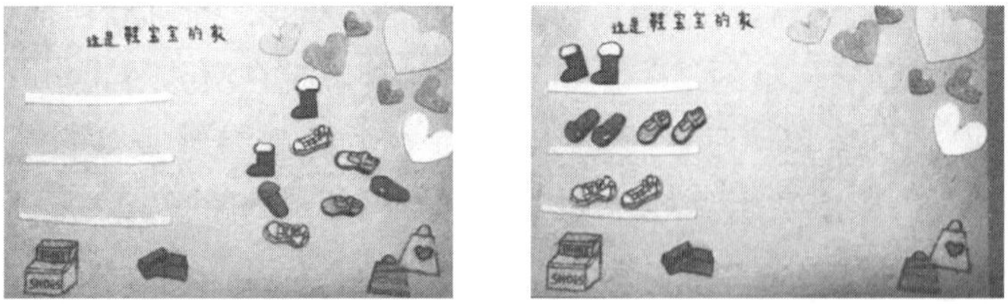

(1)　　(2)

帮助宝宝回家

(2) 游戏二：帮助宝宝回家

教师行为：教师讲述完绘本后，示范操作绘本活动页，将鞋宝宝送回鞋架的动作。

家长指导语：这个游戏是帮助婴幼儿进一步理解绘本故事内容，将抽象思维转化为具象思维的过程。

(3) 游戏三:儿歌《打扫房间》

教师行为:教师示范儿歌《打扫房间》的表演唱,幼儿模仿操作。

家长指导语:通过歌曲的形式,帮助他们去理解,在律动中收拾玩具,增加了趣味性。该活动还需要幼儿自身去观察,家长切勿心急,在适当情况下给予引导。

打扫房间

附:儿歌《打扫房间》

打扫,打扫,每个人都来打扫;(左右转动小臂,双手摊开,呈邀请人状)
打扫,打扫,把你们的东西放好;
(左右转动小臂,伸出右手食指,从左至右呈点东西状)
打扫,打扫,每个人都来打扫;(左右转动小臂,双手摊开,呈邀请人状)
打扫,打扫,把你们的东西放好。
(左右转动小臂,伸出右手食指,从左至右呈点东西状)
捡起你的玩具,捡起你的书,捡起你的鞋;(模仿弯腰捡东西的样子)
把东西放好。(模仿放东西的样子)

(4) 游戏四:叠袜子

教师行为:教师出示一筐乱糟糟的袜子,告知幼儿这是刚刚打扫房间时发现的一堆袜子,现在乱糟糟的,需要整理好。教师示范叠袜子的动作,边做边说动作重点:"小袜子叠放在一起,卷卷卷,轻轻地翻下来,袜子叠好了。"

家长指导语:叠袜子的小活动既可以培养幼儿的生活能力,又可以锻炼手指的精细动作。在活动过程,难点在于幼儿翻折袜子,家长可以进行耐心的引导,在适当情况下给予帮助。

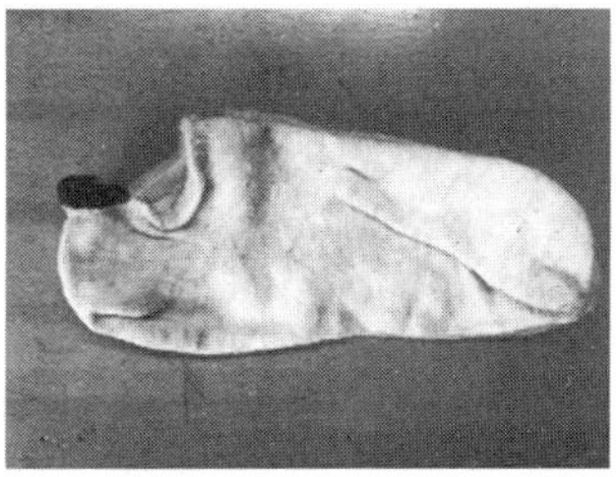

(1)

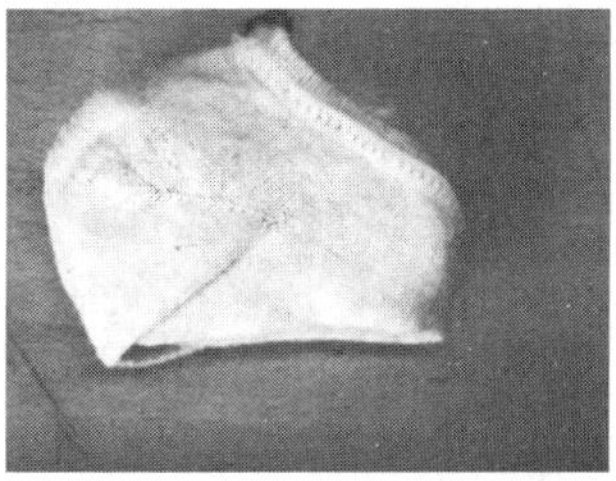

(2)

叠袜子

(三)活动结束环节

幼儿伴随着动听的《打扫房间》跟老师一起来收拾一下教室(幼儿只做力所能及的,例如将软垫放回原处),然后拥抱再见。

四、家庭延伸活动

(1)家长可以根据上课时教授的方法,和幼儿一起在家中进行整理,商量规则,培养秩序感和规则意识。

(2)可以让幼儿帮忙在家中做叠袜子等小家务,锻炼其精细动作。

方案三 相亲相爱一家人

一、活动目标

(一)家长学习目标

(1)了解幼儿社会性发展中关于家庭的概念的价值和表现。

(2)利用手指指套游戏,巩固幼儿对家庭成员的了解。

(3)能在生活中鼓励幼儿表达自己对家人的情感。

(二)幼儿发展目标

(1)能够简单介绍自己的家人。

(2)能根据儿歌歌词弯对应的手指。

二、活动准备

(1)儿歌《手指一家亲》。

(2)幼儿自带全家福、抛接球,花朵半成品、双面胶、叶子、餐巾纸、小羊贺卡、手指指套。

三、活动过程

(一)教师揭示教育价值

幼儿的早期社会性指导是一个重要的环节,以"人与自己"为中心,强调人的个性发展和人与社会的协调进步。本次课程主要从自我认知和社会交往出发,通过游戏发展幼儿的语言、情感的表达能力和手部精细动作。家长们能够积极参与到婴幼儿的游戏中,进行亲子互动,并根据实际情况给予适当的帮助,切勿事事替幼儿完成,否则起不到锻炼的效果。

(二)活动中心环节

1.活动导入:我们这一家

教师行为:教师出示卡通人物全家福,介绍上面人物关系,并利用抛接球的形式,引导幼儿介绍自己的家庭。

家长指导语:通过介绍幼儿家人,提升幼儿对抚养人的信任感和语言表达能力,促进幼儿的情感发展。该阶段的幼儿语言表达能力较弱,容易害羞而不好意思开口。在幼儿介绍的时候,如果遇到上述情况,家长不要过于焦急,应该给予更多的耐心,通过引导的方式帮助婴幼儿说出较为完整的句子。

2.活动操作环节

(1)游戏一:给妈妈做一朵花

教师行为:教师向幼儿提议为母亲做一朵小花并示范操作步骤。教师先出示不织布花朵,找准不织布花中间的缝,然后对准扣眼穿过。再指导幼儿用超轻黏土制作叶子。

家长指导语:通过操作活动锻炼幼儿的精细动作,尤其是将花扣入扣子中,锻炼了其扣扣子的能力。因为幼儿的手眼协调能力欠佳,所以在活动中,家长请耐心等待,不要着急,也不要急着去替孩子完成,当幼儿遇到困难时,应该通过引导的方式去解决,在遇到能力之外的困难时,才给予适当帮助。

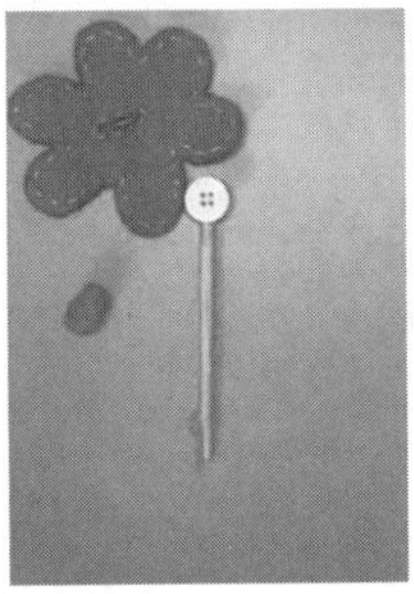

(1)操作前

(2)操作后

给妈妈做一朵花

(2)游戏二:小绵羊贺卡

教师行为:教师再次向幼儿倡议给父亲做一张绵羊贺卡并示范操作步骤。教师先将餐巾纸撕成条状,然后用手指搓捏成团状,用胶水将纸团粘在黑色的绵羊卡片上,最后用棉签蘸取白色颜料点缀成绵羊眼睛。

家长指导语:以小绵羊的身体为载体,用餐巾纸进行填充,可以发展幼儿的精细动作。如果幼儿能够完成,家长可以用多的餐巾纸,继续指导幼儿做云朵之类的物体,也可以根据幼儿自己的想象力进行补充。由于每个幼儿的发展水平有快慢,在活动中切勿进行横向比较,以自己小孩能力为准,进行适当的指导和帮助,不要演变成包办,另外,在活动过程中要注意安全,注意幼儿不要将棉花或胶水塞入口鼻中。

(1)操作前　　　　(2)操作后

图2　小绵羊贺卡

(3) 游戏三：手指一家人

教师行为：教师展示手指家人并分别介绍，幼儿与手指家人打招呼互动。教师示范制作指套。先将不织布条缠绕手指，并粘好(图2)。然后撕下魔术贴上的双面胶粘在指套上，再将“爸爸手指”贴上去(图3)。

家长指导语：家长和幼儿协作完成指套，增强亲子互动。在活动中，家长作为协助者，尽量让幼儿去做力所能及的工作，例如撕双面胶。认识手指一家人活动，能帮助幼儿去理解家庭的概念和抚养者与自己的关系。

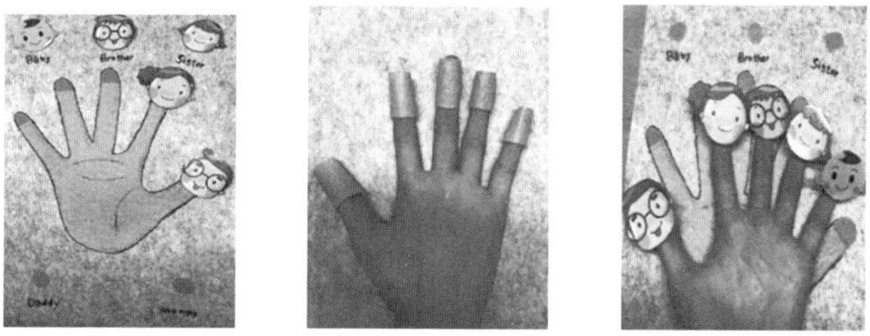

(1)　　　　(2)　　　　(3)

手指一家人

(4) 游戏四：儿歌《手指一家亲》

教师行为：教师戴上指套，幼儿模仿教师并学唱儿歌《手指一家亲》。教师先伸出一只手，五指张开，唱到“手指爸爸，手指爸爸，你在哪？”时，挥动手指。唱到“我在这，我在这”时，另一只手拿起“手指爸爸”指套展示。唱到“你好吗”时，就将“手指爸爸”套入大拇指。其余同理。

家长指导语：通过儿歌《手指一家亲》帮助幼儿更好地理解家庭的概念。该阶段婴幼儿对歌词理解有一定难度，只需要能根据律动弯弯手指即可。

附：儿歌《手指一家亲》

手指爸爸，手指爸爸，你在哪？(前后摆动大拇指)

我在这，我在这，你好吗？(展示手指爸爸指套，并套入)

手指妈妈，手指妈妈，你在哪？(前后摆动食指)

我在这，我在这，你好吗？(展示手指妈妈指套，并套入)

手指哥哥，手指哥哥，你在哪？(前后摆动中指)

我在这,我在这,你好吗?(展示手指哥哥指套,并套入)
手指姐姐,手指姐姐,你在哪?(前后摆动无名指)
我在这,我在这,你好吗?(展示手指姐姐指套,并套入)
手指宝宝,手指宝宝,你好吗?(前后摆动小指)
我在这,我在这,你好吗?(展示手指宝宝指套,并套入)

(三)活动结束环节

播放《手指一家亲》,幼儿自由律动,拥抱再见。

四、家庭延伸活动

(1)家长鼓励幼儿表达,与幼儿一起完善贺卡。(家长帮助幼儿写一句话送给爸爸或妈妈)

(2)可以多听《手指一家人》英文版,帮助幼儿理解其中歌词,能够根据歌词弯手指,如daddy finger时,弯带有爸爸指套的手指。

方案四 灵巧的小手

一、活动目标

(一)家长学习目标

(1)了解幼儿精细动作发展中的手指肌肉发展的价值。
(2)利用动物的形象或行为特征帮助幼儿认知和练习精细动作。
(3)能在生活中提供果壳、果皮等让幼儿体验“剥”的操作。

(二)幼儿发展目标

(1)学会简单手指谣《我的一家》。
(2)能将吸管穿入绳中。
(3)尝试剥开带有口子的坚果。

二、活动准备

大象造型纸板,吸管,树干,虫子,啄木鸟夹子,啄木鸟图片,开心果,颜料,纸块,颜料刷,小碗。

三、活动过程

(一)教师揭示教育价值

本次课程主要训练25~30月龄段幼儿的精细动作。精细动作的发展,一方面能够使婴幼儿通过手部精细动作来感觉外界事物的某些属性,并逐步掌握人类使用其工作的方法和经验;另一方面,精细动作的发展有利于动觉和视觉(手与眼)的协调运动,提升婴幼儿对事物内部复杂属性与关系进行综合分析的能力。

在活动过程中,希望家长能够积极参与到与婴幼儿的游戏之中,进行亲子互动,但是同时请各位家长耐心地对待孩子,当遇到婴幼儿能力之外的困难时,可以进行适当的帮助。

(二)活动中心环节

1.活动导入:手指游戏《我的一家》

教师行为:教师示范手指谣《我的一家》。

家长指导语:该手指谣一方面锻炼宝宝5根手指的小肌肉,另一方面巩固了家人的概念。

附:手指谣《我的一家》

大拇指是爸爸,
(两手分别竖起大拇指,双手做握住方向盘的样子,随节奏左右摇晃)
爸爸开车嘀——嘀——嘀。(弯曲三下大拇指)
食指是妈妈,(竖起食指,随儿歌节奏左右摇晃再交叉)
妈妈洗衣服,嚓——嚓——嚓。(交叉的食指有节奏地前后移动三下)
中指是哥哥,(中指相对,随儿歌的节奏左右摇晃)
哥哥打球,嘭——嘭——嘭。(中指相对,有节奏地向下拍三下)
无名指是姐姐,(无名指上下重叠相对,做绕的动作)
姐姐唱歌,啦——啦——啦(无名指相对点三下)
小指就是宝宝,(勾勾小指)
宝宝敲鼓,咚——咚——咚。(举着小指交替做敲鼓状)

2.活动操作环节

(1)游戏一:给大象装鼻子

教师行为:教师提问什么动物的鼻子最长,引导幼儿说出大象。设置大象口渴的情境,示范用线穿吸管给大象装鼻子帮助其喝水。

家长指导语:通过给大象装鼻子,能提升幼儿的认知水平,从而使其了解到一种新的动物及其特征。装鼻子的过程中,家长注意不要让幼儿将吸管弄入口鼻之中,除了打结,其他步骤尽量让幼儿自行操作。

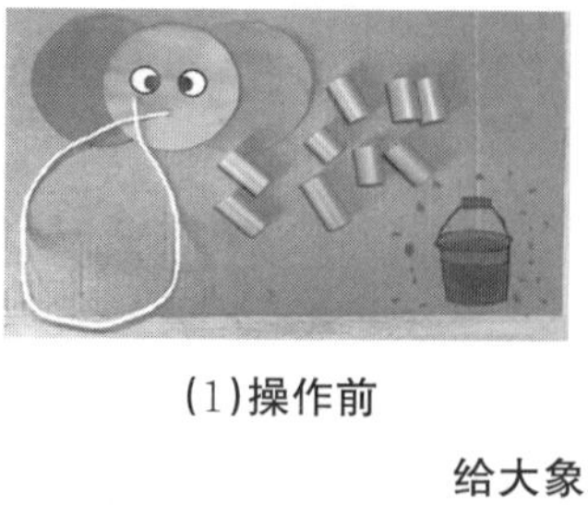

(1)操作前

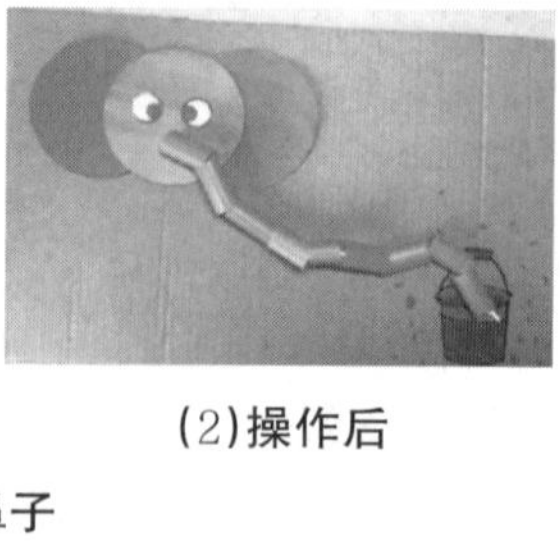

(2)操作后

给大象装鼻子

(2) 游戏二:啄木鸟捉虫

教师行为:教师展示啄木鸟图片,介绍啄木鸟专门啄树里的虫的行为特征。出示长满虫的小树,并示范用夹子夹虫,邀请幼儿帮忙。

家长指导语:请宝宝自己夹,家长请勿过多指导,演变成包办,就失去幼儿自我操作的意义了。在活动中,由于动作精细,请家长耐心引导幼儿完成。

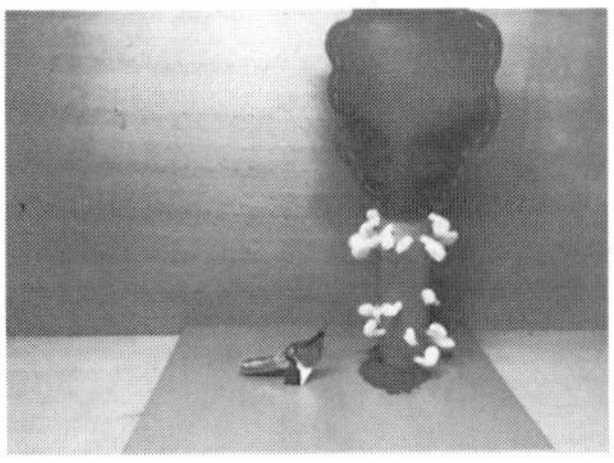
(1)操作前

(2)操作中

(3)操作后

啄木鸟捉虫

(3) 游戏三:开心树

教师行为:教师展示开心果,请幼儿找到开心果的口子,并将其剥开。要求幼儿将剥下来的果壳单独放入碗中。教师分发提前粘好树枝的KT板,示范将果壳粘在"树枝"上,并给果壳上色。

家长指导语:该游戏发展的是幼儿"剥"的动作。在活动过程中,幼儿食用开心果时,家长要注意安全,以免发生意外。如有对坚果过敏的幼儿,请及时告知,避免误食。给果壳上色时,尊重幼儿自己的想法,让幼儿自己挑选喜欢的颜色并粘贴。

(1)

(2)

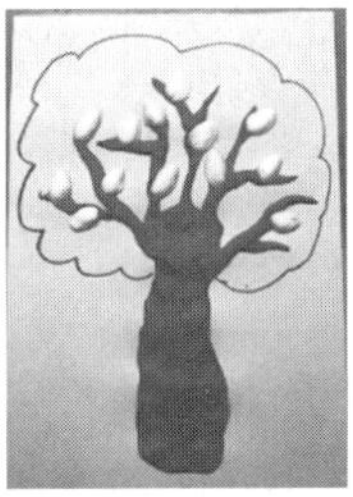
(3)

(4)

开心树

(三)活动结束环节

我们将所有的作品进行展示,和大家一起欣赏作品吧!播放音乐,互相拥抱再见。

四、家庭延伸活动

(1)尝试让幼儿剥不开口的花生或者豆角。

(2)鼓励幼儿练习手指谣《我的一家》。

第五节 ‖ 2.5~3岁幼儿早期教育活动方案

方案一 会唱歌画画的沙

一、活动目标:

(一)家长学习目标

(1)知道31~36个月幼儿喜欢观察、探索沙的特点,并能自己创作出沙的新作品。

(2)掌握让幼儿自主探索沙、玩沙的游戏方法。

(二)幼儿发展目标

(1)能独立探索发现沙子和空瓶的秘密。

(2)能用沙锤有节奏地演奏《春雨沙沙》。

(3)能发挥想象力创作一幅沙画。

二、活动材料

(1)儿歌《春雨沙沙》。

(2)沙子、玩沙工具(小铲子、小碗等)、塑料瓶,胶水、剪刀、彩纸、白纸。

三、活动过程

(一)教师揭示教育价值

各位家长们好,对婴幼儿来说,玩沙对他们有一种天然吸引力。30~36个月的宝宝正处于好玩好动、爱探索外界的年龄,玩沙有利于培养孩子探索自然的兴趣。沙既是固体的,又是流体的,它变化无常又易被掌握。孩子在玩沙游戏中,通过自己的尝试和操作,可以感受沙土松散、流动的性质,并通过触摸和做沙锤、沙画获得触觉、听觉、视觉上的感官刺激。而且因为玩沙没有固定的玩法和必然的结果,可以给宝宝很大的空间来尽情挥洒想象力和创造力。

(二)活动中心环节

1.活动导入:自由玩沙

教师行为:放置沙子和各种玩沙工具,让幼儿自由探索,激发他们的兴趣

家长指导语:在这个环节里面,家长可以跟着宝宝一起玩沙,可以装沙、运沙、堆沙,只要激发宝宝们对玩沙的兴趣都可以。家长不要阻止幼儿接触沙子,让他们自由探索。

2.活动操作环节

(1)游戏一:做沙锤

教师行为:教师出示用空瓶自制的沙锤,引发幼儿的兴趣。教师示范用空瓶制作沙锤的动作,包括用小勺子往容器里装沙子,用彩纸包装,盖上瓶盖。家长引导幼儿模仿,教师一对一观察与指导。

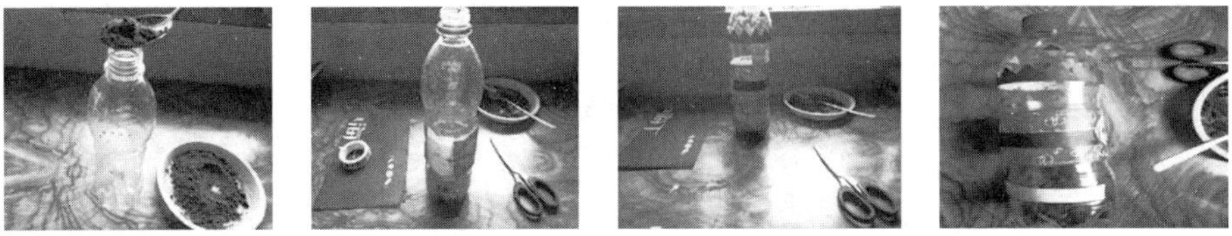

(1) (2) (3) (4)

制作沙锤

家长指导语:装沙时不要装太满,否则就不会发出声音了。宝宝的想法并不是一样的,在进行瓶身装饰时,可以让他们自己选择喜欢的装饰物。家长在装饰环节不要过多帮助。当发现幼儿丧失兴趣后,可用言语多加鼓励。

(2)游戏二:沙锤演奏会

教师行为:教师示范用自制沙锤来表演儿歌《春雨沙沙》,用自己的方式碰撞沙锤发出声音,引导幼儿参与模仿。

家长指导语:家长跟宝宝一起合唱儿歌,可以给他们把握节奏,鼓励宝宝参与游戏,当宝宝做得不错时要及时表扬,激发他们的表演欲。

(3)游戏三:小沙漏,慢慢流

教师行为:教师用PPT播放《两只老虎》,用沙锤跟奏。儿歌放完,沙漏刚好流完。教师说:“这个瓶子和沙做成的容器叫沙漏,可以计算时间。儿歌播完1分钟,沙漏的沙流完也刚好花了1分钟。”教师示范制作沙漏。将两个一样的瓶盖用胶水粘在一起;在瓶盖上打孔;在一个空瓶里装沙,拧上瓶盖,从孔中漏沙到另一瓶中;1分钟到后,保存漏进另一空瓶的那部分沙,倒掉多余的沙,盖上瓶盖;播放儿歌同时倒置沙漏,检验时长是否标准。

(1) (2) (3) (4)

制作沙漏

家长指导语:在制作沙漏的过程中,除了开孔由家长帮助以为,其他环节最好由宝宝自己操作。家长切忌越俎代庖。

(4) 游戏四:漂亮的沙画

教师行为:教师示范沙画的操作动作。示范动作:①在白纸上用胶水涂抹出画的轮廓。②趁胶水未干,覆盖上沙,让沙留在画上一会,也可用手按压,增加沙的附着性。③将画上多余的沙子倒掉。教师引导幼儿操作模仿。

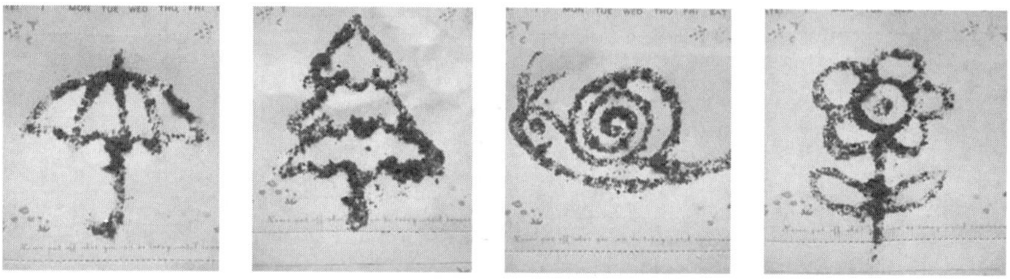

(1)　(2)　(3)　(4)

图3　沙画

家长指导语:家长可以和幼儿合作,家长用胶水给画纸打底,宝宝涂抹沙子。沙画的标准并不单一。可以让幼儿自由发挥想象力和创造力,画出一幅漂亮的沙画。

(三)活动结束环节

我们将所有的作品悬挂起来,和大家一起互相欣赏作品吧! 播放音乐,拥抱再见。

四、家庭延伸活动

(1)家长可以和宝宝一起探索怎样让沙漏流得更快或更慢,怎样让沙漏更精准。

(2)家长可陪同宝宝一起探索沙的其他玩法,比如做沙包玩投掷游戏、堆沙、运沙游戏等。

方案二　下雨啦

一、活动目标

(一)家长学习目标

(1)掌握引导幼儿发展手眼协调能力、反应速度、配对能力和想象力、创造力的几个游戏。

(2)能积极参与活动,能在教师示范指导下训练宝宝,掌握训练要点。

(二)幼儿发展目标

(1)能通过接珠子、玩平衡弹道训练反应速度、专注力和手眼协调能力等。

(2)能通过送动物躲雨发展配对能力。

(3)能补充动物躲雨图上的云和雨,发挥想象力和创造力。

二、活动准备

（1）儿歌《雨滴变变变》。

（2）盘子，小球，纸杯，平衡弹道，珠子，画纸，画笔，小鸟、青蛙、蚂蚁、宝宝头饰，大树，荷叶，蘑菇，家的KT板，各种动物和它们居住地方的图片。

三、活动过程

（一）教师揭示教育价值

各位家长们好，这个时期的幼儿基本掌握了各种动作和具有一定的认知能力，但对各项能力掌握得并不熟稔。通过“接雨滴”活动，可以在接珠子环节里训练宝宝的专注力和反应速度；在“雨滴滚荷叶”环节中，可以训练宝宝手眼协调能力和对力度的控制能力；“快来躲雨呀”环节主要训练配对能力；画画环节训练宝宝的想象力。

（二）活动中心环节

1.活动导入：音乐律动《雨滴变变变》

教师行为：教师播放音乐《雨滴变变变》，用沙锤带领幼儿做律动活动，引起幼儿兴趣。

家长指导语：家长与幼儿一起参与，引导幼儿体验律动儿歌的快乐，增强参与兴趣。

附：儿歌《雨滴变变变》

小小雨滴洒下来，滴答滴答（双手持锤，从上向下摇，然后碰四下沙锤）
小小雨滴洒下来，滴答滴答（双手持锤，从上向下摇，然后碰四下沙锤）
大雨大雨就要落下来，稀里哗啦稀里哗啦（双手持锤，从上向下摇，然后碰八下）
大雨大雨就要落下来，稀里哗啦稀里哗啦（双手持锤，从上向下摇，然后碰八下）
变成河流汇入大海，（双手持锤绕转向上，碰一下）
变成河流汇入大海，（双手持锤绕转向下，碰一下）
变成河流汇入大海，（双手持锤绕转向上，碰一下）
变成河流汇入大海，（双手持锤绕转向下，碰一下）
太阳出来了！（举锤一直摇）

2.活动操作环节

（1）游戏一：接雨滴

教师行为：教师示范在倾斜上方发球，助教在下用纸杯接球，不能让球掉到地上。家长与幼儿操作，教师观察指导。

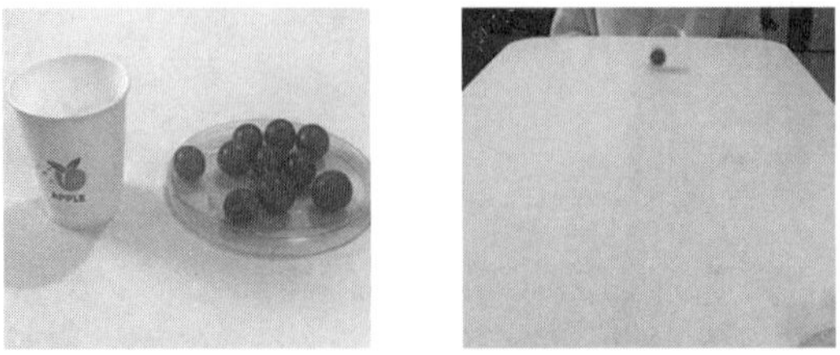

(1)　　　　　　(2)

接雨滴

家长指导语:游戏由易到难,家长要根据宝宝的反应速度调整投放小球的快慢,当发现宝宝跟不上时要及时鼓励,宝宝接住弹珠或有进步也要多多夸奖。

(2) 游戏二:“雨滴滚荷叶”

教师行为:教师示范自制平衡板玩法。示范动作:将六颗珠子放入平衡板内,小心晃动平衡板,使每颗珠子都归位到荷叶上的小洞内。家长引导幼儿操作,教师观察指导。

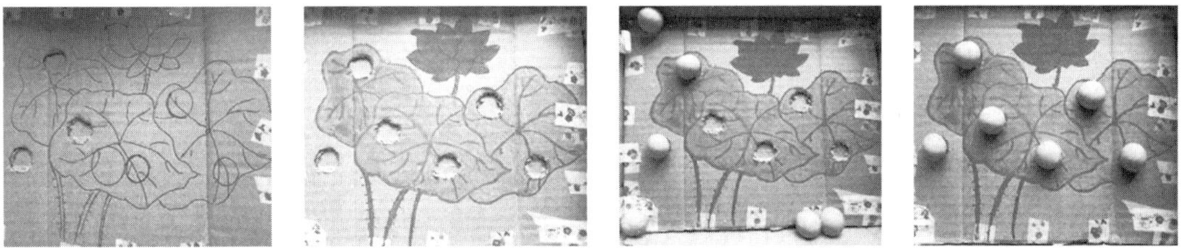

(1)　　　　(2)　　　　(3)　　　　(4)

滚雨滴

家长指导语:家长和宝宝一起配合游戏,多鼓励宝宝。

(3) 游戏三:快来躲雨呀

教师行为:教师和助教拿好分配的小鸟、青蛙、蚂蚁、小朋友图片,先排成小火车,在指定场地里绕行。童谣念到“快躲雨呀”时,各自散开,按念到的角色及时将图片放到指定躲雨地点。幼儿模仿游戏,教师一一指导。

(1)　　　　　　(2)

小鸟、大树

家长指导语:此游戏可以锻炼幼儿的认知配对能力,家长在这个环节主要是鼓励宝宝积极参与游戏,当宝宝找错躲雨的地方时可以及时指导他们,当宝宝找对躲雨的地方时要多赞扬他们,给他们更多的信心。

附:自编童谣《快来躲雨呀》

滴答滴答,下小雨啦。小鸟说:叽喳叽喳,找大树呀,快躲雨呀。

滴答滴答,下小雨啦。青蛙说:呱呱呱呱,找荷叶呀,快躲雨呀。

滴答滴答,下小雨啦。蚂蚁说:哎呀哎呀,找蘑菇呀,快躲雨呀。

滴答滴答,下小雨啦。妈妈说:宝宝宝宝,早回家呀,快躲雨呀。

(4)游戏四:创意画《躲雨图》

教师行为:教师先选择自己喜欢的动物躲雨画,接着在画里添加上云和雨滴,构成一副完整的动物躲雨图。家长带领幼儿操作,教师指导。

(1) (2) (3)

小动物躲雨

家长指导语:这个环节可以锻炼幼儿的想象力、创造力和精细动作。家长先画好简单的动物躲雨情景,再让宝宝操作,合作完成画作。

(三)活动结束环节

教师播放音乐,和幼儿们拥抱再见。

四、家庭延伸活动

(1)家长可以带宝宝学更多关于雨的儿歌和绘本故事。

(2)根据《快来躲雨呀》进行角色扮演游戏。

方案三 小小石头大变身

一、活动目标

(一)家长学习目标

(1)知道31~36个月幼儿能用石头创造出简单的图形。

(2)掌握引导幼儿发挥想象力创作石头画的方法

(二)幼儿发展目标

(1)能根据自己的喜好有目的地给石头上色,提升审美、创造美的能力。

(2)能根据石头原有基础进行新的图形创作,发展创造力。

二、活动准备

(1)儿歌《大石头》。

(2)各种石头制品图片(石桌、石椅、石狮子),大小、形状、颜色、粗糙程度不一的石头,各色颜料和画笔,百得胶,卡纸。

三、活动过程

(一)教师揭示教育价值

宝宝们每天都能见到石头,却没有真正地认真观察生活中这些常见的石头。在这一次的早教活动,不仅可以让家长学到引导宝宝认识石头的方法,也能够使宝宝认识到石头用途广泛、作用很大,甚至能让宝宝更热爱自然。而在学习的同时,宝宝还能够自由地去探索石头的玩法,去发现石头的美,并在此基础上创造出美,激发他们对美的向往。

(二)活动中心环节

1.活动导入:有用的石头

教师行为:教师出示石头的图片,吸引幼儿兴趣,揭示本次活动的石头主题。

家长指导语::石头是日常生活中常见的物品,幼儿往往不会留意,家长提醒幼儿仔细观察,为后面的活动做准备。

2.活动操作环节

(1)游戏一:儿歌《大石头》

教师行为:先播放一遍儿歌《大石头》,集中幼儿的注意力。教师结合儿歌做一些夸张有趣的肢体动作,唱两遍,再让宝宝们跟着一起学唱儿歌。

家长指导语:在播放儿歌时,家长要及时引导幼儿对儿歌感兴趣,解说儿歌的意思。

附:儿歌《大石头》

路上有块大石头,大石头、大石头、大石头。
横行霸道挡路口,挡路口、挡路口、挡路口。
宝宝走来卷起袖,搬呀搬呀搬石头。
哎呀呀——,搬不动来搬不走。
路上有块大石头,大石头、大石头、大石头。
横行霸道挡路口,挡路口、挡路口、挡路口。
来了一群小朋友,二话没说就动手。
哎呀呀——,搬走了挡路的大石头。

(2) 游戏二:石头大变身

教师行为:教师示范用石头拼出简单图案。石头小鱼做法示范:找一块三角形的石头做鱼头,一块小的石头做鱼尾,再用胶水粘在一起,粘牢。家长带领幼儿操作,教师从旁指导。

(1) (2) (3) (4)

石头拼图

家长指导语:这一环节主要激发幼儿的想象力和创造力,先让宝宝自己想象、探索,出现困难时,家长可以挑选出一些比较好拼搭的形状的石头,再由幼儿自己完成最后的成果,家长帮忙粘胶水。

(3) 游戏三:给石头穿花衣

教师行为:教师先选好自己喜欢的几种颜色,接着根据拼出来的物体特征上色,最后画上自己喜欢的图案。家长带领幼儿操作,教师指导。

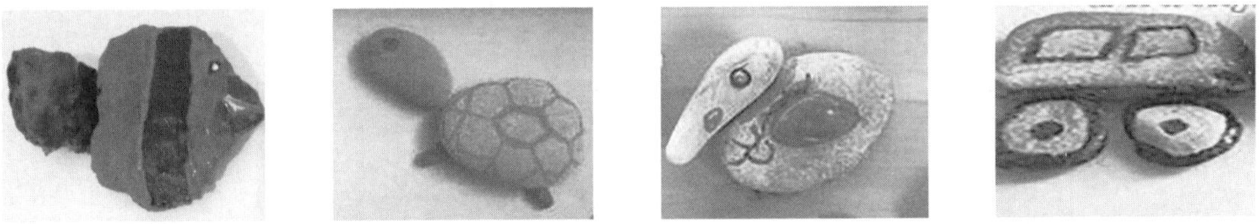

(1) (2) (3) (4)

石头画

家长指导语:家长可以适当地给宝宝一些启发,比如提醒要有规律地涂色,或是按照动物、植物和他们常接触的物体的颜色涂色,激发他们的创造力。

(4) 游戏四:组合石头画

教师行为:教师示范首先挑选合适的石头画,比如几条不同的石头小鱼。其次,用颜料画出喜欢的情景。最后将石头画放进情境中,并粘牢。家长带领宝宝操作,教师指导。

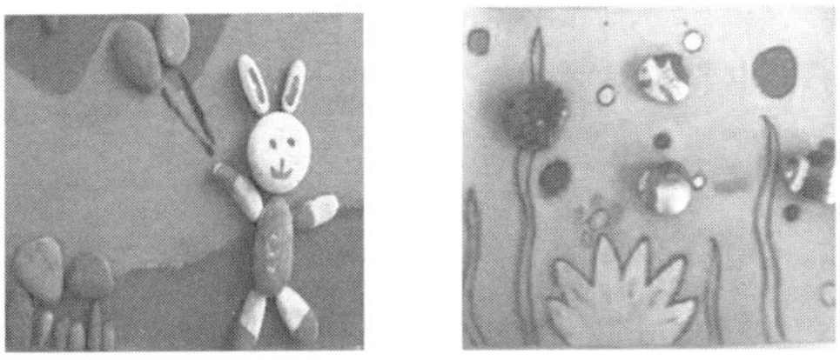

(1) (2)

石头情景画

家长指导语：背景由宝宝描述，家长绘画。家长要利用机会引导宝宝说出想象的情景，发展宝宝想象力和语言能力。

（三）活动结束环节

播放音乐，拥抱再见。

四、家庭延伸活动

（1）家长可利用自然和社会资源，让幼儿知道石头的用途，了解石头的重要性，并利用石头做游戏。

（2）可以让幼儿用石头创作画。

方案四 竹子作用多

一、活动目标

（一）家长学习目标

（1）知道31～36个月幼儿能在引导下说出简单的形容词、复述完整的《竹子谣》。

（2）能通过竹子材料发展幼儿的拼贴能力、动手能力和创造力。

（3）掌握《竹子谣》和手指操。

（二）幼儿发展目标

（1）能记住并复述完整的《竹子谣》，发展语言能力。

（2）能根据提供的竹子材料进行创作，发展动手能力和创造力。

二、活动准备

（1）《竹子谣》PPT。

（2）竹子图片、蓝绿卡纸、签字笔、胶布、各种长度的竹条若干、长线。

三、活动过程

（一）教师揭示教育价值

各位家长们好，对于这个年龄的宝宝来说，正是发展他们语言的关键时期。有的宝宝已经能独立说完整的复合句，有的宝宝还不行。本节课通过以“竹子”为主题进行亲子活动，设计的游戏活动可以训练幼儿们形容竹子的简单词汇，复述《竹子谣》能训练语言能力和记忆力，拼贴和做竹排箫训练宝宝的创造力、动手能力等。在游戏的过程中呢，请家长们积极参与，耐心等待幼儿自己进行，在他们能力范围之外的，可以进行适当帮助。

（二）活动中心环节

1.活动导入：认识竹子

教师行为：教师出示竹子的图片，让幼儿观察竹子一节一节的特点，然后出示实物让幼儿摸摸，认识竹子，在教师引导下说出竹子“有一节一节的竹节”“竹叶长长的、尖尖的”“竹子是空心”等特征，让宝宝记住竹子的特点。

家长指导语：家长可以引导幼儿回忆以前接触过竹子的经历，唤起幼儿的过往经验。

（1）

（2）

竹子

2.活动操作环节

（1）游戏一：《竹子谣》和手指操

教师行为：播放《竹子谣》，并带领幼儿进行手指游戏。教师带领着做三遍，之后由宝宝独自边念儿歌边做动作。

家长指导语：家长陪同孩子一起进行，在宝宝独自操作时，只能在宝宝忘记时提醒。

附：《竹子谣》

春天到，春雨飘，竹笋露出尖尖角。

（两手伸直，五指张开摇晃，再用五指向外弹，一路滑下来。之后一手抵在另一只手掌心呈“人”字，一边念一边变化手掌高度，举过头顶指间相抵变成塔尖状）

春风吹，竹子摇，一节一节长得高。

（两手聚在嘴边，再双手同时呈掌状“S”路线滑下来，两手捏拳，一拳一拳叠加向上）

骑竹马，踩高跷，它的用处真不少。

（两手握拳，手腕隔空交叉，上下压抬。左手张开，右手伸出食指和中指踩在左手掌心走两步。伸出大拇指比画厉害的手势，里外翻转。）

（2）游戏二：拼贴竹子画

教师行为：出示材料，示范拼贴步骤：①在蓝色卡纸底部贴上绿草地。②将绿长纸条随意拼摆并粘在卡纸上做竹竿。③在绿竹竿上画出竹节。④贴上竹叶。示范完后，家长带领幼儿操作，教师指导。

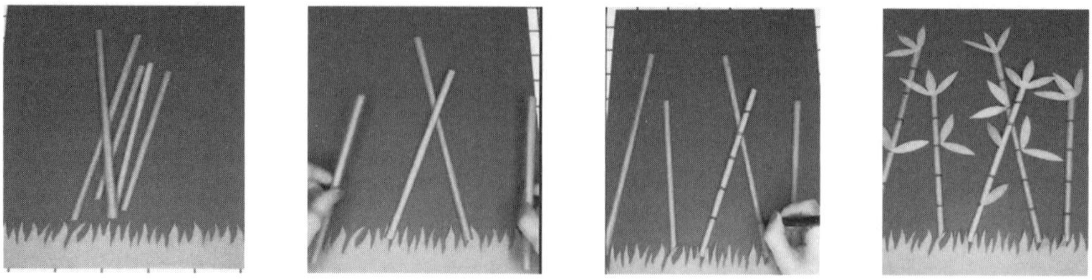

(1)　(2)　(3)　(4)

拼贴竹子画的过程

家长指导语：家长可以和幼儿合作进行，家长剪卡纸，宝宝进行摆拼和粘贴。竹子数量、长短的标准并不单一，可以让幼儿自由发挥想象力和创造力，拼贴出一幅漂亮的竹子画。

(3) 游戏三：竹排箫

教师行为：教师出示竹管，先让幼儿自主探索，可以敲击，还可以排序。教师示范做竹排箫。按从长到短的顺序排好小竹管；让幼儿从长到短吹奏小竹管，分辨音色；按小竹管排好的序，用胶布缠紧组合起来。家长带领幼儿操作，教师指导。

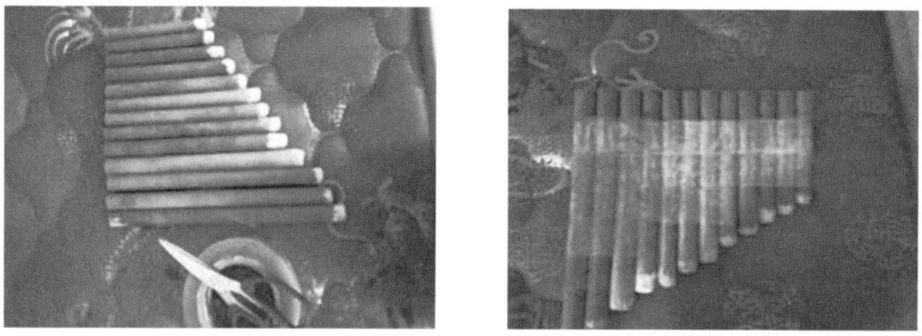

(1)　(2)

竹排箫

家长指导语：这个环节发挥了宝宝的探索精神，训练了长短排序能力。操作时，家长可以适当提示，但不能完全干预。

(4) 游戏四：小小竹条摆迷宫

教师行为：四根长竹竿围城矩形，中间随意摆放长短竹竿；摆放好后，调整一下摆放的竹竿，组成一个小迷宫；找到出路，用线标记出来；又要走出迷宫，又要走在线上。家长和幼儿操作，教师指导。

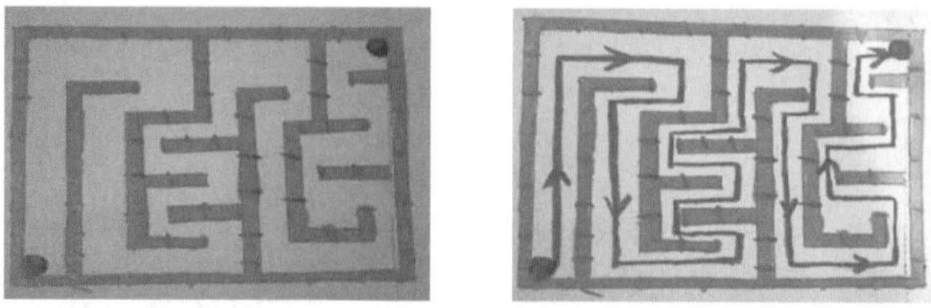

(1)　(2)

竹竿迷宫

家长指导语：在活动过程中，除了调整竹竿成为迷宫由家长帮助以外，其他环节最好由宝宝自己操作，家长切忌越俎代庖。

（三）活动结束环节

播放音乐，拥抱再见。

四、家庭延伸活动

（1）家长可利用家中资源，给幼儿提供丰富可操作的竹制用品，如杯垫、篮子、席子等，让幼儿说用途。

（2）可以多买一些益智的低结构的竹制玩具，让幼儿玩拼搭游戏，锻炼幼儿精细动作和创造力。

0~3岁婴幼儿早期教育课程方案

中篇

0~3岁婴幼儿特色活动课程及方案

第三章 0~3岁婴幼儿感统课程设计说明

在儿童的成长过程中常常会出现一些看似平常，却让家长焦虑的问题，例如总是容易摔跤，容易到处磕磕碰碰；吃饭挑食或是饮食无节制；缺乏自信心，遇到困难总是退缩或是依赖他人，不愿尝试新鲜事物；敏感、爱哭、黏人，或是脾气大、急躁；不喜欢或排斥陌生人、陌生环境，人际交往能力较弱，难以加入群体活动中；注意力不集中，容易走神；常常出现听而不闻、视而不见的状态；语言发展有困难，语言发音不清，或是语言逻辑与语言表达有困难；记忆力不好，听的看的总是记不住；学习粗心，总是看错、看反——例如“6”看成“9”，“b”看成“d”，加法看成减法等，或者在阅读书本时看漏字、看跳行，阅读有困难；做作业拖拉，不愿意写作业；等等。这些看似没有什么关联的现象，它们之间其实有着密切的关系。一个人从小到大对所有事物的认知，每一个动作、每一种情绪都是受大脑所支配，当儿童情绪波动大、没有自信心或是学习能力不足的时候，必须思考他的大脑是否能很好地支持他。

0~3岁的婴幼儿是靠感觉来学习和认知的，而感觉的接收需要各个感觉器官和谐有效运作，这就需要大脑对感觉器官所收录的感觉信息具有良好的整合与处理能力，也就是感觉统合的能力。在0~3岁阶段进行感觉统合的练习能够很好地发展大脑功能。这门课程是一门比较特殊的课程，课程的内容、活动的设计与家庭延伸练习都必须基于对神经系统的刺激与训练，因此需要先了解课程的理论基础。

第一节 ‖ 课程理论基础

一、关于感觉统合

（一）感觉统合

感觉统合是由美国南加州大学的艾尔斯博士提出的研究观点，最早是用来矫治儿童学习障碍的。在20世纪80年代，感觉统合理论与训练方法传入我国，20世纪末逐渐推广。感觉统合进入中国以来，更多地被应用于特殊儿童的矫正与0~3岁早期教育，近年来，感觉统合课程逐渐进入普通的幼儿园、小学，对正常的儿童以游戏形式进行感觉统合训练，加强身体各部分的协调性，通过对神经系统的刺激发展大脑功能，提升儿童的学习能力、改善儿童情绪问题与专注力的问题。

那么什么是感觉统合呢？婴儿从出生开始，他对于自己和外部世界的认知都是从感觉开始的，而大脑就是一部处理感觉信息和运动信息的机械。大脑通过感觉器官（视、听、嗅、味、触、前庭、本体）对外部信息进行接收、处理（分辨、筛选、理解、记忆）、整合，然后做出适应性的反应，让机体与外部世界能协调运作。而要达到这种协调运作不是单靠某一种神经系统就能实现的，而是需要多个神经系统在中枢神经的统一调控下才能进行，这是一种神经心理过程，是人进行正常的日常生活、学习、工作、人际交往的基础。

（二）感觉统合的三大系统

对于感觉器官，我们最熟悉的是视、听、嗅、味、触，而感觉统合最主要的三大系统为触觉系统、前庭系统和本体系统。

1.触觉系统

触觉系统是最基本、影响力最大的系统，也是发展最早的感官系统，它是幼儿早期认识外部世界的主要途径。婴儿从胚胎、出生到幼儿时期，从触觉系统中得到的刺激与信息是最丰富的，它是提供周围环境信息的最主要来源，可以让幼儿避开或抵抗危险。同时，触觉对幼儿心理社会化的发展非常重要，在早期，幼儿需要通过触觉与母亲建立安全的依恋关系，并进一步帮助幼儿发展良好的人际关系与环境适应能力。

2.前庭系统

前庭系统是感觉系统之一，负责掌管平衡感，主要功能为侦测地心引力，使幼儿感受到地心引力的作用。前庭系统最重要的功能之一是使幼儿能发展出正常的肌肉张力，尤其是对抗地心引力的肌肉群，同时发展全身肌肉关节的协调、控制与力量，维持姿势，产生动作及发展出正确的身体空间概念，当个体进行加速或减速活动时，会调整头部倾斜的位置，以维持身体的平衡，在撞到东西或跌倒时能及时反应，保护身体。同时前庭觉发展与大脑抑制能力紧密相关，关系到幼儿的情绪发展与专注力发展。此外，他会告诉个体在环境中的空间关系，使人在身体与情绪上有安全感，也有助于儿童的心理发展。

3.本体系统

动作是促进感觉统合发展最主要的途径，而本体系统主要就是通过肌肉关节或骨骼等感受器获取信息，维持肌肉正常收缩，使关节能够自由活动。本体觉不只是身体以及关节的动作，还包含身体或部分身体位置的知觉。它告诉我们身体或身体部位的方向感、动作的速度与时间以及肌肉产生的力量和被牵拉的速度，同时，本体觉还可以影响神经系统的兴奋状态。因此，增加本体觉的输入，有助于个体情绪的正常化，影响个体视觉知觉及身体空间概念的发展，进而影响个体计划活动的能力。

二、三大感觉系统的功能价值

0~3岁幼儿所接受的感官经验，将奠定往后一生脑部发育的基础，倘若给予的刺激不足，将可能使儿童的情绪、智力、人格等方面的发展受到限制，影响往后的人际关系发展。在3岁前对幼儿进行感觉统合功能训练是非常重要的。

(一)触觉发展的影响

触觉感受器是人体分布最广,类型最多的感受器。触觉感受器可以感受到物体的温度、材质、重量,力度的大小,空气的流动以及身体的痛痒。0~3岁幼儿的触觉发展是儿童早期发展最重要的感觉发展,它广泛地影响到幼儿的生活与学习。幼儿通过触觉感受器与外界接触、连接、沟通,通过触觉来保护自己,同时触觉也直接作用于幼儿的心理发展,对幼儿的情绪与安全感的建立起重要作用。

1.触觉发展相关能力

在幼儿的发展过程中,与触觉发展相关的能力主要有以下几个方面:第一,对外界的感知能力,触觉能让幼儿感受外界事物的形态,接受感觉并进行认知。第二,幼儿的自我保护能力,触觉能让幼儿感受到外部威胁或危险,并及时做出防御、回避的反应。第三,触觉关系到幼儿的人际交往能力,让幼儿接收到被他人拥抱、抚摸的身体信息,感受到被接纳、被认可的情感。因此,正常的体表刺激耐受度有助于幼儿发展出正常的人际交往能力。第四,触觉的发展有助于幼儿专注力的发展。听觉神经属于触觉神经,听觉神经的正常发展有助于发展幼儿良好的听觉专注、听觉分辨、听觉筛选能力,而这些能力都关系到幼儿学习能力的发展。

2.触觉发展不足的影响

触觉发展不足往往分为触觉敏感与触觉迟钝两种现象。触觉敏感会造成幼儿对外界新刺激适应弱、固执于已有经验;黏人、害怕陌生人、不喜欢拥挤;缺乏自信、固执于已有环境、排斥新事物;不喜欢接触他人,不喜欢被触摸,不喜欢被拥抱却喜欢拥抱别人,常有令人无法理解的行为、吸吮手指、触摸生殖器;在团体中很容易被激怒,敏感多疑朋友少;较难集中注意力或注意力容易分散。触觉迟钝的幼儿则表现为反应慢、动作不灵活;大脑的分辨能力差、发音或小肌肉笨拙;缺乏自我意识、无法保护自己或具有攻击性;学习能力迟钝,在学习中容易呈现听而不闻、视而不见的状态。

(二)前庭觉发展的影响

前庭觉是大脑功能的门槛,个体在对外界的认知当中,所接收到的所有视、听、嗅、味、触信息都必须经过前庭觉的过滤及辨识再传入大脑,这样大脑就不会太忙碌,注意力才能集中,情绪才能稳定,特别是听性质的学习,前庭觉的影响最大。由于前庭是大脑门槛,整个身体的触觉活动信息也必须在此过滤,以选择重要的信息做回应,所以前庭觉必须和平衡感取得完全协调,才能正确辨识身体的空间位置。

1.前庭觉发展相关能力

第一,前庭觉关系到幼儿的动作能力发展,包括幼儿全身肌肉、关节的协调、控制与力量,维持幼儿身体平衡感。第二,幼儿的情绪功能发展。前庭觉关系到大脑的抑制能力,对情绪的控制与专注力起重要作用,太过于忙碌的大脑,很难集中注意力,情绪是不稳定的,易烦躁、易怒。第三,幼儿的学习能力发展。幼儿对事物的认知、学习,需要多种感觉器官的协调运作,前庭功能正常,才能确保所有感觉信息的接收和处理。第四,幼儿语言能力的发展。前庭觉关系到口腔肌肉的力量、协调运作，听觉学习（语音），视觉学习（口型），语言逻辑与表达能力。

2.前庭功能发展不足的影响

学前段前庭功能发展不足，到了学龄段会影响幼儿的学习能力，包括阅读能力（视觉的追视与集中性）、学习专注力（视、听专注；身体的稳定能力）与学习效率（视听的接收、理解与记忆）；说话发音不清、语义不清、语言逻辑有问题，呈现语言表达困难，话多而又词不达意；情绪易激动，并且很难平复，或者长时间陷入一种情绪中无法有效转换；遇到挫折容易恐惧，丧失信心；任性，难以控制自己的言行与情绪而造成人际关系紧张。

（三）本体觉发展的影响

本体觉是幼儿自信心与创造力发展的基础。它是指肌腱、关节等运动器官本身在不同状态，也就是运动或者静止的时候产生的感觉，例如人在闭眼时能感知身体各部的位置。它是由躯干或四肢等的肌肉肌腱和关节等肌肉神经末梢传递的一种综合感觉。一个能很好地认识、控制、运作自己的身体的人才能发展出良好的自信心，愿意尝试新鲜事物，接纳新环境，具有创造力。

1.本体觉发展相关能力

良好的身体协调、控制与运作能力能让幼儿在日常生活中动作灵活，对自己充满信心，因此本体觉的发展不仅关系到幼儿动作能力发展，还关系到幼儿自信心与创造力的发展，能促进幼儿的环境适应能力与人际交往能力发展，同时提升办事效率与团队协作能力。

2.本体觉发展不足的影响

本体觉发展不足的幼儿无法很好地感知自己在空间中的位置，容易撞到桌椅、柜子，对方向辨别不清，容易迷路和迷失方向；不能很好地使用和控制自己的肢体，对于下一步动作的计划感到困难，做事慢而笨拙。例如，走路一定要盯着自己的脚，扣扣子一定要盯着自己的手，否则就会有困难。同时，肢体控制的困难让幼儿不愿尝试新事物以及有难度的动作，抗挫能力与自信心不足，到了学龄段也会因为精细动作的不足而不愿写字，不愿做作业，不愿写作，影响创造力的发展与学习效率。再者，自我认可的不足会造成在团队协作过程中缺乏主见或过于坚持己见，不利于团队协作能力发展。本体觉也配合着前庭系统，共同调节眼部的肌肉，使眼睛能够稳定地看清楚物体，进一步地建立对各种形状和空间的认识，这是日后学习读写算等能力的基础。

在幼儿的学前阶段，特别是0~3岁阶段，大脑快速发展，它是幼儿处理感觉信息和运动信息的处理器。而在这一阶段，幼儿对于自身和外界的所有认知都离不开感觉信息，对于一个事物的感知也不是由一种感觉系统就可以实现的，而是由多个感觉系统在神经中枢的统一调控下的协调运作，因此，可以说，幼儿的感觉统合能力是他能够生存和发展的基础，也是一个人获得幸福的能力的基础。感觉统合能力提升的关键期在6岁之前，而敏感期在0~3岁，在这一年龄段对幼儿进行持续的感觉统合能力提升对幼儿的身心发展具有重要意义。

第二节 ‖ 0～3岁婴幼儿早期教育感统特色课程简介

一、课程理念

感觉功能的发展早在胎儿时期就已经开始了。从婴儿阶段开始,孩子就已经具有相当的感觉能力了,但这一时期由于感觉功能发展还不完善,感觉系统之间的运作并不协调,因此他们并不能很好地将这些感觉信息进行处理、协调与整合。因此,我们在感觉统合课程中对婴幼儿的三大感觉系统的功能发展,以及各感觉系统之间协调运作、信息处理等进行游戏化设计,形成课堂课程指导配合家庭感统活动迁移的模式,实现感觉统合训练的持续化、系统化,这样才能真正帮助幼儿感觉统合能力持续、良好地发展。

二、设计原则

首先我们必须清楚,感觉统合能力的获得与提升是一个从量变到质变的过程,是通过游戏化的活动设计,对神经系统进行反复、持续的刺激,以达到功能的改善。而在这一过程中,幼儿需要愉悦地、主动地、积极地去参与各项活动,大脑才能对感觉器官所传达的信息进行主动接收,从而达到功能改善的目的。因此课程设计主要有以下几个特点:

(一)遵循婴幼儿年龄发展特点

课程以6月龄为一阶段进行课程设计,总共设计了5个年龄阶段,每个阶段2个课例共10课例。课程的设计必须符合各个年龄段婴幼儿的身心发展特点,包括动作发展(大动作与精细动作)、运动能力、平衡能力、认知能力、语言能力、社会性发展。

(二)分年龄段设计具体课程目标

每一阶段的课程都设置了该年龄段总体发展目标,对每一个阶段婴幼儿的前庭功能、本体功能、触觉功能所达成的目标提出具体的要求。每一阶段的课例都必须以该年龄段的课程总体发展目标为基础进行环节的设置。例如:某年龄段的幼儿发展目标中有“让幼儿具备双手串珠”的能力,要发展出幼儿的这一能力,并不是说在课程中要去训练幼儿串珠,而是需要知道发展该能力必须对幼儿的前庭觉、本体觉进行刺激与发展,那么在课程环节的设置中就应该有大量刺激前庭与本体的项目。

在此基础上,每一堂课再进行单项能力的侧重设置,例如听觉辨别能力、语言发展能力、视听记忆力、生活自理能力等。

(三)活动环节游戏化

感统能力的提升需要通过活动与器械对幼儿的感觉系统进行重复、持续的刺激,在这个过程中,幼儿容易感到疲累、厌倦、缺乏兴趣,没有主动性。而感觉系统的改善需要幼儿对感觉刺激主动地接收,而非被动灌输。因此,将枯燥的器械练习变为有趣、有情节的故事游戏,能让幼儿在一个主题游戏中去完成任务、趣味闯关、相互竞赛、获取成就。

(四)对应感统核心能力发展

在感统课程中,所有使用的教具以及创编的活动,都必须严格地对应幼儿的核心能力发展,例如:该年龄段的感统能力提升目标对应的是前庭觉的发展,那么在活动设计环节所使用到的所有教具及操作方法,应对应前庭觉发展。因此,在课程活动环节的设计中,遵循了两个原则:一是尽量丰富地使用不同的教具对应同一功能;二是对同一教具进行多样化游戏操作,对应同一功能。同时,还需关注每一阶课程中,不同课例中出现的相同教具在操作上的细微变化,同样是对应幼儿的能力进阶需要。

三、课程实施与评价

(一)课堂教学的实施

课程的实施分为两部分,一部分是课堂的教学,另一部分是家庭的感统能力训练。课堂的教学分为四个大板块:第一板块为暖场,该板块的目的主要为发展幼儿的社会性与秩序感,愉悦幼儿情绪,吸引幼儿注意力,提醒幼儿课程即将开始。并且通过点名唱名的活动帮助幼儿建立人际关系,更好地融入课堂。第二板块是活动环节,这是课程的主体板块,里面设置了3~4个游戏环节,这一板块的目的是对幼儿技能进行训练与提升。在课堂实施中要求教师在每一个环节都必须先进行操作示范,在示范的同时不仅要讲清楚每一个动作和器械的规范操作方法,还需要同步讲述该环节的游戏主要是针对幼儿的哪些功能进行训练。在家长带宝宝进行游戏操作时,教师需要巡视课堂,观察幼儿表现,并对家长提出安全提示,对不规范的操作进行指导。每一个活动环节结束时教师播放指定音乐,引导幼儿听到音乐后和成人一起整理玩具,整理完成后,教师需要对幼儿在该环节的表现做简单点评。在每一个活动环节中,家长需要带领幼儿仔细观看教师示范的操作方式,在教师的指导下引导幼儿排队按秩序进行游戏,按照教师的要求,严格执行每一项器械的规范操作,保证幼儿的安全,并全程关注幼儿的状态与情绪,多与幼儿互动,协助幼儿愉快地完成所有项目。第三板块为寂静欣赏与下课环节,寂静欣赏的目的在于让幼儿在舒缓的音乐声中肌肉与情绪都得到放松,稳定幼儿的情绪。最后以下课歌告诉幼儿课程的结束,给予幼儿做事有始有终的概念。第四板块是家庭延伸活动环节,主要目的是对课堂感统能力训练的日常延伸练习,帮助幼儿在日常生活中持续提升感统能力。

(二)家庭感统能力训练

做好家庭迁移工作是保证感统训练效果的关键,一个婴幼儿想要感统能力得到有效持续的提升,仅靠课堂上的练习是远远不够的。他们更多的时候是在家庭环境中,陪伴他们更多的是父母,因此,如何做好感统课程的家庭迁移工作至关重要。因此,该课程的设计对家长有较高的要求。

1.家长作为课堂助教

在感统课堂上，家长不仅是陪伴孩子的父母，更是教师的得力助教。每一堂感统课，教师都会对家长提出学习要求，学习与熟悉课程中所使用的感统教具的规范操作方法，以及教具的延伸操作方法，并且在课堂上由家长亲自为婴幼儿操作教具，引导幼儿规范、安全地完成所有活动。同时，将感统器械带回家，做到在家中也能坚持规范、安全地引导幼儿进行练习。

2.课堂项目的日常“演练”

“演练”的含义，一个是“演”，另一个是“练”。这就要求家长学习婴幼儿每一个阶段身心发展与感统能力发展的特点及目标，熟悉感统项目的理论基础，并以理论基础为根本，依托课堂活动引导，回到家庭生活中，能利用日常生活环境及条件“演变”出非专业感统器械的“生活感统”小游戏、小项目，并将这些感统游戏与项目生活化、日常化，做到让幼儿在日常生活中，通过潜移默化的方式，“时时练”“处处练”，以此达到对幼儿感觉系统的持续刺激，从而达到幼儿感统能力良好发展的目的。

3.有效的沟通促进幼儿感统练习的主动性

感统能力的培养是神经系统功能塑造的过程，在这个过程中，再丰富的教具，再有趣的游戏，都无法抹去幼儿在操作过程中因眩晕产生的不适感，或对器械的恐惧感，以及操作过程中的疲累感。当幼儿因为这些机体上的不适而引发心理上的排斥或反感时，成人是需要以专业的态度和方式去对待和处理的。其中包括：成人自身情绪管理能力，对幼儿的观察能力，与幼儿沟通的语言模式以及有效的沟通策略。这些技巧需要家长在课堂上跟随教师进行学习与练习，更重要的是家长在日常生活中，提升独立面对与处理幼儿的沟通问题的能力。

（四）课程评价

感统能力的提升是神经系统的塑造过程，其效果不是立显的。在课程前对婴幼儿身心发展水平进行评估，对课程进行过程中的练习进行详细的活动观察记录，记录下每一个环节，幼儿对每一个器械的操作情况与表现，并定期进行复评，观察幼儿的能力发展水平。

第四章 0~3岁婴幼儿感统课程活动方案

方案一 爬一爬(6~8个月)

一、活动目标

(一)家长学习目标

(1)了解万象组合及其分组器械的操作标准和使用方法。

(2)掌握亲子抚触的作用,区分基于触觉敏感与触觉迟钝的不同抚触方式。

(3)能跟随课程音乐的节奏开展相应的活动、游戏。

(二)婴儿发展目标

(1)表现出对参与万象组合爬行活动的兴趣。

(2)能使用双手很好地抓握不同形态的器械。

(3)能保持身体在旋转与上下垂直运动状态下的平衡。

二、活动准备

(1)感统训练器械:过河石、平衡步道、奇智圈、小滑板、旋转座椅、大龙球、海洋球、锥形桶、大滑梯、蹦床。

(2)其他辅助材料:音乐碟。

三、活动过程

(一)教师揭示教育价值

本次课程的主题是“爬一爬”。爬行是刺激前庭觉发展的重要活动,良好的前庭刺激也能促进婴儿的爬行能力。在这节课中,共有三个环节的活动,主要是通过万象组合锻炼宝宝爬行能力及刺激前庭觉、本体觉发展。例如,第二个环节的按摩球可以很好地刺激宝宝触觉发展,并达到放松与调节情绪的作用。第三个环节的分组器械活动,大滑梯的俯冲给予宝宝面部正前方刺激,提升前庭功能;蹦床属于上下垂直运动,能很好地刺激宝宝的前庭功能发展,降低触觉防御。

(二)活动中心环节

1.暖场活动:围圈圈

教师行为(唱《围圆圈》吸引宝宝的注意力):“我们来围个圈,我们来围个圈,我们来围圆圈,一起来围圆圈。把小手拍起来,把小脚踏起来,扭扭我的小屁股,原地转个圈。”教师一边唱一边做歌词中相应的肢体动作,引导家长和宝宝一起完成《围圈圈》的暖场律动。围成圆圈后教师示意大家原地坐下,完成点名唱名的活动。

家长指导语:抱着宝宝,让宝宝背靠自己,跟随教师的歌唱和肢体动作带领宝宝完成拍手、扭动、转圈等动作,最后在教师的指令下完成围圆圈的活动。在点名唱名活动中引导宝宝注意到教师的点名,眼睛看向教师,家长帮忙举手答到,此月龄宝宝动作回应即可。

2.活动操作环节

(1)游戏一:万象组合“我是爬行小健将”

教师行为:“今天,我们要举行一个小小运动会,我们有好多好玩的玩具,也有很多有趣的游戏,宝宝们都是爬行小健将,我们将一起参加这次运动会。”接下来,教师依次示范、讲解万象组合中每一项器械的操作。

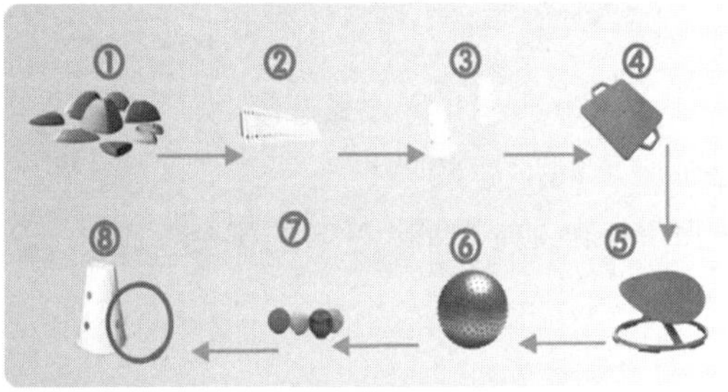

万象组合

①绕过“河石”爬行。

教师介绍该游戏的目的是训练宝宝的前庭觉与本体觉,锻炼宝宝对空间位置的辨别能力。

教师将不同大小和颜色的过河石错开摆放。教师示范从第一个过河石开始,以手膝爬的方式呈S形线路绕过河石进行爬行。教师引导家长注意宝宝爬行的方式,并且在爬行的过程中引导宝宝的身体尽量不要触碰过河石。

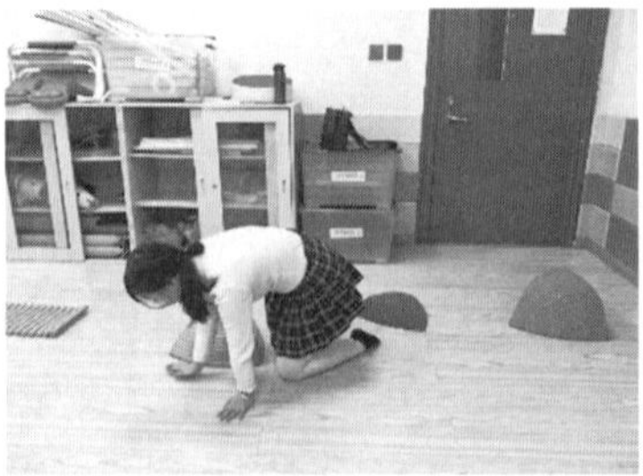

绕过“河石”爬行

②翻滚平衡步道。

教师介绍该游戏的目的是训练宝宝的触觉与前庭觉。

教师示范仰面躺在平衡步道上，双手举过头顶并向前伸直，连续翻滚通过平衡步道。教师引导家长在宝宝不能自主翻滚的情况下，可以帮助宝宝进行翻滚。

翻滚平衡步道

③爬行钻圈。

教师介绍该游戏的目的是训练宝宝的前庭觉与本体觉，促进宝宝的肢体协调发展。

教师示范双膝跪地，以手膝爬的方式从奇智圈下钻过。头先钻过奇智圈，然后手和膝盖依次通过奇智圈。教师引导家长调动宝宝的情绪，在宝宝不愿意钻圈的情况下，到奇智圈的前方引导宝宝钻过奇智圈。

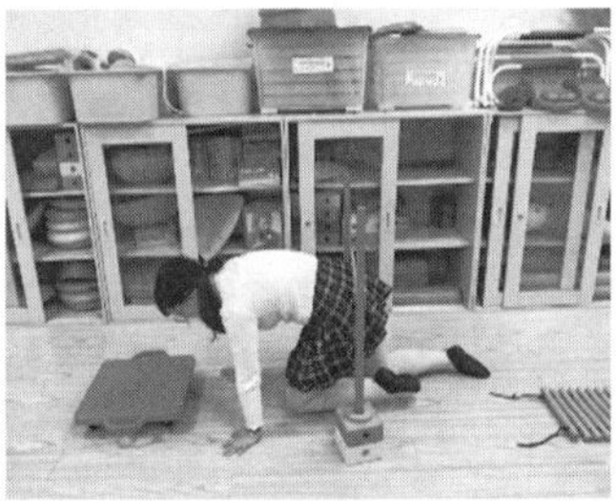

爬行钻圈

④小滑板手拉手牵引滑行。

教师介绍该游戏的目的是训练宝宝的前庭觉与本体觉。

教师示范把滑板轻轻地放在地上，双脚盘坐在小滑板上。模仿宝宝向前伸出双手，成人需要紧紧拉住宝宝[①]的手，牵引滑板向前滑行。教师引导家长注意宝宝此时除了手以外，其他身体部位要保持直立坐姿，滑行的过程中身体尽量保持平衡，不要从滑板上跌落。

小滑板手拉手牵引滑行

① 示意图中的宝宝、仿真娃娃等可能由老师代替。

⑤旋转座椅。

教师介绍该游戏的目的是训练宝宝的前庭平衡与本体觉,促进身体的平衡能力与协调能力发展。

教师示范双脚盘坐在旋转座椅上,双手抓住旋转座椅的两侧等待他人辅助旋转。注意旋转的圈数要适当,5~8圈即可。教师引导家长双手抓住旋转座椅边缘进行旋转,尽量放手让宝宝独立保持身体平衡,家长关注旋转的过程中宝宝的身体平衡,必要时扶住宝宝的身体给予辅助。

旋转座椅

⑥坐大龙球。

教师介绍该游戏的目的是训练宝宝前庭平衡、本体觉与触觉。

教师示范握住宝宝的腋下,将宝宝轻推上大龙球,坐立在大龙球上。教师对宝宝进行上下颠颤、前后左右推拉与旋转操作。教师引导家长注意掌握颠颤、推拉和旋转的力度与程度。如果宝宝出现恐惧的状态,要适当降低动作的幅度,安抚宝宝的情绪。

坐大龙球

⑦爬行推球。

教师介绍该游戏的目的是训练宝宝的本体觉与触觉,锻炼四肢协调运作,促进小肌肉、小关节发展。

爬行推球

教师示范用双手握住海洋球，边推动手中的海洋球边向前爬行，保持身体平衡，不要让海洋球跑掉。家长引导宝宝在爬行的过程中尽量把手中的海洋球滚动起来。

⑧套圈。

教师介绍该游戏的目的是锻炼宝宝的手眼协调能力，促进本体觉发展。

教师示范拿起地上的奇智圈，把奇智圈套在锥形桶上（可以放置多个不同颜色的锥形桶与奇智圈，按照奇智圈和锥形桶颜色对应的原则套圈）。教师引导家长调整套圈的距离，引导宝宝判断套圈的颜色对应，可以协助宝宝进行双手套圈。

教师在家长带宝宝做项目的同时巡回观察，对家长不规范的操作做指导，活动结束时，教师对每一位宝宝的表现做简单点评。

套圈

家长指导语：家长带领宝宝观察教师的行走路线及方式，引导宝宝进行游戏。家长按照老师的要求，严格执行每一项器械的规范操作。保证宝宝的安全，全程关注宝宝的状态与情绪，多与宝宝互动，协助宝宝愉快地完成所有项目。

(2) 游戏二：放松按摩“抚触操”

教师行为：教师介绍该游戏的目的是让宝宝在运动后得到肌肉的放松，提高宝宝的触觉学习，增强亲子关系。教师播放轻柔的音乐，并示范为宝宝进行四肢的抚触按摩，示范每一个抚触的动作，通过手掌抚摸、手指按压、抓捏、双手拍打的动作，对宝宝的四肢、腰背、胸腹、脸、脖子进行抚触按摩。注意对于触觉敏感的宝宝，按摩抚触动作应顺汗毛方向进行，对于触觉迟钝宝宝应逆汗毛方向进行。教师在家长为宝宝操作的同时，关注家长动作的规范性以及宝宝的状态，适时给予指导与调整。

家长指导语：为宝宝进行按摩的时候要动作规范，同时关注宝宝的状态和情绪，在进行抚触的时候触觉敏感的宝宝会出现排斥反应，家长在给宝宝按摩的时候眼睛看着宝宝，多与宝宝互动，全程要有耐心。

(3) 游戏三：针对性器械训练“蹦蹦床”“快乐滑滑梯”

教师行为：教师介绍本环节活动目的是让宝宝接受来自面部正前方的刺激，训练宝宝的前庭觉。蹦床的颠颤属于上下垂直运动，既能训练宝宝的前庭觉，还能降低触觉防御，并且在宝宝坐立颠颤的过程中，还可以锻炼宝宝的平衡性与肌肉力量。

本轮游戏总共两个项目，所有宝宝可分为两组进行练习，每一组练习八分钟，然后交换项目再进行练习。

展示介绍大滑梯辅助俯冲的动作要领，将滑板轻轻放在大滑梯上，让仿真宝宝胸腹部紧贴滑板，俯卧在滑板上，成人一手扶住宝宝的背部，另一手将宝宝的双手置于滑板前沿，将双手与滑板一同握住，轻轻地让滑板从滑梯上滑下，动作缓慢，全程不可放手。滑板落地后，在地面滑行一段距离，然后拉住宝宝的双手，让滑板滑行到大滑梯处，排队等候进行下一轮。

滑滑梯

介绍蹦床颠颤的操作方法，首先让一位或两位仿真宝宝坐立在蹦床上，成人用手掌轻轻按压颠颤蹦床，让宝宝练习掌握平衡，尽量坐稳。然后让宝宝以手膝趴姿势于蹦床上做同样的颠颤练习，锻炼宝宝的身体控制、协调平衡能力。最后抱起宝宝立于蹦床上，做较大幅度的上下颠颤（注意双脚不要跳离蹦床）动作。

蹦床

家长指导语：大滑梯俯冲与蹦床都具有一定的危险性，家长需要确定自己的操作方法是正确的，这样才能保证宝宝的安全。家长在操作的过程中需要耐心地对待宝宝，如果宝宝对感统器械出现排斥或恐惧，家长要给予安抚与鼓励。

（三）活动结束环节

教师播放舒缓的音乐让宝宝放松情绪，教师引导宝宝以最舒适的姿势休息，闭上眼睛倾听音乐。家长配合老师，引导宝宝安静下来倾听音乐。

教师播放下课歌，引导宝宝拉圈。教师和所有宝宝、家长一起拉圈唱下课歌。教师引导家长对宝宝进行抬举和拥抱等亲子互动动作。

四、家庭延伸活动

(1)成人可利用家中资源,为宝宝营造不同质感、高低起伏的爬行环境,练习爬行、行走等动作。

(2)多带宝宝去户外进行爬行运动,并在爬行的过程中引导宝宝拾物或对物体进行抓握。选择的物体可以是不同材质、不同大小、不同形状的。

方案二 捡水果(9~12个月)

一、活动目标

(一)家长学习目标

(1)了解本活动所用器械的操作方法,掌握操作规则。

(2)能积极回应、恰当鼓励宝宝在活动中的操作与情绪。

(3)能加强万象组合各项目的连贯性与流畅性,调动宝宝参与热情。

(二)婴儿发展目标

(1)能顺利完成各个器械操作,完成水果收集任务。

(2)能通过适应大龙球项目,锻炼本体感知的控制能力。

(3)能逐步体现出在游戏中的秩序性,从而表现出积极愉悦的情绪。

二、活动准备

(1)感统训练器械:各种仿真水果,手印脚印板,海洋球、小零件等小物件,泡沫垫,平衡步道,平衡木,奇智杆,过河石,大龙球,小滑板。

(2)其他辅助材料:音乐碟。

三、活动过程

(一)教师揭示教育价值

本次课程以水果为主题,依托各种器械训练宝宝的各项感觉统合功能,万象组合的摆放注重宝宝动作与体位的变化,给予神经系统丰富的刺激。采用不同材质、形状、大小的水果,让宝宝在抓握和抚触过程中有更加丰富的感觉刺激。大龙球是训练宝宝本体觉非常好的器械,采用触点大龙球更能训练宝宝的触觉功能。

（二）活动中心环节

1.暖场活动：围圈圈

暖场活动，不建议频繁更换点名歌。

2.活动操作环节

（1）游戏一：万象组合"捡水果"

教师行为：教师说出引导语："今天果园里的果子成熟了，掉了好多在地上，我们一起去捡水果。"接下来教师依次示范和讲解万象组合中每一项活动的操作。

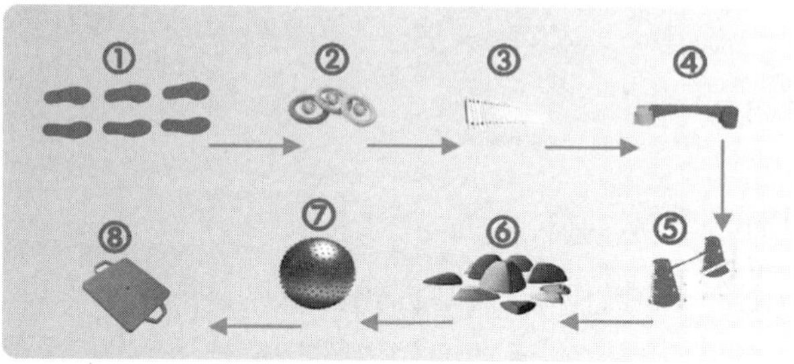

万象组合

①手印脚印板。

教师介绍游戏目的：手印脚印板上的触点可以训练宝宝的触觉，爬行训练宝宝的前庭觉，左右不同的手印脚印板的摆放方式锻炼宝宝的视觉观察能力。

教师将手印板和脚印板在地上摆好，教师示范以手膝爬的方式爬过手印板和脚印板。双手对应左右手的手印板，左右膝盖对应左右脚的脚印板。教师引导家长注意宝宝在爬行的过程中保持手膝爬的姿势，辅助宝宝的动作对应手印板与脚印板的摆放位置。

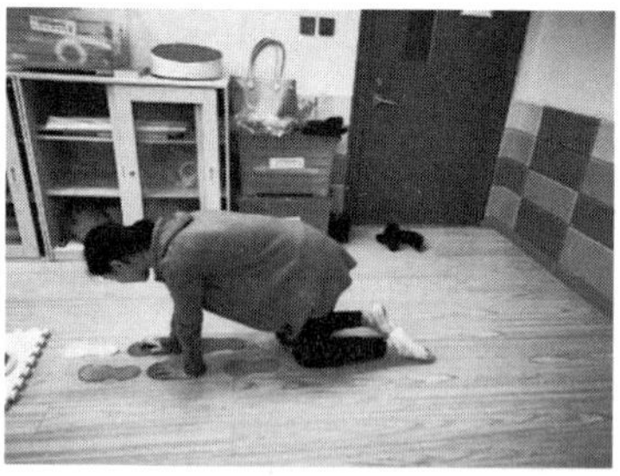

手印脚印板

②坐地玩小物件。

教师介绍游戏目的：训练宝宝的触觉，锻炼宝宝颜色识别能力，锻炼手指小肌肉的力量与协调运作。

教师示范坐在泡沫垫上，拿起每一个触觉圈用双手手掌搓一搓、捏一捏，然后将触觉圈依次放在地上，并将不同颜色的海洋球放到对应的触觉圈里。教师监督家长引导宝宝用手搓捏触觉圈，协助宝宝把触觉圈放到地上排列整齐

坐地玩小物件

③翻滚平衡步道。

教师介绍游戏目的：训练宝宝的触觉与前庭觉。

教师示范仰面躺在平衡步道上，双手举过头顶并向前伸直，连续翻滚通过平衡步道。教师指导家长在宝宝不能自主翻滚的情况下，可以帮助宝宝进行翻滚。

翻滚平衡步道

④爬行过平衡木。

教师介绍游戏目的：训练宝宝的前庭平衡觉、本体觉与触觉，锻炼宝宝的肢体协调性。

教师示范以跪爬的方式通过平衡木。整个身体都要在平衡木上，头尽量抬起平视前方。教师指导家长在宝宝前方与宝宝交流，引导宝宝抬头看向前方的成人。家长要注意在宝宝手脚滑下平衡木时，及时帮助宝宝回到平衡木上。

爬行过平衡木

⑤钻爬高低奇智杆。

教师介绍游戏目的：训练宝宝的前庭觉与本体觉，判断身体在空间中的位置。

教师示范双膝跪地，俯身，胸腹部贴近地面，向前爬行钻过低奇智杆，钻过之后再以手膝爬钻过高的奇智杆。教师引导家长注意协助宝宝调整身体的高度，不要让宝宝臀部抬起弄倒奇智杆。

钻爬高低奇智杆

⑥抱走“过河石”。

教师介绍游戏目的：训练宝宝前庭平衡，加强亲子互动，增强亲子关系。

教师指导家长将宝宝抱起，让宝宝背靠成人面朝外。成人走过高低起伏的过河石。

抱走“过河石”

⑦拍打大龙球。

教师介绍游戏目的：训练宝宝的本体觉与触觉，提升宝宝的肌肉力量，锻炼肢体协调性。

教师示范成人辅助宝宝立于大龙球前方，双手握住宝宝腋下，让宝宝挥舞手臂，双手手掌用力拍打大龙球10次。教师引导家长注意宝宝拍打大龙球时，可以是双手手掌拍打，也可以是连同手臂一起拍打大龙球，在拍打的过程中协助宝宝保持身体平衡。

拍打大龙球

⑧小滑板仰躺滑行。

教师介绍游戏目的：训练宝宝的前庭觉与本体觉。

教师示范把滑板轻轻地放在地上，让宝宝仰躺在滑板上，成人在宝宝头部方向牵引滑板缓慢滑行到终点。教师引导家长在牵引的过程中要注意观察宝宝身体的平衡状态，防止从滑板上跌落。

教师将仿真水果放在每一个项目的位置，每一位宝宝完成一个项目寻得一个水果，捡起来放到家长的篮子里。

小滑板仰躺滑行

家长指导语：引导宝宝排队按秩序进行游戏，在爬的过程中找到散落在旁边的水果，最后将水果送回篮子里，比赛谁找得多。

(2) 游戏二：放松按摩“抚触操”

教师行为：教师介绍该游戏的目的：可以让宝宝在运动后得到肌肉的放松；用不同形状与材质的水果进行抚触，可以提高宝宝的触觉感知力，同时增强亲子关系。

教师播放舒缓的音乐，带领家长用仿真水果为宝宝进行四肢的抚触按摩，用不同材质、形状的水果轻轻拍打和摩挲宝宝的身体，跟随音乐的速度与节奏，调整速度与力度。教师在家长为宝宝操作的同时，关注家长的规范性以及宝宝的状态，适时给予指导与调整。

家长指导语：家长在给宝宝做抚触的时候眼睛要看着宝宝，多与宝宝互动。家长可以根据自己宝宝对抚触的反应及接受程度做适时的调整，对于触觉敏感的宝宝减少对敏感部位的刺激，适当地降低力度，让宝宝逐步地适应。家长也可以让宝宝选择喜欢的仿真水果拍打和摩擦自己的身体，增加宝宝的兴趣，加强亲子互动。

(3) 游戏三：分组游戏“摇摆大龙球”“推拉大龙球”“快乐复印机”

教师行为：教师介绍本环节活动目的：刺激宝宝前庭觉的发展，提高宝宝的胆量，提高宝宝身体的平衡能力。

教师向家长介绍该环节总共三个游戏，宝宝们分为三组进行，每一组操作五分钟后进行轮换，直到所有宝宝都完成三个游戏。

①摇摆大龙球。

教师示范大龙球躺位颠颤的操作方法，让仿真宝宝立于大龙球的前方，双手穿过宝宝腋下扶住大龙球，双手夹紧宝宝，慢慢推动球让宝宝仰趴在大龙球上，然后慢慢移动双手到宝宝身体两侧，按压大龙球帮助宝宝做上下颠颤游戏。

摇摆大龙球

②推拉大龙球。

教师示范大龙球趴位推拉的操作方法，让仿真宝宝立于大龙球的后方，双手穿过宝宝腋下扶住大龙球，双手夹紧宝宝，慢慢推动大龙球让宝宝俯趴在大龙球上，引导宝宝放松身体，然后慢慢移动双手紧紧抓住宝宝的大腿根部做左右、前后推拉游戏。

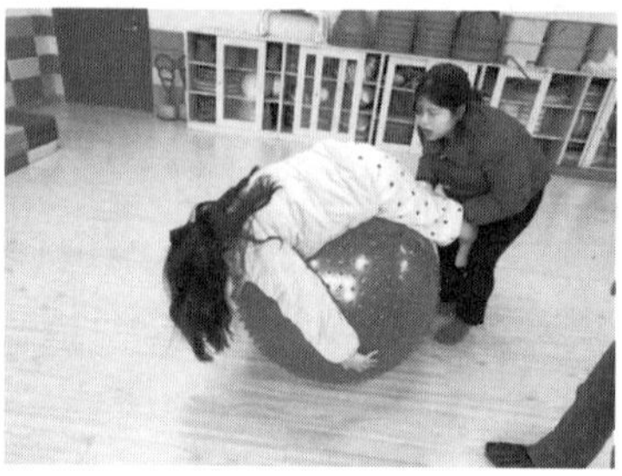

推拉大龙球

③快乐复印机。

教师示范复印机游戏，让宝宝俯卧在滑板上，家长站于宝宝侧面，宝宝趴在滑板上，家长用大龙球从头到脚或从脚到头滚压宝宝的身体。

快乐复印机

家长指导语：大龙球的颠颤和推拉可以很好地锻炼宝宝的本体觉，提高宝宝的身体协调平衡能力，提升宝宝的胆量。同时上下颠颤时还可以刺激宝宝的前庭觉。家长注意在做大龙球颠颤时力度稍轻，不能让宝宝的身体腾空，宝宝俯卧姿势时要引导宝宝抬起头，锻炼宝宝的颈肩背肌肉力量。复印机游戏可以刺激宝宝的触觉，在做复印机滚压时要注意让大龙球避开宝宝的头部。

（三）活动结束环节

寂静欣赏与下课歌环节，可参照前面方案的相应部分。

四、家庭延伸活动

（1）在家跟宝宝玩抓物、扔物的游戏，选用不同触感的物品可以锻炼宝宝的触觉。

（2）在家玩颜色的分辨与对应的游戏，可以给宝宝不同颜色形状的积木和小框，让宝宝把相同颜色的积木放到对应颜色的小框里。

（3）多带宝宝去户外进行钻爬运动。

方案三 一起去郊游(13~18个月)

一、活动目标

(一)家长学习目标

(1)了解并掌握新的器械及其活动项目,能进行规范操作。

(2)能在教师的引导下将课堂器械与日常生活结合进行思考与探索。

(二)幼儿发展目标

(1)能适应新的器械与新的项目活动,能通过器械练习达成各环节活动目标能力。

(2)体验游戏的乐趣,愿意参与活动。

二、活动准备

(1)感统训练器械:平衡桥板、锥形桶、奇智圈、奇智杆、触觉圆盘、翻滚大滑梯、触觉垫、羊角球、沙包、小滑板、平衡触觉坐垫、竖抱桶、横抱桶。

(2)其他辅助材料:音乐碟、果汁瓶、网缆。

三、活动过程

(一)教师揭示教育价值

各位家长好,我们每一次课程学习的新器械与新项目都对宝宝的感统能力有着非常重要的作用,但更重要的是我们要学会如何将教室中的器械操作方法带到我们的日常生活中去,帮助宝宝持续地练习。今天我们的万象组合与分组器械都会有新的变化,在学习与操作的过程中,一定要思考如何做到家庭迁移。

(二)活动中心环节

1.暖场活动:请你跟我做

教师行为:教师用肢体语言引导家长带着宝宝一起完成“请你跟我做”的暖场律动。教师“请你跟我这样做”(拍手),家长“我就跟你这样做”(引导宝宝拍手)。教师可以自行创编“请你跟我这样做”的律动,在律动的过程中完成围圈、坐下。随后完成点名唱名的活动,当唱到哪位宝宝的名字时,教师将手掌放到自己的耳朵边,夸张地探出身体,做出努力听的样子。

家长指导语:在老师的指令下完成活动,引导宝宝完成律动,围圈坐好。当教师点到自己宝宝的名字时,引导宝宝发出声音回应教师,当宝宝回应后,家长立即肯定宝宝,为他鼓掌。

2.活动操作环节

（1）游戏一：万象组合“去郊游”

教师行为：教师先说出活动引导语：“又是周末到了，今天真开心，因为我们的宝贝要和爸爸妈妈一起去郊游了，爸爸妈妈准备了好喝的果汁，只要我们到了目的地就能喝到果汁了。”随后依次示范和讲解活动每一个环节的操作。

①钻圈。

教师介绍游戏的目的：发展宝宝的触觉和本体觉，促进大脑双侧分化协调和手脚协调能力。

教师示范坐在平衡桥板上，双手紧握平衡桥板的两侧，双脚放在平衡桥板的两侧。在坐姿前进时，先双手同时前进一步，左右脚交替前进一步，按顺序依次前进到奇智圈边。在钻奇智圈时，先放入一只脚，再放入另一只脚，然后弯腰钻过圈。家长引导宝宝模仿教师行为，教师从旁协助指导。

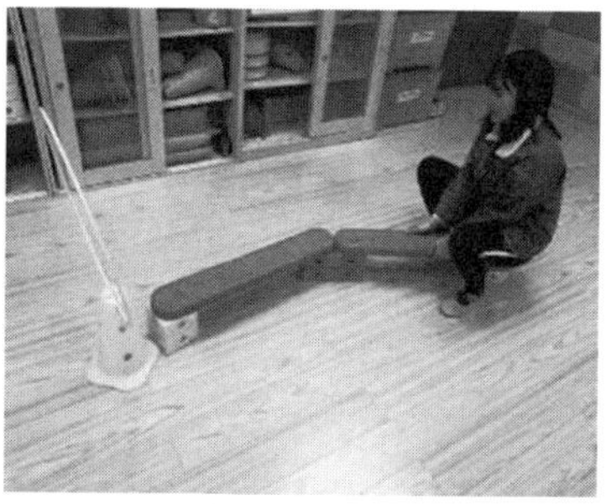

钻圈

②弯腰前进。

教师介绍游戏目的：发展前庭觉、本体觉和方向辨识能力。

教师示范在不触碰到奇智杆和锥形桶的情况下，从奇智杆下钻过。宝宝在进行这个环节时，可根据身高对奇智杆做出适当调整，避免宝宝撅起屁股或站立行走时将奇智杆触碰掉。

教师引导家长带领宝宝模仿行为时，请家长注意宝宝在这个过程中是通过弯腰、蹲坐、站立三个动作钻过奇智杆。

弯腰前进

③行走触觉圆盘。

教师介绍游戏目的：发展前庭平衡、本体觉、触觉和视动统合能力。

教师示范双脚站在第一个触觉圆盘上，身体保持直立并平衡，双手自然放在身体两侧。

教师引导家长带领宝宝模仿行为时，请家长注意确定宝宝双脚同时站在一个触觉圆盘上后，再走到下一个触觉圆盘上。

触觉圆盘上行走

④踩平衡触觉坐垫。

教师介绍游戏目的：发展触觉、前庭平衡和本体觉。

教师示范站立在平衡触觉坐垫上，身体保持直立，眼睛平视前方，双手左右伸直，保持一条直线。左边跷一下右边跷一下，再左右重复一次，身体保持平衡，重复三次。

家长可根据宝宝自身的情况，辅助宝宝完成任务。若宝宝没有按规则进行则需要重新开始。

踩平衡触觉坐垫

⑤攀爬翻滚大滑梯。

教师介绍游戏目的：发展宝宝的触觉、前庭觉、本体觉、协调能力与力量感。

教师示范将膝盖紧贴翻滚大滑梯，双手紧握翻滚大滑梯两侧，左手向前拉一下，左膝盖向前移动一个翻滚球，右手、右膝盖紧随其后。下翻滚大滑梯时，宝宝胸腹部紧贴翻滚大滑梯，双手紧握翻滚大滑梯两侧，慢慢下来。

在宝宝攀爬的过程中，家长要注意保护宝宝，避免宝宝滑下来，时刻提醒宝宝双手握紧翻滚大滑梯的两侧。

(1)

(2)

攀爬翻滚大滑梯

⑥颠颤羊角球。

教师介绍游戏目的：发展宝宝的前庭平衡、本体觉。

教师示范双手紧握羊角球，双脚放在奇智圈外，在奇智圈内连续地上下颠颤，而羊角球是不离开地面的。

家长注意保护宝宝，避免宝宝摔倒。

颠颤羊角球

⑦投沙包。

教师介绍游戏目的：训练宝宝的抓握动作，提升宝宝动作计划能力，促进宝宝的视动统合能力发展。

投沙包

教师示范操作的动作，双膝跪立在沙包旁边，将沙包投进桶中。不要求一定要将每一个沙包投进桶里，只需要将地上的沙包投完即可。

家长可以根据自己宝宝的情况调整宝宝和框之间的距离，引导宝宝抓握沙包进行投掷。

⑧旋转小滑板。

教师介绍游戏目的：训练宝宝的前庭觉、本体觉，提升宝宝的空间方位感。

教师示范双脚盘坐在小滑板上，双手触摸身体两侧的地板，身体直立，眼睛目视前方。教师指导家长抓住滑板边缘，原地旋转滑板五圈。家长注意在旋转的过程中关注宝宝的身体协调，防止宝宝跌落。

旋转小滑板

家长指导语:家长需要清楚每一个游戏对宝宝感统能力提升的作用,要按照教师的示范严格执行每一项器械的规范操作方法,保护宝宝的安全。并且在走万象组合的过程中让宝宝遵守秩序和规则,排队进行,遇到动作慢的同伴时要耐心等候。

(2)游戏二:放松按摩"拍拍操"

教师行为:教师营造昏暗舒适的环境,配课播放宝宝摇篮曲,示范随节拍拍打宝宝身体,抚触宝宝身体。全程指导家长完成,关注宝宝的状态。

附:摇篮曲

头头拍拍,肩肩拍拍,
拍拍胸口,拍拍肚子,拍拍手臂,
捏捏手指,
一根手指,两根手指,三根手指,四根手指,五根手指,
拍手!拍手!
拍拍背,拍拍腰,
屁股屁股拍拍,大腿大腿拍拍,
拍拍脚背,拍拍脚心,
最后捏捏可爱的脚趾头!

家长指导语:家长在教师的指导下,用手轻轻拍打宝宝的四肢、胸腹、背腰、脖子、脸颊。做游戏的时候看着宝宝的眼睛,与宝宝互动,调动宝宝的情绪,让宝宝主动地参与游戏。拍拍操结束后拿出果汁瓶,让宝宝学习拧瓶盖,自己拿瓶子喝果汁。

(3)游戏三:器械分组练习"有趣的秋千"

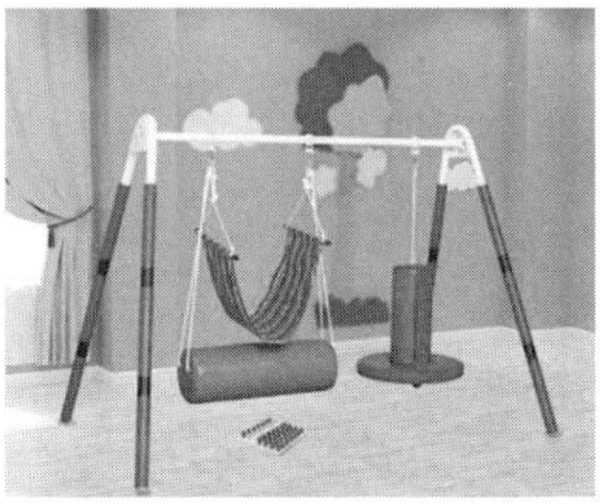

秋千

教师行为:"我们在郊外发现几个很有趣的秋千,我们一起来看看它们怎么玩呢?"

教师示范网缆游戏的玩法,将网缆轻轻展开,将仿真宝宝轻轻地放在网缆中呈仰躺状,宝宝慢慢适应后,慢慢左右前后摇动网缆五次,随后抱起宝宝,面朝下俯卧于网缆中,引导宝宝抬起头。轻轻前后摇晃网缆五次,抱起宝宝离开网缆。

教师示范竖抱桶游戏的操作,将宝宝抱上竖抱桶,让宝宝胸腹部紧贴竖抱桶,双脚分开夹住竖抱桶,双手紧紧抱住竖抱桶,脸侧贴。成人护住宝宝背部,前后轻轻摇晃竖抱桶五次,左右摇摆五次(注意是宝宝的前后左右方向),最后轻轻旋转竖抱桶五圈。

教师示范横抱桶游戏的玩法，抱着宝宝跨坐上横抱桶，双脚分开，让宝宝背靠自己。成人带动宝宝一起做前后左右的摇晃各五次，注意成人双脚不可离地。随后让宝宝独自坐在横抱桶上，双手抓住绳子，做前后左右的摇晃各五次，成人保护宝宝的安全。最后，让宝宝趴下，俯卧在横抱桶上，脸侧贴，双手环抱横抱桶，双脚夹住横抱桶，做前后左右摆动各五次。

所有宝宝分为三组完成三个游戏，每一组练习五分钟，然后进行轮换。

家长指导语：网缆、竖抱桶、横抱桶都属于A字架项目，他们可以在A字架上进行游戏，也可以独立地设计游戏。A字架上的游戏对宝宝的综合感统能力提升起重要作用，旋转、摇摆的玩法都能很好地刺激宝宝的前庭觉、本体觉与触觉。家长要注意有的宝宝肌肉力量不足，不能很好地抱住竖抱桶，我们可以用一根丝巾兜住宝宝的腰背，谨防宝宝从竖抱桶上跌落。同时，家长一定要按照教师的示范规范操作，保证宝宝的安全。

（三）活动结束环节

以寂静欣赏和下课歌结束课程。

四、家庭延伸活动

（1）在家用毯子为宝宝玩秋千游戏，可以模仿网缆的玩法。

（2）多带宝宝去户外进行钻爬、翻滚与行走、跑动的运动。

（3）练习双脚交叉上楼梯。

方案四　小不点去冒险（16~18个月）

一、活动目标

（一）家长学习目标

（1）能掌握相关器械的操作方法和要领。

（2）能在教师的引导下将课堂器械与日常生活结合进行思考与探索。

（二）幼儿发展目标

（1）能灵活敏捷地钻爬、翻爬，能准确地发现目标、分辨颜色等。

（2）在活动中表现出一定的秩序感、专注力、观察力、比较的能力。

二、活动准备

（1）感统训练器械：手印脚印板、奇智圈、跨越竿、沙包、跨栏、触觉盘、横抱桶、大滑梯、大龙球。

（2）其他辅助材料：水杯、彩色宝石道具、彩色小框、音乐碟。

三、活动过程

(一)教师揭示教育价值

今天的课程中,万象组合与器械分组的项目设计都有细微的变化,但对于宝宝来说也许是他们感统能力往前走的一大步。因此,请大家认真地学习活动方案,按照老师讲解的操作方法,严格地执行。每一次的课程,宝宝对于新变化都会有一个接受和适应的过程,家长需要跟随教师学习与该年龄段宝宝有效沟通的方式、语言的模式,让宝宝能情绪良好地完成所有活动,感统课程才能起到最好的效果。

(二)活动中心环节

1.暖场活动:围圈圈

参照之前的暖场活动。

2.活动操作环节

(1)游戏一:万象组合"冒险岛寻宝"

教师行为:"今天我们要去冒险岛寻宝了,冒险岛有好多五彩缤纷的宝石,让我们一起去找到它们吧。"随后依次示范本次万象组合的行走路线及游戏方式,讲述活动目标。

万象组合

①行走触觉盘。

教师介绍活动的目的:训练宝宝的触觉、前庭觉和本体觉,促进宝宝平衡性与肢体协调能力发展。

教师示范将触觉盘放在左右两个方向,宝宝从触觉盘上走过,左侧圆盘需要用左脚踩,右侧圆盘用右脚踩。

家长注意宝宝向前走时,需保持身体平衡,引导宝宝头尽量抬起看前方,同时可以适当辅助,帮助宝宝保持身体平衡。

行走触觉盘

②跟着手印脚印板走。

教师介绍活动的目的：训练宝宝的触觉与本体觉，锻炼宝宝的视觉分辨能力。

教师示范，以一排手印板一排脚印板为摆放方式，第一排为手印板，先将手掌紧贴到手印板上。后面每一排的脚印板均用单脚踩上去，练习单脚跨走动作。家长注意引导宝宝单脚跨走，保持身体平衡。

跟着手印脚印板走

③跨钻奇智圈。

教师介绍活动的目的：训练宝宝的本体觉，发展大动作，促进肢体协调能力发展。

教师示范蹲下，以手膝爬的方式钻过奇智圈，奇智圈离地面10厘米，膝盖抬起跨过奇智圈。

家长注意引导宝宝钻圈的时候身体尽量不要碰到奇智圈，膝盖尽量抬高跨过奇智圈

跨钻奇智圈

④投放沙包。

教师介绍游戏的目的：锻炼宝宝小肌肉、视觉分辨能力与手眼协调能力。

教师示范抓起沙包，一次只能抓一个沙包。将抓起的沙包根据颜色投放进相应颜色的圈内。

投放沙包

⑤蹦床辅助坐弹。

教师介绍游戏的目的：训练宝宝的前庭觉与本体觉，降低触觉防御。

教师示范,模仿宝宝双脚盘坐在蹦床中间,双手放于大腿两侧。再示范成人一只脚踩在蹦床上用力上下颠颤,辅助宝宝进行坐弹运动。

家长注意颠颤的力度,以宝宝能够基本维持身体坐姿平衡为目标,也可以适当加大颠颤力度,同时辅助宝宝维持平衡。

蹦床辅助坐弹

⑥爬过障碍物。

教师介绍活动的目的:训练宝宝的本体觉,锻炼宝宝肢体的协调运作能力。

教师示范趴在地上,双手向前伸,以腹爬的方式用力向前爬。

家长注意引导宝宝在爬行过程中手脚的协调运作。

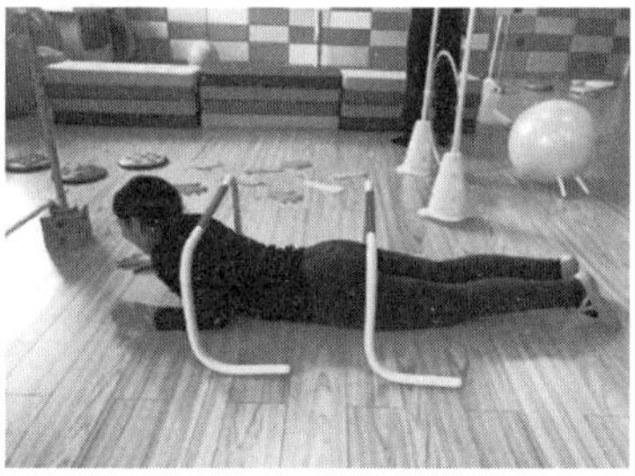

爬过障碍物

⑦跨栏。

教师介绍活动的目的:锻炼宝宝的本体觉,练习跨走的动作。

教师示范单脚跨过跨栏,脚不能触碰到跨栏。

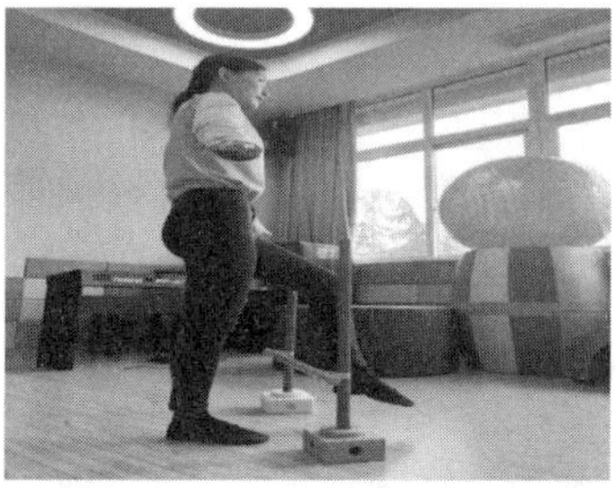

跨栏

⑧走平衡木。

教师介绍活动的目的:训练宝宝的前庭平衡与本体觉。

教师示范走平衡木时,要脚尖对着脚跟向前走,双眼平视前方,双臂侧平举。

家长可以辅助宝宝双臂举起，但不要用太多的力在宝宝身上，尽量让宝宝独立地行走并保持身体平衡。

走平衡木

家长指导语：给每位家长分发一个带颜色的小框，引导宝宝听到音乐后按路线正确行走，每完成一个项目就找到自己需要收集的海洋球。捡起海洋球放到成人的篮子里。家长引导宝宝排队按秩序进行游戏，按照教师的要求，严格执行每一项器械的规范操作方法。

(2) 游戏二：放松练习"跳跳海洋球"

教师行为：教师介绍游戏的目的是让宝宝在运动后得到肌肉的放松，提高宝宝的触觉学习，同时稳定宝宝情绪，给予宝宝休息的时间；陶冶宝宝的音乐情操，培养宝宝聆听的习惯。

教师营造昏暗舒适的环境，播放宝宝摇篮曲，示范用海洋球随音乐节奏拍打、滚动、摩擦宝宝身体，每换一个部位就换一种颜色的海洋球，增添宝宝的视觉刺激。教师全程指导家长完成，关注宝宝的状态。

家长指导语：家长在教师的指导下，用海洋球轻轻拍打抚触宝宝的四肢、胸腹、背腰、脖子、脸颊，每一个动作都要跟随音乐的节奏，让宝宝在拍打抚触的过程中感受音乐节拍律动。做游戏的时候看着宝宝的眼睛，与宝宝互动，调动宝宝的情绪，让宝宝主动地参与游戏。拍打结束后，给宝宝水杯，让宝宝练习自己端杯喝水

(3) 游戏三：器械练习"大冒险"

教师行为："冒险岛里的冒险乐园有好多有趣的冒险游戏，我们都是小小冒险家，一起来一次大冒险吧。"

教师示范俯冲大滑梯的方法，将滑板轻轻地放在大滑梯上，让仿真宝宝胸腹部趴在滑板上，双脚并拢绷直，头抬高，双手背在背上，成人紧握滑板辅助宝宝下滑到离地面三分之一处放手，让宝宝自由下滑。

俯冲大滑梯

教师示范双人横抱桶的游戏方法，将两位宝宝抱上横抱桶，双脚分开，背对背坐在横抱桶上，宝宝紧紧抓住横抱桶两侧的绳子，做前后左右摇摆各10次。让宝宝趴下俯卧于横抱桶上，带动宝宝前后左右摇晃各10次。

摇晃横抱桶

教师示范仰躺时推拉大龙球的方法，家长协助宝宝站立在大龙球的旁边，先让宝宝摸球适应。在宝宝不害怕以后，双手穿过宝宝腋下，帮助宝宝仰卧在大龙球上，轻轻滚动球。在宝宝情绪稳定的情况下有规律地轻轻地滚动大龙球。

教师指导家长与宝宝分三组进行，每五分钟交换。

仰躺位推拉大龙球

家长指导语：大滑梯的俯冲加入了宝宝的自由下滑练习，可以锻炼宝宝的胆量，使其大胆尝试新事物，同时对前庭的刺激更大了。如果宝宝害怕，出现排斥，家长不能强求，依然延续之前的练习方法，全程不可放手。大龙球仰躺可以锻炼宝宝的重力感，改善宝宝的重力不安。

（三）活动结束环节

以寂静欣赏和《下课歌》结束课程。

四、家庭延伸活动

家庭中准备大龙球，在家庭中根据课程中大龙球项目为宝宝做练习。大龙球是前庭失调宝宝特别排斥的一项活动，需要用比较长的时间让宝宝接受与适应。但大龙球又是改善前庭功能与本体功能非常重要的器械，因此，需要在日常生活中经常带宝宝练习。同时可以让宝宝多拍打和抚摸大龙球，降低恐惧感，增加趣味。

方案五 胡萝卜农场(19~21个月)

一、活动目标

(一)家长学习目标

(1)掌握相关器械的操作方法,能根据此年龄段幼儿的身心发展特点做出适当的引导。

(2)能正确应对此年龄段的宝宝在活动中的反应,调控自身情绪焦虑,恰当对待幼儿的活动节奏。

(二)幼儿发展目标

(1)能较好地完成观察任务,达成视觉、触觉、嗅觉、听觉等多重感觉发展。

(2)能适应大陀螺等感统环节中的练习。

二、活动准备

(1)感统训练器械:手印脚印板、奇智杆、奇智砖、有颜色的海洋球及不同颜色的奇智圈、平衡步道、羊角球、平衡木、大陀螺、小滑板、大滑梯、大龙球、按摩圈、锥形桶。

(2)其他辅助材料:胡萝卜教具、小水盆、凉水、热水、小毛巾、密封袋、音乐碟。

三、活动过程

(一)教师揭示教育价值

对于该年龄段幼儿,依然是以前庭觉训练为主,辅以触觉与本体觉训练,因此在这堂课中,我们以“找胡萝卜—清洗、包装胡萝卜—带胡萝卜”为故事主题,让宝宝完成一系列感觉器官及神经系统的训练项目,既对三大觉进行刺激,同时也锻炼大动作与精细动作、语言能力等,同时在活动过程中提升亲子互动的能力。

(二)活动中心环节

1.暖场活动:围圈唱歌

教师行为:歌唱《幸福拍手歌》,引导宝宝打节拍。唱到歌词中的“拍拍手”“跺跺脚”时,拍手或者踏脚。用肢体语言引导宝宝一起完成围圈的暖场律动,随后进行点名唱名的活动。

家长指导语:家长调动宝宝兴趣,引导宝宝参与律动。在点名唱名活动中,当教师点到宝宝名字的时候,让宝宝举手答到。

2.活动操作环节

(1)游戏一:万象组合“萝卜农场”

教师行为:“今天,老师要带大家去萝卜农场挖萝卜,我们出发啦!我们要在农场玩八个游戏，宝宝每完成一个游戏就可以获得一个胡萝卜，收集完所有的胡萝卜就放在爸爸妈妈的篮子里。”

万象组合

①跟着手印脚印板走。

教师介绍活动的目的：训练宝宝的触觉、前庭觉及对左右手的分辨，练习跳跃的动作。

教师示范将两个颜色一样的脚印板摆放在一起，左右脚按方向摆放好，双脚同时跳到脚印板上。不同颜色的单脚印板前后摆放，对应左右脚跨走。脚印板中间摆放不同颜色的手印板，将左右手对应贴上去。

家长注意引导宝宝对应地面手印脚印板摆放方式操作，辅助宝宝区分左右手脚。

跟着手印脚印板走

②跨越障碍。

教师介绍活动的目的：训练宝宝的前庭平衡与本体觉。

教师示范单脚抬高，跨过高奇智杆，保持身体平衡，不能将奇智杆弄倒。家长可以适当辅助宝宝在跨越和单脚站立时保持身体平衡。

跨越障碍

③钻爬奇智圈。

教师介绍活动的目的:训练宝宝的前庭觉与本体觉。

教师示范,采用手膝爬的姿势钻过奇智圈。

钻爬奇智圈

④跪爬平衡步道。

教师介绍活动的目的:训练宝宝的触觉和本体觉,锻炼四肢协调能力。

教师示范双腿跪在平衡步道上,双手向前放在平衡步道上,双手用力向前爬,直到爬完整个平衡步道。

家长注意在爬行过程中,两岁的宝宝可能会感觉有些疼痛,这时候成人要注意在旁对宝宝进行鼓励,帮助他们一起爬完平衡步道

跪爬平衡步道

⑤巅颤羊角球。

教师介绍活动的目的:训练宝宝的运动觉与前庭觉。

教师示范坐在羊角球上,双手抓紧羊角球的两只角,双腿夹紧羊角球,身体带动羊角球做上下颠颤10次。

家长可以辅助宝宝做上下颠颤的动作,帮助宝宝的身体在羊角球上保持平衡,防止跌落。

巅颤羊角球

⑥旋转大陀螺。

教师介绍活动的目的：训练前庭觉与本体觉，帮助宝宝感受重力感，锻炼身体肌肉力量。

教师示范将仿真娃娃放在大陀螺里，双手抓紧大陀螺的两侧，双脚脚心对脚心，背靠大陀螺。成人抓紧大陀螺两侧，慢慢做10圈360度旋转。

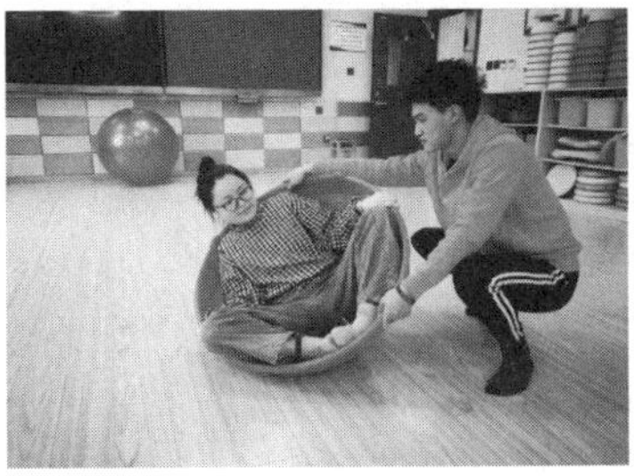

旋转大陀螺

家长注意，失重感会让前庭功能失调的宝宝感到恐惧和不适，一旦发现宝宝有所不适请调整旋转的速度，或立即停止活动。

⑦行走平衡木。

教师介绍活动的目的：训练宝宝的前庭平衡与本体觉。

教师示范将两块平衡木平直摆在地上，双臂侧平举，脚跟对脚尖，双眼平视前方，保持直立走过平衡木。

家长注意在走的过程中，宝宝不要去看自己的脚，眼睛要向前看，能力较好的宝宝可以用奇智砖加高平衡木的高度。

行走平衡木

⑧坐在滑板上套圈。

教师介绍活动的目的：训练宝宝的前庭觉与本体觉，锻炼宝宝的视觉分辨能力与手眼协调能力，同时抓握触觉圈可以刺激宝宝的触觉。

教师示范盘腿坐在小滑板上，另一人在后面轻推前行。沿途放几个不同颜色的按摩圈和锥形筒。成人在宝宝的身后轻推宝宝前行过程中，拿起不同颜色的按摩圈分别套在不同颜色的锥形筒上。

家长注意引导宝宝，左侧的教具用左手操作，右侧的教具用右手操作。

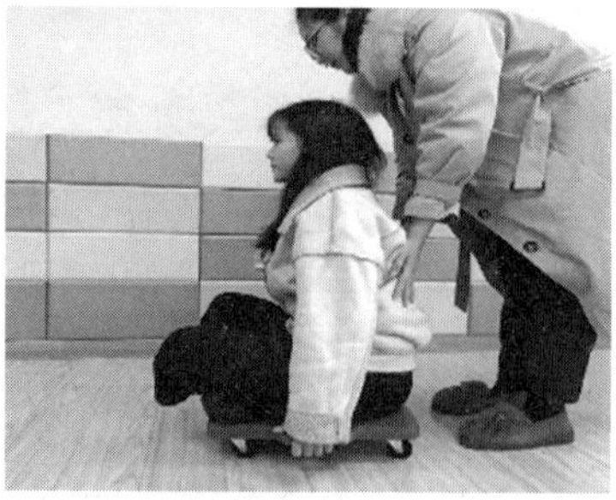

坐在滑板上套圈

家长指导语：家长引导宝宝排队按秩序进行游戏，手提篮子，协助宝宝完成胡萝卜的收集。适时调动宝宝的情绪，耐心地对待宝宝。

(2) 游戏二：亲子游戏“洗一洗、包起来”

教师行为：“我们都找到了胡萝卜，现在我们一起给胡萝卜洗洗澡，把它们变得干干净净。”激发宝宝的参与兴趣。

教师示范用小盆装凉水带宝宝一起洗胡萝卜，然后在盆里加入温热水，再洗一次胡萝卜，再加入热水，第三次洗胡萝卜，洗完胡萝卜用小毛巾擦一擦。给胡萝卜洗完澡，让我们用水彩笔给每一根胡萝卜点上小眼睛。打开密封袋，把胡萝卜依次装进不同的袋子里，用小手捏一捏，捏紧密封条。

在这个过程中，一边完成动作，一边对宝宝说出凉水、温水、热水、洗一洗、毛巾、擦擦、袋子、捏捏等词语。

家长指导语：洗胡萝卜的过程分为三次，每一次的水温都不同，是逐渐加热的，通过水温的变化可以让宝宝感知冷热，刺激宝宝的触觉。在整个洗胡萝卜的过程中，引导宝宝用小手搓洗胡萝卜，把胡萝卜包在毛巾中擦拭，在将胡萝卜装进密封袋的时候协助宝宝对准密封条的封口，引导宝宝用手指用力捏紧封条口。整个活动可以锻炼宝宝的手指、手腕的灵活度与力度，以及手部动作的协调性。

(3) 游戏三：滑梯游戏“我把胡萝卜带回家”

教师行为：“我们的宝贝们都把胡萝卜洗得干干净净了，宝贝们，你们吃过胡萝卜吗？可好吃了，刚才农场的主任对老师说，只要宝贝们完成了农场的冒险游戏，就可以把美味的胡萝卜带回家了。”

教师示范将滑板轻轻地放在大滑梯上，让宝宝胸腹部趴在滑板上，双脚并拢绷直，头抬高，双手放于滑板的斜上方，放一根胡萝卜在宝宝背上，成人拉住滑板滑到离地面三分之一处，放手让宝宝自然下滑，让宝宝用手或头顶开拦在前面的大龙球，然后成人辅助宝宝似乌龟爬向锥形桶处，宝宝起身，把胡萝卜放到奇智杆做成的“胡萝卜加工厂”的门里，成人拿起滑板，带领宝宝绕锥形桶快步走，回到大滑梯旁，准备运送第二根胡萝卜。

滑梯游戏

在整个活动过程中，教师指导家长与宝宝分组排队依次进行，全程关注家长的操作方法以及宝宝的情绪与状态，并适时地进行干预，让宝宝学会等待。指导家长正确对待宝宝的反应，如何有效地进行安抚与鼓励，并提升宝宝的兴趣

家长指导语：滑板乌龟爬可以训练宝宝的前庭平衡觉与空间方位感，锻炼宝宝的颈肩背肌肉力量与平衡。肢体不协调、肌肉力量不足的宝宝可能会无法带动滑板，家长要用双手轻推宝宝双脚，辅助宝宝前行。大滑梯俯冲推大龙球对宝宝面部正前方的刺激会比较大，家长要引导宝宝推球的时候睁开双眼。在整个游戏的过程中，家长要引导宝宝遵守秩序，排队进行，在宝宝出现不遵守秩序的行为时，要把宝宝请回队伍中，并用语言告诉宝宝：请等待，排好队，遵守秩序好宝宝。

（三）活动结束环节

以寂静欣赏和下课歌结束活动。

四、家庭延伸活动

（1）在地上铺上小垫子，让宝宝俯卧在垫子上，家长跟宝宝玩俯卧推大龙球或小皮球的游戏。

（2）让宝宝参与家务，帮妈妈清洗蔬菜。

（3）家长多给宝宝讲故事，并让宝宝回答关于故事的简单提问。

方案六　我是灵活的小宝贝（22～24个月）

一、活动目标

（一）家长学习目标

（1）能在万象组合环节辅助宝宝进行视觉分辨，锻炼手眼协调能力、动作计划能力。

（2）了解并掌握新的器械操作项目，如乌龟穿过纱巾、站立大龙球与网缆投掷。

（3）建立利用日常生活中的契机来为宝宝做触觉训练的意识。

（二）幼儿发展目标

（1）能巩固已经学习的项目，并适应新项目的尝试。

（2）能表现出动作的计划性与秩序感，能参与左右脑协调的训练。

二、活动准备

（1）感统训练器械：羊角球、奇智杆、大滑梯、小滑板、大陀螺、隧道、手印脚印板、平衡步道、大龙球。

（2）其他辅助材料：擀面杖、水、坐垫、布筐、有颜色的布球、不同类型的凳子、A字架网缆、纱巾、音乐碟。

三、活动过程

（一）教师揭示教育价值

今天我们会学习新的项目操作，新的项目会给予宝宝新的感官刺激，但它们的最终目的依然是刺激宝宝的神经系统，项目的变化会让感觉刺激更丰富，同时操作也是一如既往的严谨，请大家跟随我一起学习。

（二）活动中心环节

1.暖场活动

参考前面的暖场活动。

2.活动操作环节

（1）游戏一：万象组合“我是灵活的小宝贝”

教师行为：“我们的宝贝们通过练习，动作越来越灵活了，今天我们就在万象组合中来考验一下大家，看看我们的宝贝们能不能又快又好地完成。”教师对项目进行示范，一边操作一边讲解每一个器械的规范操作方法与游戏目的。

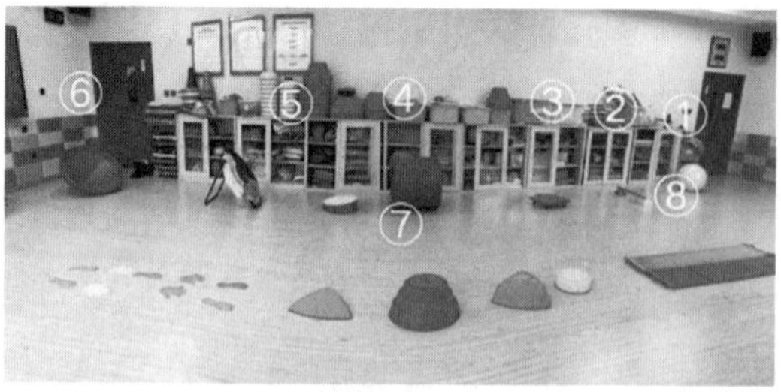

万象组合

①兔子跳。

教师介绍游戏的目的：训练宝宝的前庭觉与本体觉，锻炼宝宝的弹跳能力。

教师示范两手握住羊角球的把手，骑坐在羊角球上，双腿夹紧羊角球。骑着器械跳跃前进到下一个项目处。

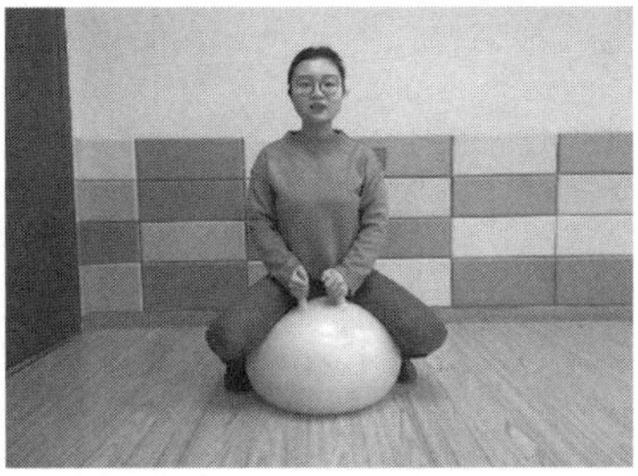

兔子跳

家长注意在宝宝跳羊角球的过程中，防止宝宝重心靠后发生后仰翻的情况，如果宝宝双脚无法跳离地面，也可做大幅度的上下颠颤。

②跨栏跳。

教师介绍游戏的目的：可以通过跳跃刺激前庭感受器，训练宝宝的本体觉，促进动作计划能力发展。

教师示范与栏杆保持一定距离，两手用力，半蹲后向前跳，双脚跳过奇智杆。

家长注意保护宝宝的安全，防止宝宝跳跃时高度不够被绊倒。

跨栏跳

③乌龟爬。

教师介绍游戏的目的：刺激宝宝的前庭觉，锻炼宝宝颈肩背肌肉力量与平衡，锻炼肢体协调性。

教师示范将身体俯卧在滑板上，胸腹部紧贴滑板。头抬高，双脚并拢绷直。双手分开，手掌贴地，向前划动。

家长需要辅助宝宝做滑板爬行，爬行过程中帮助宝宝把腿并拢，引导宝宝前爬。

乌龟爬

④钻隧道。

教师介绍该游戏的目的：训练宝宝的本体觉与触觉，锻炼四肢动作的协调性。

钻隧道

教师示范将器械横放在地面上，保持其固定位置。用腹爬的方式从一侧钻到另一侧。

家长注意，宝宝在通过有限空间时，会因为缺乏安全感而产生排斥，家长需要在隧道的另一端引导宝宝爬过隧道。

⑤定点投篮。

教师介绍该游戏的目的：锻炼宝宝的手眼协调能力、动作计划能力，同时训练宝宝的视觉功能。

教师示范坐在坐垫上面向篮筐。将同色的布球投进同色的布袋里，每位宝宝投五个球。

家长帮助宝宝判断身体与篮筐的位置，注意需要将布球投到指定色彩区域，眼随球动，训练视觉能力，并且在游戏中引导宝宝调整投掷动作的力度与方向，促进动作计划能力发展。

定点投篮

⑥转陀螺。

教师介绍该游戏的目的：训练宝宝本体觉与重力感，锻炼全身肌肉的协调性与力量。

教师示范大陀螺的操作方法。旋转五圈后停下，换方向转五圈。

家长注意在操作过程中协助宝宝进行旋转，不可让大陀螺在旋转过程中自由落体，注意保护宝宝的头部。

转陀螺

⑦翻山越岭。

教师介绍该游戏的目的：训练宝宝的前庭觉、本体觉与触觉，锻炼宝宝空间感。

教师示范，对应着手印板和脚印板的摆法前进。走完手印脚印板后按S形曲线绕行过河石。

(1)

(2)

翻山越岭

⑧匍匐前进。

教师介绍该游戏的目的：训练宝宝的触觉与本体觉，锻炼宝宝的肢体协调性。

教师示范全身紧贴在平衡步道上，用腹爬的方式用力向前推进。

家长注意在宝宝爬行的过程中帮助宝宝固定好平衡步道，引导宝宝维持腹爬的方式完成爬行。

匍匐前进

家长指导语：本次万象组合的重点在于速度提升训练，锻炼宝宝的动作灵活性。万象组合为一圈，家长引导宝宝排队按秩序进行游戏，每隔三个项目出发一位宝宝，依次进行。每位家长记录下宝宝完成一圈的时间。完成第一圈后，休息两分钟完成第二圈，家长在辅助宝宝规范完成操作的基础上，引导宝宝加快速度，并记录下第二圈的时间。整个万象组合完成后，家长要肯定宝宝在速度方面的进步，为宝宝鼓掌。

（2）游戏二：放松按摩“做饺子”

教师行为：教师介绍该游戏的目的：帮助宝宝放松肌肉，调节情绪，同时对宝宝进行触觉训练。

教师播放音乐，示范操作的方法，跟随音乐节奏为宝宝进行四肢的按摩，按摩的过程为模拟做饺子的步骤和手法：“过大年，吃饺子，宝宝爱吃大饺子。放大盆，倒面粉，加点水，揉一揉。揉！揉！用力揉！”（注意揉的力度可以逐步加重，四肢及胸腹背部都要揉）；“加点水揉一揉”（往宝宝的小脸或小手上轻洒水）；“把面团搓长条，搓搓搓”（用手掌搓宝宝的四肢）；“切成段,切切切"(用双手切宝宝的身体各部位);"擀面皮了!"(用擀面杖在宝宝的背部、四肢滚压);"剁馅!"(双手快速地在宝宝的身上剁打);"包上馅,捏紧皮,捏一捏呀捏一捏!"(双手手指轻轻捏宝宝的肌肉)。

家长指导语:家长在教师的指导下,用做饺子的方式给宝宝做触觉游戏,动作要跟随音乐的节奏节拍,让宝宝感受到动作的节奏律动。

(3) 游戏三:分组游戏"乌龟穿过纱巾""站立大龙球""网缆投球"

教师行为:"我们的宝宝已经玩过大滑梯游戏、大龙球游戏和网缆游戏了,但今天,这三个游戏宝宝对老师说,它们又有了新玩法,现在老师就来教宝宝们玩新游戏。"

教师示范乌龟穿纱巾游戏,将滑板轻轻地放在地上,胸腹部趴在滑板上,双脚并拢绷直,头抬高,双手用力连续向前滑行。家长在前方牵纱巾,引宝宝滑板爬行穿过纱巾,在纱巾中进进出出。

乌龟穿过纱巾

教师示范站立大龙球的游戏,成人协助宝宝站立在大龙球的旁边,先让宝宝摸球适应。在宝宝不怕以后,双手穿过宝宝腋下,轻轻把宝宝抱上大龙球,站立在大龙球上。在宝宝情绪稳定的情况下进行平衡站立练习,然后双手夹住宝宝腋下,做站立颠颤练习。

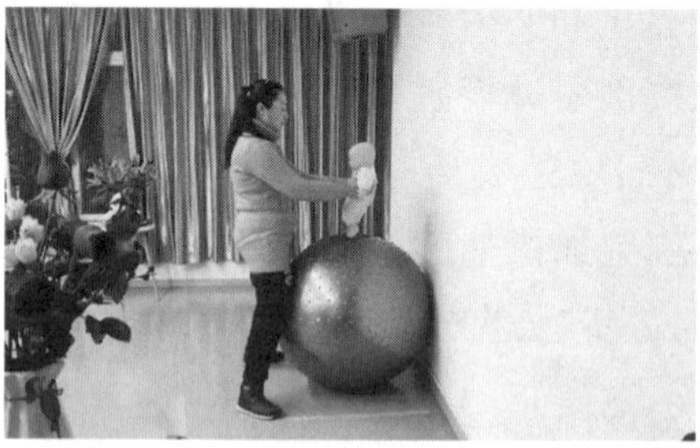

站立大龙球

教师示范网缆投球游戏,胸腹部趴在网缆之上,双脚并拢绷直,头抬高,双手握球放于胸前,摇摆网缆10下后投球,把球投进前方的圈里,球从圈里蹦出,引导宝宝进行视觉的追踪。

教师将宝宝分组,每五分钟各组进行一次轮换,确保每一位宝宝三个项目都能做到。

网缆投球

家长指导语：乌龟爬穿纱巾可以刺激宝宝的前庭觉与触觉，很多宝宝在穿纱巾的时候会闭眼、偏头或用手掀开纱巾。所以在宝宝爬行穿纱巾的时候，家长要引导宝宝睁开眼睛，头摆正，用脸的正前方拂穿过纱巾。一定要在墙角站立大龙球，这样可以更好地固定大龙球，保证宝宝的安全。网缆投球可以训练宝宝手眼协调能力、投掷能力与动作计划能力。宝宝可以在网缆前后摇摆的过程中投球，也可以在摇摆完成后投球。宝宝只需要投就可以了，不一定要投进去。

（三）活动结束环节

以寂静欣赏和下课歌结束课程。

四、家庭延伸活动

（1）多带宝宝去户外进行钻爬、翻滚、行走、跑动的运动。

（2）练习双脚交叉下楼梯，单脚站立和抛球游戏。

（3）与宝宝玩纱巾躲猫猫的游戏，让纱巾接触到宝宝的脸。

（4）在家与宝宝玩投掷游戏，把家里的小物件或小玩具投到指定的篮子里。

方案七　你在哪里呀（24~30个月）

一、活动目标

（一）家长学习目标

（1）掌握已有项目的进阶操作，确保每一个项目的操作都规范。

（2）能在生活中依据相同原理探索日常生活中的感统练习方法。

（3）能关注宝宝的表情，并能主动调动宝宝的表情表达。

（二）幼儿发展目标

（1）能有意识地对教师示范的动作进行学习模仿。

（2）能较主动地表达自己的情感，表现出自信心的提升。

二、活动准备

（1）感统训练器械：万象组合、水果道具、触觉垫、触觉套环、奇智杆、手印板、奇智圈、羊角球、奇智砖、平衡木、小滑板、大龙球(光面)。

（2）其他辅助材料：地垫、网缆、纱巾、音乐碟。

三、活动过程

（一）教师揭示教育价值

各位家长好，这节课在器械操作与项目设计上加大了难度，适应该年龄段课程的总体发展目标。各个环节强调规则与秩序，重视宝宝的社会性发展，强调合作能力的锻炼。能表达自己的感情，能灵活地做表情。在万象组合环节，加入了宝宝的记忆能力训练。

（二）活动中心环节

1.暖场活动：你在哪里呀

教师行为：教师将铃铛藏在教室的角落里，引导宝宝在带有疑惑情绪的音乐响起时一起去找铃铛并模仿皱眉着急的表情。在宝宝找到铃铛后播放欢快的音乐，让宝宝随音乐节奏一起高兴地拍手和踏脚，渐渐围到老师身边坐下。

家长指导语：带有不同情绪的音乐可以促进宝宝的情绪发展，音乐情绪的转换可以辅助宝宝学习情绪的转换。家长在整个活动过程中引导宝宝通过表情把感受到的情绪表达出来。

2.活动操作环节

（1）游戏一：万象组合“藏一藏、找一找”

教师行为：“今天我们要和水果们来一次躲猫猫，宝宝们要在玩游戏的过程中帮助水果宝宝们躲猫猫，但在完成所有游戏后要记得把水果宝宝们都找出来哦。”

①触觉垫上捡触觉套环。

教师介绍游戏的目的：刺激宝宝的触觉与前庭觉，训练宝宝平衡能力，提升肌肉力量，锻炼宝宝的视觉分辨能力与动作计划能力。

触觉垫上捡触觉套环

教师示范将三个颜色的触觉垫不规律地放在地上，在触觉垫旁摆放相应颜色的触觉套环；走上触觉垫左右脚交替踩三次，然后蹲下去捡起触觉套环，捏三下，再走到下一个触觉垫重复以上的过程。

家长注意宝宝在游戏的过程中双脚不要落地，要全程在触觉垫上完成。

②用触觉套环投掷奇智杆。

教师介绍游戏的目的：锻炼宝宝色彩分辨与手眼协调能力，同时可以刺激宝宝触觉。

教师示范站在触觉垫上，将刚才捡起的触觉套环根据颜色套进对应颜色的奇智杆上。家长可以根据宝宝的能力，调整奇智杆的距离，宝宝可以抛进去或是放进去。

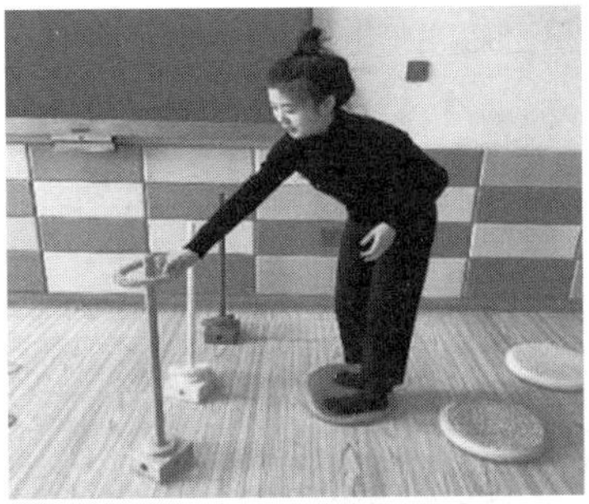

用触觉套环投掷奇智杆

③手掌爬行。

教师介绍游戏的目的：训练宝宝的触觉与本体觉，锻炼宝宝分辨左右手的能力。

教师示范以手膝爬的姿势完成，每对手印板的颜色一致，一组动作要在相同颜色的手印板上完成。

手掌爬行

家长注意引导宝宝在爬行过程中按照相同颜色为一组的手印板分辨左右手，并对应将左右手贴在手印板上。

④钻小奇智圈。

教师介绍游戏的目的：训练宝宝的前庭觉与本体觉。

教师示范将胸腹部整个靠近地面，从小号的奇智圈里钻过。

家长注意小圈对宝宝身体的控制度与动作的精细化要求更高，在钻圈的过程中提醒宝宝身体尽量不要碰到圈。

钻小奇智圈

⑤骑跳羊角球前进。

教师介绍游戏的目的:锻炼宝宝肌肉的力量,训练宝宝前庭觉与本体觉。

教师示范双手抓紧羊角球的羊角,双脚夹紧球,背挺直,双眼直视前方,蹦跳前行到下一个项目处。

家长注意宝宝在弹跳过程中要双腿离地,球体离地,要引导宝宝骑跳前行,不能只是原地蹦跳。

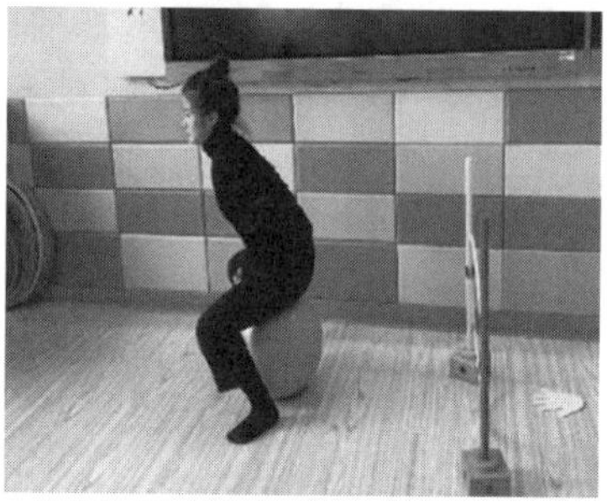

骑跳羊角球前进

⑥走斜面独木桥。

教师介绍游戏的目的:训练宝宝的前庭平衡能力。

用奇智砖将平衡木垫成斜面,教师示范双手平举,一步一步地走过平衡木,后一脚的脚尖对准前脚的脚跟,双眼平视前方,慢慢行走。走到尽头后双脚并拢跳下。

家长根据宝宝的能力,可以改变平衡木的高度和倾斜度。如果宝宝害怕,可以降低难度,并且成人可以进行牵手引导。

走斜面独木桥

⑦牵引旋转。

教师介绍游戏的目的:训练宝宝的前庭觉与本体觉,锻炼宝宝的身体肌肉力量与协调能力。

教师示范把滑板轻轻地放在地上,双腿盘坐在小滑板上,找准重心。成人紧紧拉住宝宝的手,以宝宝为轴心牵引滑板旋转。

家长在旋转过程中不可以自己为轴心旋转,提醒并且帮助宝宝背挺直,脚盘好,眼睛直视前方,注意调整重心。

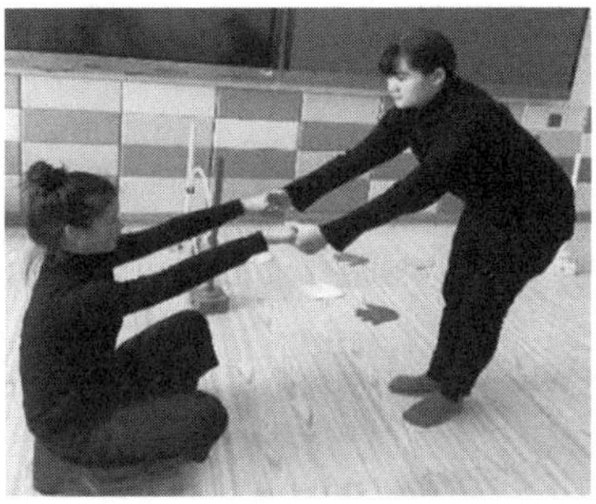

牵引旋转

家长指导语：本次万象组合在完成各个器械的过程中，还需要训练宝宝的记忆能力。家长需要带上各种水果教具，让宝宝取一个喜欢的水果，在走万象组合的过程中，每完成一个游戏环节就将水果藏在教室的某一个角落里。所有水果藏完之后，请宝宝凭记忆将它们都找出来。在这个过程中让宝宝自己藏水果与找水果，家长不干预。

（2）游戏二：亲子活动“光面大龙球按摩”

教师行为：请家长带领宝宝一起拼好地垫，并按秩序让宝宝并排趴在地垫上，用大龙球轻轻地按压和拍打宝宝的四肢、背部。然后翻过来仰躺做大龙球按摩，注意小男孩避开下身，小女孩避开胸部。教师全程关注宝宝的状态和情绪，指导家长安抚宝宝情绪。

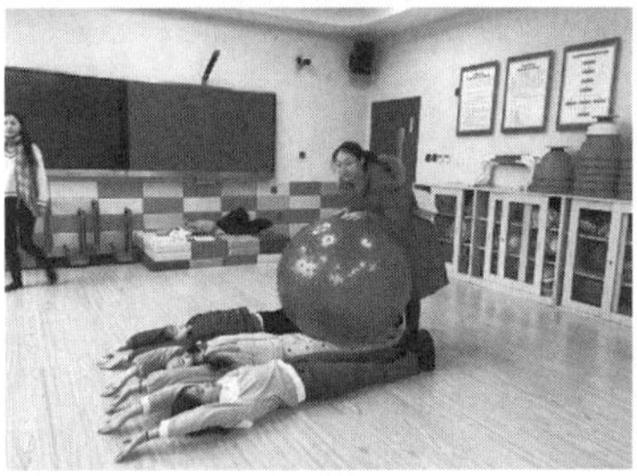

光面大龙球按摩

家长指导语：大龙球的按摩可以促进宝宝的触觉功能发展，家长引导宝宝和其他小伙伴一起合作拼地垫，发展宝宝的合作能力，促进社会性发展。然后引导宝宝并排俯卧在地垫上。在按摩的过程中，如果宝宝因为触觉敏感出现排斥的时候，家长要及时抚慰宝宝情绪。

（3）游戏三：分组器械游戏“躲猫猫”

教师行为：教师示范网缆躲猫猫组的玩法，让一位宝宝胸与腹俯卧在网缆中，抬头，双手打开，脚伸直并拢，家长轻轻前后摇动网缆，另一位宝宝坐在网缆正前方，用纱巾挡住脸，当网缆往前晃动时，家长拉开网缆，让两位宝宝躲猫猫。

躲猫猫

(4) 游戏四:踩提线高跷

教师行为:教师示范提线高跷的玩法,双脚踩上提线高跷,双手拉紧提线高跷的线行走,走到终点后可与家长做抛接球游戏,抛接球5个,然后回到原点,也可以让两位宝宝组合进行游戏。

网缆躲猫猫的时候,家长帮宝宝牵好纱巾,在网缆中宝宝向前摆动到纱巾面前时快速移开纱巾,露出纱巾后面的宝宝。待宝宝熟悉了之后,纱巾可以不动了,家长引导宝宝自己从纱巾的不同方向伸出头。

按照游戏项目将宝宝分为两组进行,每组八分钟,然后交换。

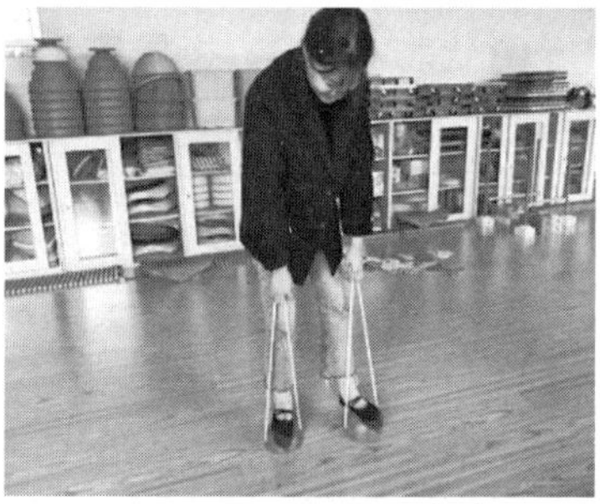

踩提线高跷

家长指导语:宝宝刚开始玩提线高跷的时候,常常无法拉紧提线高跷的线,家长可以站在宝宝身后,握住宝宝的双手,辅助宝宝拉紧线,在行走的过程中让高跷紧紧贴着宝宝的脚心,并且用语言告诉宝宝:"拉紧小绳子,让高跷像宝宝的鞋一样不离开宝宝的脚。"等宝宝掌握了动作,再逐步放手让宝宝自己完成。

(三)活动结束环节

教师以寂静欣赏和下课歌结束活动。

四、家庭延伸活动

(1)多带宝宝去户外进行钻爬、翻滚、行走、跑动的运动。

(2)多给宝宝做抚触按摩,用不同的材质进行抚触,每天5~10分钟,促进触觉的发展。

方案八 小动物们去旅行(28～32个月)

一、活动目标

(一)家长学习目标

(1)了解幼儿听辨声音训练活动的意义。

(2)掌握声音联觉活动的主要内容和操作方法。

(3)能用听辨音训练游戏在生活中为幼儿做练习游戏。

(二)幼儿发展目标

(1)听音辨音能力有所提高,联觉能力有所提高。

(2)能在活动中表现出主动积极、爱模仿、有自信心。

(3)视觉的追踪能力、手眼协调能力以及动作计划能力进步。

二、活动准备

(1)感统训练器械:手印脚印板、奇智杆、锥形筒、平衡步道、奇智圈、平衡木、小滑板、触觉球。

(2)其他辅助材料:打击乐器、有颜色的小球及筐、一般音乐碟、小皮球、动物头饰。

三、活动过程

(一)教师揭示教育价值

本节课在完成该年龄段总体发展目标的基础上,强调宝宝的听觉功能、模仿能力、表现能力的发展。课程共由三个环节的活动组成。

(二)活动中心环节

1.暖场活动:你是我的好朋友

教师行为:老师唱《找朋友》:“找呀找呀找朋友,找到一个好朋友,点点头呀握握手,××是我的好朋友。”呼唱宝宝的名字,唱到谁的名字谁就跟老师握手,手拉着手接龙寻找好朋友,最后所有宝宝手拉手围成圈。

家长指导语:该活动发展宝宝的社会性,提升宝宝的人际交往能力,在教师唱到宝宝名字的时候,引导和鼓励其主动上前与教师握手。

2.活动操作环节

(1) 游戏一:亲子活动“猜猜小动物”

教师行为:教师放音乐,让宝宝根据不同的音乐音响猜分别是些什么动物,模仿出这个动物的动作和叫声。然后把动物头饰分发给宝宝,引导宝宝找到一个自己的小伙伴一起做抛球游戏。

家长指导语:音乐的联觉作用可以促进宝宝的心理发展,同时练习将不同感觉通路收录到的信息进行整合。在游戏的过程中家长引导宝宝根据不同的音乐音响猜出对应的小动物,并且模仿小动物的动作和叫声,然后引导宝宝和其他小伙伴一起合作抛球。抛球的时候引导宝宝尽量把球抛高,并且将双手举高高,举过头顶接球,可以很好地刺激宝宝的前庭觉,锻炼视觉的追踪能力。

(2) 游戏二:亲子按摩“听觉触觉球”

教师行为:播放音乐,教师敲打不同的打击乐器,分别对应宝宝身体的不同部位——四肢、胸腹、背腰、脖子、脸颊,成人根据打击乐器的声音对应的身体部位,对宝宝用按摩球进行滚压。注意宝宝身体的位置与打击乐器的音高对应。越高音色的打击乐对应身体的越高位置,如脸、脖子。

家长指导语:不同的打击乐器对应不同的身体部位,高而亮的音色可以对应上身部位,低沉的音色可以对应下身部位。家长根据不同的打击乐音色对应宝宝不同身体部位进行滚压,不仅练习了宝宝的联觉能力,也锻炼了宝宝的听觉分辨能力。

(3) 游戏三:万象组合“小动物们去郊游”

教师行为:“现在我们的小动物们要一起去郊游了,今天我们要完成哪些游戏呢?大家先看老师做示范。”

万象组合

①跟着手印脚印板跳。

教师介绍游戏的目的:训练宝宝的触觉、前庭觉,锻炼宝宝分辨手印脚印以及左右手、左右脚。

教师示范手印脚印板跳的完成方式,两个脚印板颜色一样,并排摆放,双脚同时跳。单脚印板摆放,对应左右脚跨走。沿途对应左右手印板,将手贴上去。家长辅助宝宝区别左右手和左右脚。

跟着手印脚印板跳

②匍匐后退。

教师介绍游戏的目的：训练宝宝的前庭觉与本体觉，锻炼肢体的协调性。

教师示范胸腹部整个贴在地面，以腹爬的姿势从奇智杆下后退钻过。家长注意引导宝宝后退的动作，将奇智杆高度根据宝宝身高做出适当调整，避免宝宝撅起屁股将奇智杆碰掉。

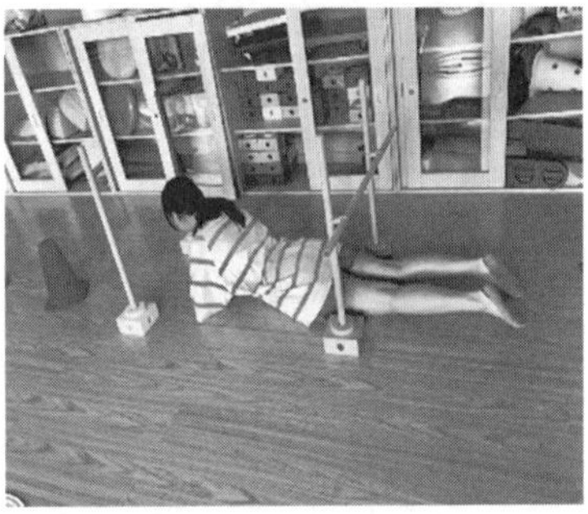

匍匐后退

③绕圈障碍走。

教师介绍该游戏的目的：训练宝宝的前庭觉、平衡觉与本体觉。

教师示范眼睛平视前方，呈S形绕走锥形筒，每走到一个锥形桶前绕桶走两圈。家长引导宝宝走路线和绕圈。

绕圈障碍走

④翻滚平衡步道。

教师介绍游戏的目的：训练宝宝的触觉与前庭觉。

教师示范平衡步道翻滚的方式，同时指导家长在宝宝翻滚的过程中协助宝宝连续翻滚，中途不要有停顿。

翻滚平衡步道

⑤跳走奇智圈。

教师介绍游戏的目的：训练宝宝前庭觉与触觉，锻炼视动统合能力。

教师示范双脚跳进小奇智圈，连续跳跃。大奇智圈内摆有单脚脚印板，请宝宝单脚跨走。

家长注意奇智圈的摆放距离，应根据宝宝做出适当调整。

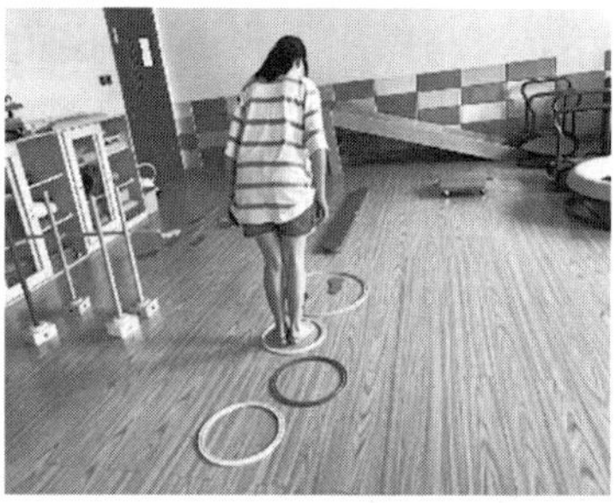

跳走奇智圈

⑥倒走平衡木。

教师介绍游戏的目的：训练宝宝的前庭平衡与本体觉，锻炼宝宝的空间感，锻炼身体的协调性与控制能力。

教师示范双手侧平举，眼睛平视前方，脚跟对脚尖往后退，平稳地通过平衡木。

家长注意在倒走平衡木的过程中，引导宝宝目视前方，不要回头去看身后的路，凭脚下的感觉来感知身体的位置。

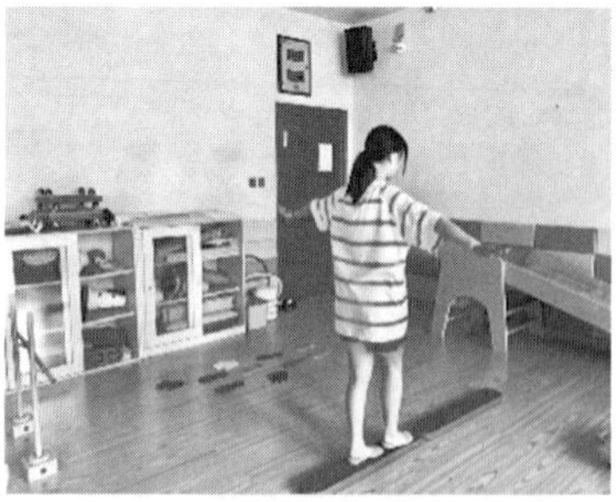

倒走平衡木

⑦小滑板S形牵引滑行。

教师介绍游戏的目的：训练宝宝的前庭平衡与本体觉。

教师示范把滑板轻轻地放在地上，双腿盘坐在滑板上，成人紧紧拉住宝宝的手，牵引滑板呈S形滑行。

家长注意在牵引的过程中,S形路线比较考验宝宝的身体控制能力,不能把宝宝从滑板上拖下来了。

小滑板S形牵引滑行

⑧坐滑板投球。

教师介绍游戏的目的:训练宝宝的本体觉,锻炼宝宝的动作计划能力与手眼协调能力,能进行颜色分辨与对应。

教师示范盘腿坐在小滑板上,保持不动。将有颜色的小球对应投掷进筐。

家长注意,在宝宝投掷的过程中,不要求宝宝一定要把球投进,投掷之前可以先与宝宝互动,让宝宝说出来,这是什么颜色的球,应该投到什么颜色的筐里。

坐滑板投球

家长指导语:家长带领宝宝观看教师示范行走路线及方式,引导宝宝排队按秩序进行游戏,按照老师的要求,严格执行每一项器械的规范操作。保证宝宝的安全,全程关注宝宝的状态与情绪,多与宝宝互动,协助宝宝愉快地完成所有项目。

(三)活动结束环节

通过寂静欣赏和下课歌结束活动。

四、家庭延伸活动

(1)在生活中玩模仿的游戏,可以让宝宝模仿家人的姿态,也可以模仿宝宝喜欢的动画片里的角色。

(2)用筷子敲击家中不同的碗碟,与宝宝一起听不同的敲击声。

方案九 贴五官(30~36个月)

一、活动目标

(一)家长学习目标

(1)掌握新的活动器械及其规范的操作方式。

(2)了解在日常生活中引导宝宝观察五官的方法。

(二)幼儿发展目标

(1)能在活动中表现出前庭觉、本体觉等相关能力的进步。

(2)愿意参与活动,兴趣较浓。

二、活动准备

(1)感统训练器械:手印脚印板、平衡木、奇智砖、奇智杆、奇智圈、独脚凳、平衡步道、蹦床、过河石、大龙球。

(2)其他辅助材料:沙包、篮筐、五官材料包、空白脸谱、音乐碟。

三、活动过程

(一)教师揭示教育价值

通过以五官为主题的各个活动环节来促进宝宝的观察能力与创造能力、语言能力的提升。同时,由于该年龄段的感觉刺激强度加大,请家长在课堂上认真学习各个感统教具的延伸活动操作,在生活中依旧要做到家庭迁移。

(二)活动中心环节

1.暖场活动:七步舞

教师行为:播放七步舞曲的音乐,引导大家跟随前奏音乐围成圈。教师带领大家跳七步舞,七步舞曲总共分为七个小乐段,每一个小乐段会多两拍,用于增加一个动作。七步舞的每一步动作都由教师来设计和带领,每一个乐段都必须先完成上一个乐段的动作再叠加新动作,以此类推,直到七个乐段(七个动作)全部完成。大家跳完七步舞后原地坐下,完成点名和唱名的活动。

家长指导语:七步舞曲的作用除了引起宝宝注意,为上课做热身准备之外,还可以锻炼宝宝的模仿能力与记忆能力,同时,教师所设计的每一步的动作都是对宝宝的前庭觉、本体觉或触觉起训练作用的,家长在跟随教师跳舞的时候,也需要学习对宝宝的感统能力发展起促进作用的动作设计。完成七步舞后,引导宝宝进行点名唱名活动,在活动中让宝宝答到,向大家问好,并且说出自己的名字、性别和年龄。

2.活动操作环节

(1)游戏一:万象组合“五官在哪里”

教师行为(教师拿出装有教具的小袋子,调动兴趣):“宝贝们,看,老师手里是什么呀?好多小袋子是吧!想知道这袋子里都有什么吗?我们一起来完成今天的闯关任务,获得小袋子吧。”

万象组合

①手印脚印板。

教师介绍游戏目的:训练宝宝的触觉、前庭觉与本体觉,锻炼双脚跳与单脚跳,锻炼分辨左右手。

教师示范手印脚印板的走法,两个相同颜色的手印脚印板并排摆放,双脚同时跳、同时摸。一个脚印板单独摆放时,用一只脚跳,一个手印板单独摆放时,宝宝辨别左右手并将手贴上。

家长引导宝宝跳脚印板的时候要对准脚印板,单脚跳时保持身体平衡,让宝宝自己区别左右手。

手印脚印板

②钻独木桥。

教师介绍游戏目的:训练宝宝的前庭觉与本体觉,锻炼宝宝的四肢协调能力。

教师示范身体俯卧地面,以腹爬的方式钻过两个平行摆放的独木桥。

家长注意引导宝宝胸腹部贴在地面,臀部不要翘起,辅助宝宝做好肢体协调动作。

钻独木桥

③旋转独脚凳。

教师介绍游戏目的:训练宝宝的前庭觉与本体觉,锻炼身体平衡能力。

教师示范坐在独脚凳上,双手平举或放于膝盖上,背挺直,眼睛平视前方,移动双脚做原地旋转。

家长辅助宝宝在独脚凳上坐稳,引导宝宝朝一个方向移动双脚,在原地旋转5圈后进行下一个项目。

旋转独脚凳

④坐独脚凳投篮。

教师介绍游戏目的:训练宝宝的前庭觉与本体觉,锻炼宝宝的动作计划能力与手眼协调能力。

教师示范保持平衡坐在独脚凳上,拿起面前各种颜色的球,分别投进相同颜色的框内,也可以根据口头指令进行投掷。

家长先引导宝宝随意投三个沙包,然后给出颜色指令让宝宝投掷,例如:请宝宝抓红色沙包,投到红色的框里。

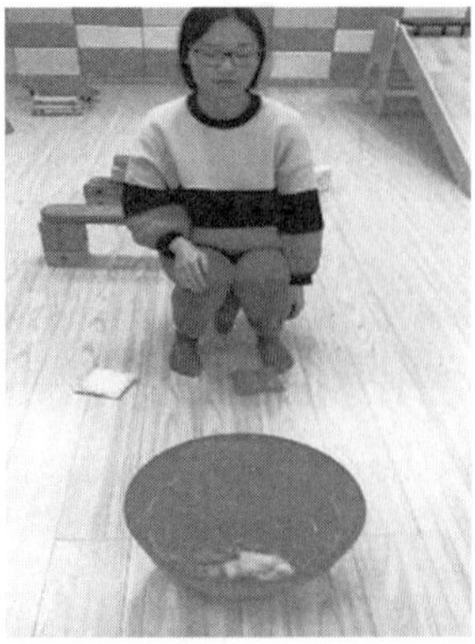

坐独脚凳投篮

⑤翻滚双排步道。

教师介绍游戏目的：训练宝宝的触觉与前庭觉。

教师示范横躺在步道上，双手举过头顶伸直，由步道的一端翻滚到另一端。

家长辅助宝宝连续地翻滚，中间不要停顿。

翻滚双排步道

⑥走过河石。

教师介绍游戏目的：训练宝宝的前庭觉、触觉与运动觉，锻炼宝宝的平衡能力。

教师示范从高低不同的过河石上面走过去，过河石的摆放距离拉开，高低错落，通过时注意保持身体平衡。

家长需要辅助宝宝在通过过河石的过程中，大步地上下跨走，保持身体平衡，不要从过河石上跌落。

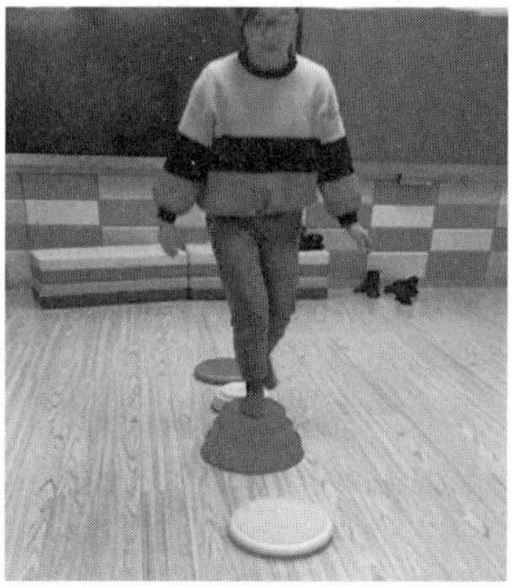

走过河石

⑦跳蹦床。

教师介绍游戏目的：训练宝宝的前庭觉、本体觉，降低触觉防御。

让宝宝站在蹦床上，成人站在蹦床下，拉住宝宝的双手，由宝宝自行蹦跳。

家长鼓励宝宝蹦跳的时候尽量跳高，让双脚跳离蹦床。跳十次后到下一个项目。

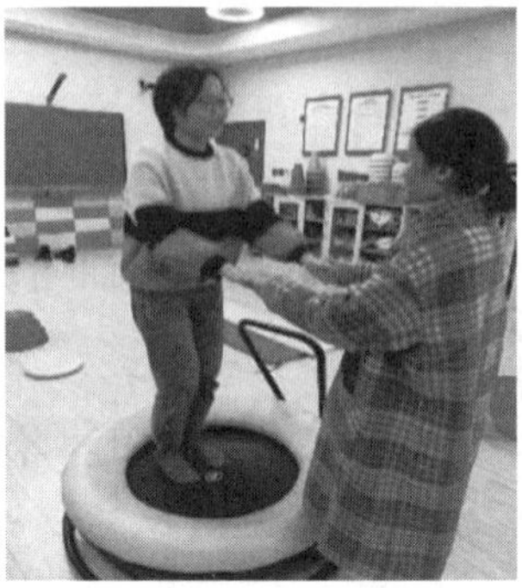

跳蹦床

⑧蹲钻奇智圈。

教师介绍游戏目的：训练宝宝的本体觉，锻炼身体的控制能力与肢体的协调运作能力。

教师示范蹲下，头先从奇智圈钻过去，然后是双手，双手钻过圈之后撑住地面，双腿依次跨过奇智圈。

家长注意宝宝身体尽量不要碰到奇智圈。

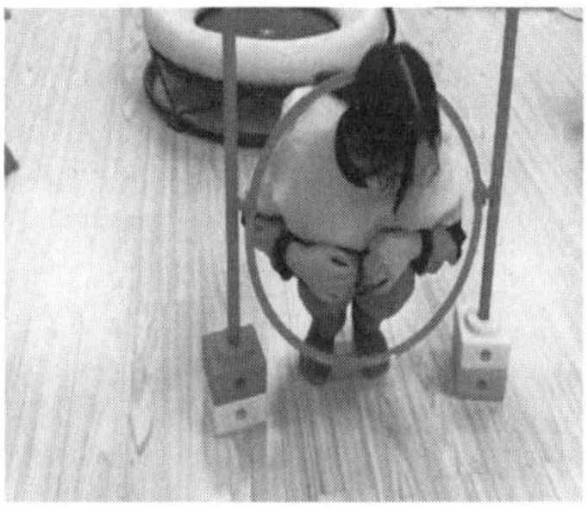

蹲钻奇智圈

家长指导语：关注每一个游戏动作的细微变化，辅助宝宝准确地完成所有项目，最后将获得装有不同五官的材料包。

(2) 游戏二：亲子活动“各种各样的脸”

教师行为：“我们的宝贝们都完成了闯关，得到了小袋子，来让我们一起看看里面是什么呀？……哇，好多鼻子、眼睛、嘴是吧，我们的宝贝们能拼出多少张不同的脸呢？”

教师指导家长协助宝宝拿出材料包，示范在空白的脸谱上用不同的五官拼出不同的脸，可以是不同年龄的，不同性别的。

家长引导宝宝模仿完成。可以和宝宝一起互动完成，也可以让宝宝之间相互协作完成。

每一张脸拼好了，家长与宝宝开展互动游戏，如引导宝宝用语言描述自己拼的是一个什么样的人以及所有和这张脸有关的事。成人可做必要的引导，但不做过多的干涉。

家长指导语：宝宝用不同的五官拼出不同的脸，可以锻炼宝宝的观察能力、创造能力与手部精细动作。宝宝与其他宝宝协作、互动，多用语言表述与交流，可以锻炼宝宝的语言能力，发展宝宝的合作能力，促进社会性发展。家长在整个活动的过程中不可包办替代，也不可过多地主导宝宝的思维，要让宝宝自己思考、创作，家长只能在游戏中鼓励和引导宝宝。

（3）游戏三：器械游戏“拼娃娃的脸”

教师行为：教师将宝宝的材料包进行交换，要求宝宝在完成器械的同时拼好娃娃的脸。让宝宝站在大龙球旁并用手抱住大龙球，教师扶住宝宝的腰滚动大龙球，由下往上将宝宝推上大龙球，让宝宝俯卧在大龙球上。双手抓住宝宝的双腿，向前推拉大龙球，引导宝宝埋头，双手向前摸地。让宝宝抓起地上的一个五官，然后让宝宝从大龙球上翻过去，跑到奇智杆处把五官贴到娃娃脸上，再跑回来做第二次，以此类推，直到把娃娃的脸拼好。

拼娃娃的脸

家长指导语：推拉、攀爬大龙球可以训练宝宝的本体觉与前庭觉，有助于提升宝宝的自信心与胆量。前庭觉的刺激与五官的拼贴活动对宝宝的创造力与思维逻辑能力都有帮助。因此在推拉的过程中，只要宝宝的双手能够碰触地面就停止推拉，并将宝宝的双脚往下放，让宝宝自己从大龙球上爬下去。

（三）活动结束环节

通过寂静欣赏和下课歌结束活动。

四、家庭延伸活动

（1）在家里互动《七步舞》游戏，可由家长来设计每一步的动作，动员家庭成员尽量参与。

（2）与宝宝玩表情游戏，家长做出各种面部表情来表达情绪，引导宝宝做各种面部表情，并用镜子让他看到自己的表情，同时引导宝宝用语言说出表情的名字和代表的情绪。

（3）多带宝宝参与集体活动，认识不同的脸、样貌，与其他宝宝互动、与成人互动，鼓励他在社交的过程中表达自己的想法和感受。

0~3岁婴幼儿感统
课程活动方案

第五章 0~3岁婴幼儿食育课程设计说明

食育一词由来已久，最早在1896年由日本著名医生兼营养学家石塚左玄提出，他从营养学角度论述了健康饮食的重要性，并在《化学的食养长寿论》中提出“体育、智育、才育，归根到底皆是食育”①。而我国长久以来对蕴藏在饮食文化中对人的品格及行为的教育也是源远流长，“夫礼之初，始于饮食”“谁知盘中餐，粒粒皆辛苦”“一粥一饭，当思来之不易”“食不言，寝不语”等都是与食育相关。

日本是最早提出并实施全民食育的国家，2005年日本正式立法，全面推行食育。《食育基本法》对食育的定义描述，“谓食育是以通过养成有关食的正确判断能力、在生涯中实现健全的饮食生活，以增进国民的身心健康和形成丰富的人性为目的的必须进行的活动”。我国首次比较明确提出食育概念的是中国农业大学李里特教授，他认为在现代国民生活方式、慢性疾病、食品安全、食物生产与资源、食品传统与文化继承等问题日益受到关注的状况下，有必要提倡食育。

什么是食育？简单来讲，就是“良好饮食习惯的培养教育”。实际上，食育并不是枯燥的营养知识学习，而是满足身心需要的愉快实践，包括生命与营养科学知识的教育，良好饮食习惯的培养，人与自然、人与环境和谐的教育和食文化的传承弘扬，并且这种教育应从婴幼儿开始。②我国不同学者对食育提出了不同的理解，但其共性认识包括：①食育是“以食育人”，即一切与“食”相关的事物与实践活动皆可作为食育的内容；②食育应作为基础教育，从幼儿时期开始，持续终生；③食育更强调人与自然的可持续发展，即通过食育，促进人与自身、人与人、人与自然的和谐，保证人与自然的永续发展；④食育应是本土化的，承载传承和传播本土食文化的重要作用。

第一节 ‖ 课程理论基础

一、食育课程

食育课程是紧紧围绕食育理念派生出的，通过各种各样的经验来学习与“食”相关的知识及对“食”的选择能力，以培养能实践健全的饮食生活和健全的身心、人格的人为目的活动。食育课程的目的是使每一个儿童增强对“食”的意识，逐步加深对自然的恩惠以及对从事与

---

① 李冬梅.“食育”，日本国策之一[J].上海教育，2017(26):7-8.

② 李里特.“食育”是国民健康的大事[J].中国食物与营养，2006(3):4-7.

"食"相关工作的人们所做的各种各样活动的感谢之意和理解，增进身心健康和实践健全的饮食生活。食育对所有年龄段的国民来说都是必要的，然而对儿童而言，食育对其身心的成长以及人格的形成都有着很大的影响，食育应是在一生中培育健全身心和丰富人性的基础教育活动。食育应当是全民的教育，但有效的食育应该从儿童，甚至从婴幼儿开始。

食育是智育、德育和体育的基础，是在一生中培育健全的身心和丰富的人性的基础教育活动。食育课程的推进是确保未来全体国民的身心健康的重要途径。更进一步，在这样的围绕"食"的环境变化中，为了培养国民关于"食"的思考能力，实现健康饮食生活的同时，期待通过食育活动来促进都市和农村共生交流，构筑关于"食"的消费者和生产者之间的信赖关系，使地区生活富有生气，继承和发展丰富的饮食文化，在推进和环境相协调的食料生产及消费的同时提高食料的自给率。

食育课程内容一般包括：营养教育，如食物的认知、食物的分类、食物的营养、饮食与健康、营养性疾病的防治、膳食搭配、良好饮食行为养成；农耕教育，如认识食物的种植过程、二十四节气、食物与季节、时令果蔬、地方性食物；环保教育，如食物的保存、动物保护、食物的回收利用、生物链；感恩教育，如感恩自然馈赠、感恩供食者（农民、炊事员、父母等）、分享；传统饮食文化，如传统节日与文化渊源、传统节日食物及其制作、地方饮食文化、中医及食疗；餐桌礼仪，如中餐的餐具使用、中餐的基本礼仪、特殊节气饮食礼仪；食育实践，如烹调、种植、收拾餐桌、洗碗、打扫等。当然食育课程的内容应该根据被教育对象的特点、年龄、实际情况、环境等做出不同的设计。

二、食育课程对婴幼儿早期教育的价值

食育对全体国民来说都是重要的，但由于不同年龄儿童对事物的认知不同、活动能力不同，食育的内容和目标也是不同的。0～3岁婴幼儿对事物的认知能力和活动能力都是最低的，因此，食育活动的开展受一定的限制。但同时0～3岁婴幼儿食育又是重要的，是其他年龄段食育的基础，是建立食物与个体情感最快最牢固的时期。食物是除了空气以外，每个人从出生开始就必须持续不断接触的、离不开的东西，婴儿出生从第一口母乳开始就在用感官体验各种食物，食物是认知世界最有趣的通道。食物除了带给人不同的实际感官体验，还是各种情感的链接。因此，从婴幼儿时期开始食育是非常有必要的。

儿童食育是全球的热门课题，在美国、英国、日本等国家是非常成熟的素质能力教育方式。《教育部2018年工作要点》表明"大力发展素质教育"，要求促进儿童教育的全面发展，尤其是语文、素质与能力的多元发展。以往提倡素质教育五育即德智体美劳，而当今许多学者提出"食育"也是培养儿童身心健康发展的重要一环，符合国家教育指导方向。儿童食育的一个基本点是培养健全的身心和人格。在反复的饮食实践中，儿童了解食物的来源、制作及营养价值，养成健康的饮食习惯。通过观察植物的生长，观察食物制作过程中的变化，观察食物的颜色、形状、细节等增强儿童的观察能力。根据年龄段和能力的不同，在食物制作过程中，可以通过观察数字、时间、重量、刻度、温度的变化，通过称重、数数、测量等锻炼儿童的运算能

力。幼儿通过在食物制作过程增强理解力、沟通能力，通过制作完成后的分享和总结提升表达能力。通过食物的装盘、空间搭建、创意面点的制作，初步提升儿童对艺术的感知能力和空间想象能力。食物制作锻炼孩子肢体动作的协调能力和精细动作，增强儿童动手操作能力的同时，培养儿童独立生活的能力、耐心与注意力。

第二节 ‖ 0~3岁婴幼儿早期教育特色食育课程简介

一、课程理念

0~3岁婴幼儿食育课程的基本理念是培养儿童健全的身心和人格。从儿童会说话和简单交流起，就要有意识地、层次递进地让其了解所有饮食的来源、制作、营养价值，以及怎样吃、吃多少等知识。在连续强化教育中，潜移默化地使他们认识偏食的危害，并自觉做到膳食平衡，能将健康的饮食行为和习惯延续终生。与此同时，在向儿童介绍各种食物的来源和制作时，便可介绍制作这些食物需要付出的劳动，让他们参加食物的制作，通过各种感官体验加深对食物的认识，加深对“有劳动才有收获”“食物来之不易”的体会。结合不同的饮食特点、地域特性、节气时令，促使婴幼儿了解食物的多样性、传统习俗、食文化等。

二、课程目标

0~3岁婴幼儿的认知和活动能力有限，每一项的食育内容都应是循序渐进、由易到难的，甚至部分内容不能以直白的形式出现，是先通过最简单的感官认知和体验，加深婴幼儿对事物潜意识的印象，在随后的食育过程中再逐渐明晰其深层次的内涵和意义。

因此，0~3岁婴幼儿食育课程目标是让婴幼儿对常见食物有基本的感官认知，如食物的颜色、形状、味道、质地等，在参与食物的制作过程中，了解常见食物的制作过程，食物在烹饪过程中的变化以及体会食物制作需要付出的劳动，从而尊重劳动、珍惜食物。熟悉进食的流程、进餐的基本礼仪，培养良好饮食习惯。知道最常见的节气饮食，体验节气食文化，从而愿意传承传统的食文化。

三、课程内容

（一）食物认知

通过认识生活中常见的食物，让婴幼儿初步了解食物来源及食物与自然环境的关系，培养其对天然食物的热爱。

（二）饮食习惯

通过初步了解食物营养，让婴幼儿尝试多种食物，练习进餐流程，养成健康饮食习惯和卫生行为。

（三）饮食礼仪

通过场景练习熟悉餐桌礼仪，通过实操活动培养幼儿在家庭生活中的动手能力；通过延伸活动引导其参与种植等实践，体会劳作艰辛。

（四）饮食文化

通过节气饮食制作，让幼儿了解我国的饮食文化，培养其热爱家乡、热爱祖国的情感。

（五）饮食态度

通过分享、感谢等餐后活动，培养婴幼儿对所有给自己提供食物的人们怀有感恩之情，懂得珍惜食物。

本书中的0～3岁婴幼儿食育课程根据以上目标和内容，设计了三个系列，每个系列包含3个活动，共9次课程。系列一“果蔬变变变”的重点是对食物的基本认知。系列二“小小面点师”为实操活动，体验食物的变化过程，参与劳动。系列三“食文化”的主要内容为节气食文化及进餐礼仪。每个系列有侧重内容，由于其年龄的特点，主要的环节是以实操体验为主。

第六章 0~3岁婴幼儿食育课程活动方案

方案一 果蔬创意画(1.5岁以上)

一、活动目标

(一)家长学习目标

(1)了解该年龄段幼儿手部肌肉动作发展的规律和特点。
(2)掌握引导幼儿进行拿、取、拓印活动的方法。
(3)能用恰当的方法激发幼儿对果蔬的兴趣。

(二)幼儿发展目标

(1)感知、认识苹果、土豆、白菜的形态及变化。
(2)掌握对物品的拿、取、拓印等手部动作。
(3)能产生对活动的兴趣,体验到自己制作果蔬拓印的快乐。

二、活动准备

(1)主题食材:苹果、土豆、白菜各少量。
(2)其他辅助材料:用果蔬拓印的画、雕刻模型(比如心形、圆形)、A4纸、颜料、画笔、旧衣服、帆布包、叉子等。

三、活动过程

(一)教师揭示教育价值

本次课目的在于通过加强幼儿对生活中最常见的蔬菜和水果的认识,进而加深幼儿对蔬果的兴趣和亲近感,从而为使其在生活中能乐于进食健康果蔬,养成良好的进食习惯打下基础;通过果蔬拓印促使幼儿对生活常识、色彩形成认知以及锻炼手指精细动作,对物品的形状与名称有初步的视觉记忆,能够指认颜色。本次课程共由四个游戏活动环节构成。

(二)活动中心环节

1.活动导入:认识果蔬

教师行为:教师端出一盘苹果和蒸土豆,请幼儿尝一尝,并问幼儿"水果甜不甜?土豆香不香”，幼儿尝试后可说出感受。教师提问：“请问好吃的苹果和土豆，除了吃还可以干什么呢？老师今天要让它们变成作画的工具，画出漂亮的画。”

教师出示完整的苹果、土豆、白菜，并用一个关键词对它们进行初步的描述，如红红的苹果、软软的白菜。请幼儿进行初步的感官体验。

家长指导语：引导幼儿品尝，并说出感受。家长对活动兴趣盎然，可调动幼儿的参与热情。但操作过程尽量让幼儿独立参与，家长从旁协助即可。

苹果

土豆

2.活动操作环节

(1) 游戏一：土豆变了样儿

教师行为：

①拿出一个完整的土豆，请幼儿回答名称，教师总结土豆的关键词(一个圆圆的硬硬的，闻起来有淡淡泥土味的土豆)。

②教师示范切开土豆，并分发给每个幼儿，请幼儿看一看、闻一闻、摸一摸。

③教师示范用土豆蘸上不同的颜料在纸上进行拓印，教师先自由拓印，之后教师可以按照一定的形状进行拓印。

④教师请家长协助幼儿切开准备好的土豆，让幼儿进行模仿拓印。

⑤按照教师的方法，蘸上颜料，先进行自由拓印。教师再发放有一定形状的拓印图片，比如用土豆拓印的三角形、正方形等，请幼儿进行模仿拓印。

家长指导语：家长帮助幼儿切割土豆。在拓印过程中，家长应全程让幼儿自己进行操作，要耐心地给予指导，可以让幼儿模仿，也可以让幼儿自行发挥。

(2) 游戏二：土豆的伪装

教师行为：

①教师出示削皮的土豆，教师注意再次强调土豆的基本特点(如一个圆圆的硬硬的，闻起来有淡淡泥土味的土豆)，加深幼儿对土豆的印象。

②以菠萝为例，教师出示菠萝的图片，并告知幼儿“老师将会用土豆作画，画出一个菠萝”。

③教师示范将扁圆土豆对半切开，用模具刀将土豆交叉刻出线条，并刻出叶片，分别蘸上黄色和绿色，进行拓印。

④示范用拓印的方法画出菠萝。教师分发材料，请幼儿模仿图片进行拓印。

家长指导语:幼儿的手还不够灵活,尤其是双手配合做事还不够协调,因而在幼儿用土豆制作其他形状时,家长要配合幼儿一起制作。对于模具刻画步骤,家长可以视情况协助幼儿完成,其他活动尽量让幼儿独立操作,对幼儿拓印的形状图像不做具体要求,请幼儿自行发挥即可。

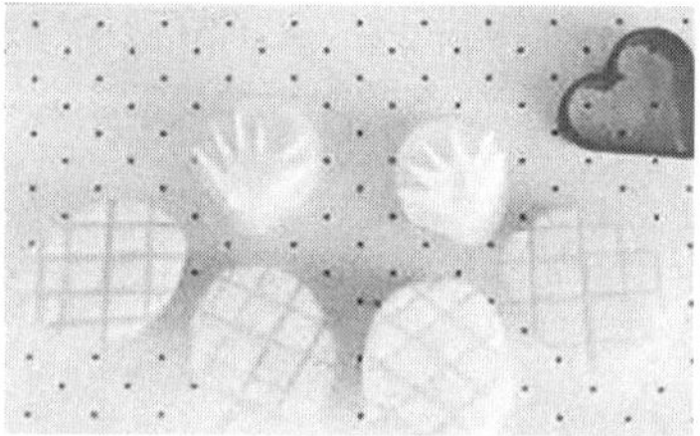
(1)

(2)

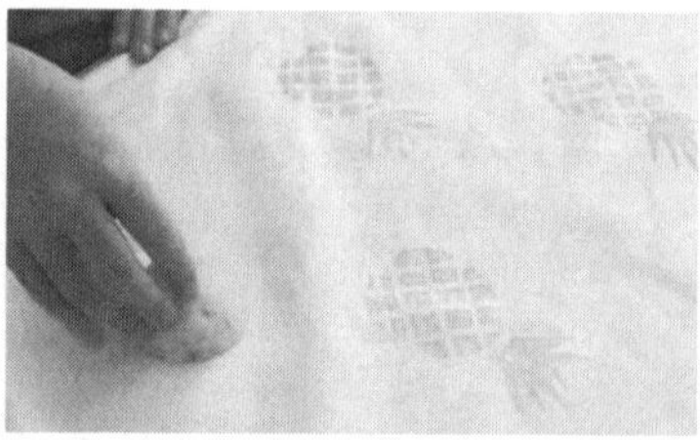
(3)

制作土豆版菠萝

(3) 游戏三:苹果的创意

教师行为:

①教师出示一个制作完成的带有图案的帆布包,并告知幼儿这个帆布包上的图片是用苹果画的,接下来邀请幼儿一起制作一个一样的布包。

②教师出示一个完整的苹果和一半被切开的苹果。描述苹果的关键词“如一个圆圆的、红红的,吃起来甜甜脆脆的苹果”。教师示范将苹果一分为二,拿叉子插起来,并上色和作画。

③教师分发材料,请家长协助幼儿切开苹果并给苹果上色和用苹果作画,同时也再次对幼儿进行颜色提问,巩固幼儿对颜色的认知,将颜色与物体之间建立一定的联系。

(1)

(2)

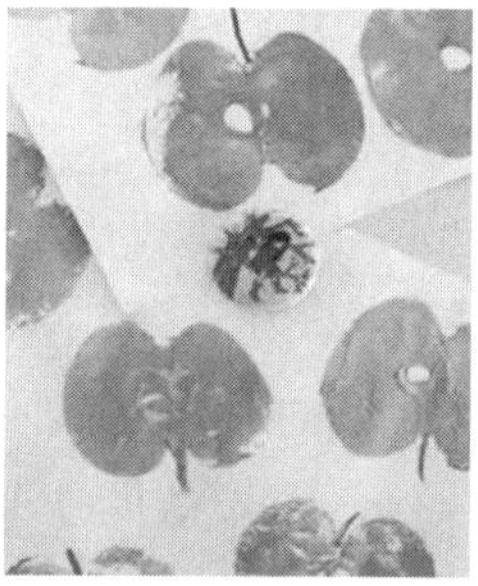
(3)

苹果的创意图

家长指导语:家长引导幼儿模仿老师的动作进行操作,老师一对一观察进行指导。幼儿刚开始可能不能把颜色拓印在帆布包上面,这时,家长需要通过演示,让幼儿细心观察颜色之间的区别以及颜料的多少和上色的手法,鼓励幼儿多次尝试、反复上色,从而发展幼儿的耐心和手部动作。

(4) 游戏四:“在一起快乐加倍”

教师行为:

①教师用以上同样的方法示范白菜(描述白菜的关键词,如椭圆形的、软软的、嫩嫩的白菜)。

②要求家长与幼儿用同样的方法完成一幅亲子画,教师适时给予帮助。教师可提供一些模板图片给每个家庭,但对亲子画的内容不做要求。

家长指导语:家长与幼儿一起完成一幅画,家长从旁协助,主要由幼儿完成。作画内容可以先模仿再自由创作。

各类果蔬创意画

四、家庭延伸活动

(1)家长可以在家用同样的方法使用不同的果蔬进行活动,让幼儿认识不同的果蔬,注意进行果蔬特点的总结。

(2)家长也可以用树叶来拓印,引导幼儿观察不同树叶的纹理,家长还可以和幼儿一起用笔添加不同的线条,让图案更加生动有趣。

方案二 蔬菜盆景(1.5岁以上)

一、活动目标

(一)家长学习目标

(1)观察模仿教师引导幼儿认识蔬菜的过程和方法。

(2)能对幼儿活动操作进行恰当的语言指导和动作协助。

(3)能在活动中对幼儿予以鼓励和激发其操作兴趣、创造性。

(二)幼儿发展目标

(1)了解蔬菜的营养价值。

(2)掌握蔬菜分为有叶和无叶的知识。

(3)能在活动中表现大胆创意,制作蔬菜创意盆景。

二、活动准备

(1)主题食材:家庭常见的各类蔬菜(以叶菜为主)。

(2)其他辅助材料:纸杯、画笔、黏土。

三、活动过程

(一)教师揭示教育价值

本次课程主要是通过幼儿的视觉、听觉、触觉等感官功能应用,使其对蔬菜有初步的认知,从而促使幼儿产生对蔬菜的积极认知和喜爱,在生活中更愿意吃蔬菜。在制作盆景的过程中,幼儿可以充分地发挥想象,根据喜爱进行颜色搭配,体会创意的快乐。在活动过程中,家长与幼儿进行充分的讨论尝试,积极参与到游戏之中,体会亲子互动的乐趣。本次课程共由五个游戏活动环节构成。

(二)活动中心环节

1.活动导入:儿歌律动

教师行为:“除了水果,蔬菜的营养价值也很高哦,那么蔬菜有什么营养,我们一起来听姐姐是怎么唱的。”教师播放蔬菜儿歌。教师提前编几个简单的律动动作,在播放儿歌时带着幼儿一起律动。

家长指导语:请家长一起参与律动,调动氛围,可与幼儿亲子互动。

2.活动操作环节

(1)游戏一:认识有叶的蔬菜

教师行为:教师展示几种叶菜(芹菜、油麦菜、葱、空心菜等,以当季叶菜为主),并告知名称。教师与幼儿一起讨论蔬菜的特点,如绿色的、软软的、香香的、嫩嫩的。教师总结叶菜的特点,叶菜主要是由茎和叶子组成,茎是硬硬的,叶子是嫩嫩的,叶菜能帮助我们排出身体的坏东西。

家长指导语:家长协助幼儿认真观察,聆听教师介绍。

(2)游戏二:认识根茎的蔬菜

教师行为:

①教师展示几种根茎蔬菜(马铃薯、藕、芋头),告知名称。

②教师与幼儿一起讨论这些蔬菜的特点,如硬硬的、圆圆的、没有叶子等。吃根茎的蔬菜能让人觉得肚子饱饱的。

家长指导语:家长协助幼儿认真观察,聆听教师介绍。

(3)游戏三:两种蔬菜的相遇

教师行为:

①教师先展示以根茎蔬菜为底的盆景。

②教师示范操作步骤,先将马铃薯切开,请幼儿看一看摸一摸,然后用筷子将马铃薯戳出较深的洞,将不同的叶菜插在马铃薯上。

③教师分发材料请幼儿进行操作。

家长指导语:家长将马铃薯戳出较深的洞,请幼儿自行搭配,将叶菜插在马铃薯上造型。家长耐心帮助幼儿操作,请幼儿独立操作。

(4)游戏四:蔬菜盆景制作

教师行为:教师展示制作好的蔬菜盆景。请幼儿帮助老师再做一个。教师提供一个宽口的纸杯,请幼儿将黏土放进纸杯,压实。请幼儿根据自己的兴趣将叶菜插入黏土中。

家长指导语:在这个游戏中,家长需要观察幼儿的发展情况,先要帮助幼儿认知每种蔬菜的名称。幼儿手部动作发展还不够好,尤其是双手配合做事还不够协调,在制作过程中家长需进行引导和协助,但主要步骤由幼儿完成。

蔬菜盆景类似于插花艺术,没有固定的制作模式,家长可引导幼儿根据自己的兴趣任意搭配蔬菜进行制作,家长只需进行协助,每个步骤由幼儿自己完成。

(5)活动五:分享及点评

教师行为:教师请每位幼儿展示自己的成果,并鼓励幼儿大胆地进行介绍。教师对每位幼儿的作品进行点评。拍照留念。

家长指导语:鼓励幼儿大胆表达。

四、家庭延伸活动

(1)家长可在生活中利用厨房现有蔬菜与幼儿一起制作盆景。

(2)家长可在生活中经常与幼儿交流蔬菜的特点及价值,促使幼儿喜爱吃蔬菜。

方案三 切水果(2岁以上)

一、活动目标

(一)家长学习目标

(1)了解幼儿在该年龄阶段手臂大动作和手部精细动作的发展规律及特点。

(2)能够在活动过程中耐心等待幼儿自己动手操作。

(3)能在必要时给予幼儿恰当的语言指导和动作辅助。

(二)幼儿发展目标

(1)能认识常见的水果并可以说出水果的名称。

(2)掌握切水果的步骤和方法。

(3)能自主使用恰当的工具切开较软的水果。

(4)能在活动中表现出制作水果沙拉的兴趣。

二、活动准备

(1)主题食材:去皮的香蕉和火龙果。

(2)其他辅助材料:自制玩具水果帽、水果卡片、玩具刀、小案板、小盘子、沙拉酱等。

三、活动过程

(一)教师揭示教育价值

幼儿在此年龄阶段,其手臂大动作和手部精细动作进一步发展,代表性能力特点表现为:第一,能够完成简单的按、切、捏等精细动作;第二,能够自主完成切水果的动作。

本次课程以上述动作机能特点为基础,开展以“切水果”为主题的活动。通过切水果游戏、唱水果歌等活动,促使幼儿熟悉常见水果的名称,通过练习切水果促进幼儿精细动作和大肌肉动作的发展。

(二)活动中心环节

1.活动导入:热身游戏——水果切切切

教师行为:教师扮演切水果者,每个幼儿扮演一种水果,并戴上教师提前制作好的水果帽子。游戏时播放《水果歌》。教师和幼儿围成一个圈,随着音乐围着圈走动,此时教师双臂要举在头顶,另一个教师控制音乐,当音乐停止时,“切水果”教师举起的手臂做向下切的动作并说出一个水果的名称,扮演该水果的幼儿要蹲下。教师提问“我切的是什么水果”,大家一起回答水果的名称。蹲下的幼儿起立,重新开始新一轮切水果游戏,反复多次游戏,直到幼儿熟悉所有水果的名称。

家长指导语:家长协助幼儿积极地参与到活动中。部分幼儿由于不熟悉游戏规则,一开始被“切到”时,不知道应该如何做,家长应耐心解释和示范。此外,教师在提问“我切的什么水果”时,有幼儿不知道如何回答或者不回答,家长也应大声地回答,给幼儿做示范。必要时家长也可以参与其中,自己主动做出示范 ,引导孩子更加活泼、主动地参与活动。

2.活动操作环节

(1) 游戏一:水果认知

教师行为:

①教师分发三种水果(比如游戏中用到的哈密瓜、香蕉、火龙果),引导幼儿自行观察探索。

②教师出示水果实物,从色香味形介绍水果,介绍句式如“这是一个××,它是×颜色,闻起来……,吃起来……,多吃它会让我们……”。教师示范和讲解时要清晰缓慢。

③介绍完水果后,教师出示水果图片,说“请拿出××水果”,幼儿根据教师提示拿出相应水果实物,促使幼儿掌握水果的名称与认识水果实物。

④发放水果卡片,请家长协助幼儿进行卡片和实物的配对练习。

家长指导语:协助幼儿安静认真听教师讲解。教师提问时,提示幼儿回答。水果配对练习时，家长拿出卡片，请幼儿拿出相应的水果实物，并像教师一样再次重复“这是一个××，它是××颜色，闻起来××，吃起来××，多吃它会让我们×××”句式，帮助幼儿加深对该水果的认识。可根据实际情况进行反复练习，并互换角色。

(2) 游戏二：切水果

教师行为：

①教师出示玩具刀，引导幼儿认识玩具刀及玩具刀的使用方法。

②教师示范用玩具刀切水果。(哈密瓜是切开的1/4，香蕉和火龙果都已去皮)左手按住水果的一边，右手握玩具刀，用带锯齿的一边用力向下切，切的时候应当从水果的一端开始切。

③教师发放刀具、盘子和准备好的水果，请幼儿用玩具刀尝试切较软的水果。幼儿尝试切水果。

教师按步骤讲解，观察幼儿并适时给予指导。在过程中遇到问题时，及时提醒幼儿。教师对幼儿的成果做小结，并总结切水果的方法和注意事项。

家长指导语：等待幼儿自己完成每一步动作，必要时给予幼儿一定的指导。比如：幼儿没有正确使用玩具刀或者不小心切到小手时应该如何调整。切的时候还要当心自己的小手，不能被切到。哈密瓜相对较硬，家长要适当地对幼儿进行协助。如果幼儿确实有困难，避免切到手，家长可以代劳。

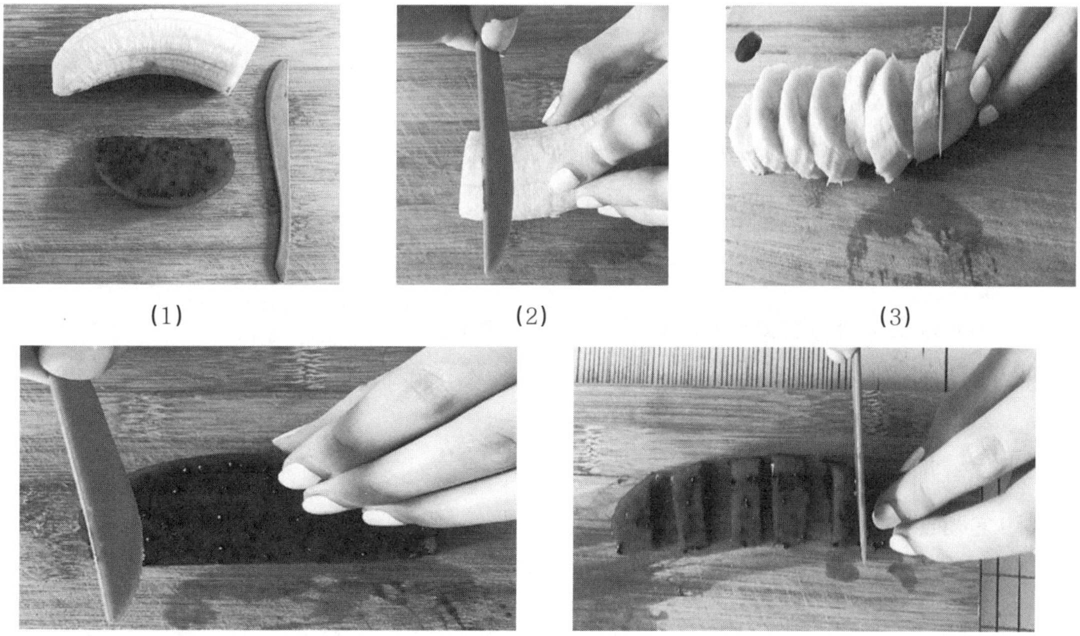

(1) (2) (3)

(4) (5)

我会切水果

(3) 游戏三：水果沙拉

教师行为：教师请幼儿将部分切好的水果放到发放的盘子里，示范用勺子将沙拉酱舀到水果盘里，轻轻地翻拌。拌好沙拉后，大家一起分享。

家长指导语:协助放沙拉酱和搅拌。

(4)游戏四:榨果汁

教师行为:

①教师请幼儿将另一部分水果,分类放进老师的盘子中。

②教师用图片在盘子旁边表示该放的水果,幼儿将切好的剩余水果分别放回到摆好图片的盘子中,教师分别将水果放入榨汁机中,榨汁。分倒在杯子中分享给幼儿。

家长指导语:协助幼儿准确地将不同水果放进不同的盘子中。协助幼儿安静等待。

四、家庭延伸活动

(1)用同样的方式与幼儿进行反复的配对游戏,除水果外,这种认知和配对游戏可延伸为蔬菜和其他食物。

(2)经常请幼儿在家进行力所能及的切水果练习,帮助幼儿进行手部肌肉的锻炼。

方案四 揉面团(2岁以上)

一、活动目标

(一)家长学习目标

(1)了解幼儿在该年龄阶段手部的精细动作和大肌肉动作特点。

(2)能在活动中恰当协助幼儿认识面粉、面团。

(二)幼儿发展目标

(1)能通过视觉、触觉感知面粉的颜色、形态、质地。

(2)掌握揉、搓、压、捏等手指精细动作。

二、活动准备

(1)主题食材:面粉、榨好的果蔬汁(火龙果、南瓜、紫薯、黄瓜)。

(2)其他辅助材料:水、盆、电子秤、杯子模具若干、不同颜色水果、玩具刀、儿歌《捏面人》音乐碟。

三、活动过程

(一)教师揭示教育价值

本次课程目的是通过对面粉的感官认知让幼儿知道面点食品的原始状态,通过揉面活动锻炼幼儿手眼协调能力和精细动作。本次课程共由四个环节的活动游戏构成。

(二)活动中心环节

1.活动导入:律动

教师行为:教师编制简单的律动操,课上教师播放儿歌视频或者吟唱《捏面人》儿歌,与家长和幼儿一起吟唱、律动。

家长指导语:表演儿歌时,家长不必强调幼儿会吟唱,着重强调幼儿与教师一起跟着节奏律动。

2.活动操作环节

(1)游戏一:和面

教师行为:

①教师向幼儿展示一个面团,面粉和清水,“老师将用水和面粉做成一个面团,面团会变成大家喜欢的馒头哟”。

②教师示范将250克(称量好的以杯为计的水,根据情况告知幼儿需要几杯)清水倒入500克面粉(称量好的以杯为计的面粉,根据情况告知幼儿需要几杯)中,并轻轻搅拌。

③搅拌呈絮状后,教师开始用手压、捏、揉,最后揉成一个成形的面团。教师示范时应动作缓慢,边介绍材料边做示范。

家长指导语:教师示范时,请家长引导幼儿认真观察。请家长协助幼儿和面,幼儿在投放材料及和面时可能出现撒漏、搅拌不均等情况,家长应及时协助。一开始和面时幼儿不能掌握要领,家长应耐心指导。揉面时,家长可以先把比较难的步骤协助完成,比较成形时,尽量让幼儿自己尝试,家长只是从旁协助。

(2)游戏二:面团染色

教师行为:

①教师示范将揉好的面团搓成长条形。教师示范搓的动作,请幼儿模仿,但对搓的成果不做高要求,只要大致呈长条形。

②教师再示范用玩具刀,将揉成长条形的面团切成四份。

③教师将榨好的果蔬汁(绿色、黄色、红色、紫色),分别倒一小杯分发给每个幼儿。请幼儿将榨好的不同颜色果蔬汁少量放入面团并继续和面,请幼儿观察。

家长指导语:在幼儿倒果蔬汁时,幼儿掌握不好量,很容易倒多,家长一定要协助幼儿少量倒,如果比例失调,请家长酌情加入适量面粉。

(3)游戏三:面团造型

教师行为:

①教师示范利用模具将不同颜色面团造型,并请幼儿自行练习用模具造型。

②教师再根据不同的颜色面团进行制作,如动物、水果、工具等。请幼儿在家长指导下自行发挥创意进行面团的造型。

家长指导语：家长引导幼儿认真观察，帮助幼儿造型，注意请幼儿动手和发挥创意，家长从旁协助而不能代劳。

(4) 游戏四：蒸馒头

教师行为：

①请幼儿品尝馒头，并向幼儿介绍制作馒头的食材。

②出示蒸馒头的步骤示意图，向幼儿解释蒸馒头的步骤。和面环节参考和面活动。教师可准备围裙、厨师帽等对幼儿进行装扮，让幼儿更能进入角色。由于醒发需要时间，因此可发放醒发好的面团进行造型，也可以根据具体的课程安排进行真实发酵。教师演示如何对发酵后的面团进行造型，幼儿可模仿教师进行面团造型。对于剩余面团，幼儿与家长可自行创意造型。将造型后的面团上锅蒸。蒸馒头期间进行其他环节。

家长指导语：在教师演示过程中，家长协助幼儿安静坐好，听教师介绍。制作时家长协助幼儿投放食材和揉搓，并协助造型。揉面造型时儿童可能不熟练，家长不能要求造型的精美程度，也无须代劳，由幼儿自行发挥。

四、家庭延伸活动

(1)家长可鼓励幼儿在家中进行相同的捏面团练习。

(2)家长可以找一些视频学习捏不同造型的面团给幼儿做示范，每次换不同的造型捏面团。

方案五　小狗面包(2岁以上)

一、活动目标

(一)家长学习目标

(1)了解幼儿该年龄段手部动作发展能力水平。

(2)掌握引导幼儿练习发展揉、搓、捏等手部动作的教育方法。

(二)幼儿发展目标

(1)能用揉、搓、捏等手部动作做出小狗面包形状。

(2)能达到手眼协调的精细动作水平。

二、活动准备

(1)主题食材：面粉、温水、火腿肠、红豆、做好的小狗面包、发好的面团、不同颜色的果蔬汁。

(2)其他辅助材料：抹布、不锈钢盆、塑料小刀、烤箱、烤盘。

三、活动过程

（一）教师揭示教育价值

24～30个月是幼儿手眼协调的精细动作的发展时期。随着幼儿的不断成长，手的控制和协调能力变得越来越重要，这不仅因为手的控制能力能够让幼儿更加独立，还因为手的控制能力与解决问题的能力以及学习能力密切相关。家庭食育课程活动能增进家长与幼儿的关系，培养家长和幼儿之间的感情。本课程共由四个游戏活动环节构成。

（二）活动中心环节

1.活动导入：认识食材

教师行为：

①展示成品的小狗面包，请幼儿观察和品尝。通过品尝和观察激发幼儿自己学做小狗面包的兴趣。

②教师出示材料，请幼儿看一看、闻一闻、摸一摸。

③教师总结："面粉是很轻的、白白的、粉状的、没有气味的；红豆是红色的小小的豆子；火腿肠是长长的一根，软软的，容易掰断、切开的。"

家长指导语：幼儿在此年龄段对动物有一定的兴趣，也有探索的兴趣，此活动用小狗的外形引起幼儿兴趣，让幼儿对面粉有了一定的了解，知道小狗的鼻子、眼睛、舌头用的是什么原料，认识各种食材是什么样子的，增强幼儿的认知能力，以便于后面活动的展开。

2.活动操作环节

（1）游戏一：揉面

教师行为：

①教师发放食材，请幼儿揉面。活动内容同"揉面团"。面粉和水的比例，教师要事先调整好，告知家长，请家长协助幼儿投放适当的比例。强调加水时要一点一点，慢慢地，边和边加。

②在揉面团步骤的基础上，教师可边示范边讲解：先抓一把面粉，将中间挖成井状，再往"井口"倒适量水进行揉搓，此时可能出现面团加水不当的问题。面团太湿了会怎样？太干了会怎样？让幼儿感受面团的状态，了解使干面团变湿、湿面团变干的办法，面团太湿了就加入面粉，太干了就加水。告知幼儿面粉加了水是很黏的，要多用力压压、捏捏，才能将面团做得均匀、有韧性。

（1）揉面前

（2）揉面后

揉面团

家长指导语:24~30个月的幼儿可以完成揉捏的动作,但幼儿发育还不完全,力气较小,在揉搓面团时家长可以适当地进行帮助,还有在揉搓面团和干湿面团的问题上给予幼儿指导。和面时家长要协助幼儿投放适当比例的水和面,协助幼儿对面团的干湿进行调节,让幼儿反复试验,明白干面团可加水调节,湿面团可加面粉调节。

发面需要一定的时间,所以为了让幼儿体验到最后的成果,等小朋友揉好面团后,将事先准备好的发酵好的面团按照幼儿已揉面团的量分发给幼儿。让幼儿将自己的面团放好带回家,可以继续进行制作。

(2)游戏二:面团造型

教师行为:指导幼儿拿到发酵好的面团,将面团揉捏成小狗的形状,用红豆做小狗的眼睛、鼻子,用火腿肠做成小狗的舌头。(幼儿可以自行发挥想象力给小狗面包进行一点儿装饰,如:用火腿肠切一个皇冠、蝴蝶结放在小狗的头上)

家长指导语:24~30个月的幼儿手部较为灵活,双手配合做事比较协调,在幼儿用面粉捏小狗的时候,尽量让幼儿独立操作,家长不要过多干预。家长在幼儿将火腿肠切成小狗舌头时注意幼儿安全或者帮助幼儿使用刀具完成切割。

(3)游戏三:面团烤制

教师行为:让幼儿先观察做好的小狗面团是什么颜色(可以拿出准备好的果蔬汁,让幼儿选择自己喜欢的颜色对小狗面团进行上色,可自行选择用果蔬汁上色或者不上色),再看看烤好之后的小狗面包会变成什么颜色。(上色的幼儿可以观察自己的面包和别的幼儿的面包有什么不同)

家长指导语:烤箱对于幼儿来说有一定的危险性,要求家长帮助幼儿完成烤面包的任务。

烤箱烤制需要一段时间,在进行烤面包的同时让幼儿对桌面进行整理,养成好的习惯,整理完后,请小朋友谈谈这次活动的感受。

烤制完成的小狗面包

(4)游戏四:品尝成果

烤好面包后先让幼儿观察颜色变化,再与家长一起分享面包。

四、家庭延伸活动

发展幼儿手眼协调性和手部精细动作的实践活动是非常重要的,幼儿还可以在家里发展手眼协调能力和手部精细动作。

(1)家长回家后继续协助幼儿用面团做小狗面包,分享给朋友。
(2)家长和幼儿一起用面团制作其他的动物面包。

方案六 包饺子(2.5岁以上)

一、活动目标

(一)家长学习目标

(1)了解幼儿该年龄段手部动作发展的能力特点。
(2)能正确引导幼儿发展、锻炼新的如抓、铲、压、擀等手部动作。

(二)幼儿发展目标

(1)掌握抓、铲、压、擀等手部精细动作。
(2)能在活动中体验到包饺子的快乐。
(3)了解到食物制作不易,能产生珍惜食物的情感。

二、活动准备

(1)主题食材:面粉、饺子馅材料(肉馅、白菜、盐、鸡蛋)。
(2)其他辅助材料:案板、抹布、不锈钢盆、锅、碗、勺、温水、擀面杖、围裙、袖套。

三、活动过程

(一)教师揭示教育价值

24~30个月是幼儿手眼协调的精细动作发展时期。在上一个课程中,幼儿基本掌握了较为基础的揉、搓、捏的能力。本次课程中,在包饺子的食材制作和包的过程中对幼儿手指灵活度、协调性、手部力量的要求进一步提高,将进一步锻炼其抓、铲、压、擀等手部精细动作。此外,在包饺子的过程中,进一步让幼儿对各种食材产生兴趣,对即将制作的美食充满期待。通过亲手制作食物,提升幼儿的成就感,并使其知道食物的制作不易,知道珍惜食物。本次课程共由五个环节游戏构成。

(二)活动中心环节

(1) 游戏一:揉面

可参照方案四的“揉面团”活动。

(2) 游戏二:和肉馅

教师行为:教师分发和肉馅的食材。将一个鸡蛋打散放入约150克猪肉馅中(教师提前称量好重量，直接发放相应量的食材），幼儿按照教师示范的动作投放蛋液到肉馅中。请幼儿拿起小勺，舀半勺盐放入肉馅中，再放入已经切好的白菜碎。请幼儿用长勺进行搅拌。

家长指导语：肉馅比例是事先调制好的，家长需要在幼儿投放食材时给予适当的协助即可，不能代劳。投放食盐非常锻炼幼儿的精细动作，请家长协助幼儿反复尝试舀半勺的量，舀的量需要家长进行语言提示，请幼儿反复尝试。

(3) 游戏三：擀面皮

教师行为：教师示范将揉好的面团搓成长条形，再用玩具刀将长条形面团分成若干份。教师发放一段切好的面团给幼儿，请幼儿按照这个长度进行切割。示范用擀面杖将切割好的面团擀成圆片。教师示范完成后进行个别指导。

家长指导语：搓面团和擀面皮是相对较难的步骤，家长需要在教师示范后，再次示范或者手把手教幼儿进行搓和擀的动作，请幼儿自行模仿。对幼儿的成品不做太多要求，重点是幼儿在参与过程中专注学习及自行动手尝试的态度。家长需要在幼儿不断尝试后进行鼓励。

(4) 游戏四：包饺子

教师行为：教师示范用手摊平面皮，舀一勺肉馅放入面皮中心，再对折面皮，用手捏合面皮。教师示范完成后进行个别指导。

家长指导语：幼儿一开始不能掌握包饺子的要领，在教师示范完成后，家长需要再次示范和强调主要步骤，可手把手示范，直至幼儿学会。对幼儿的成品不做太多要求，重点是幼儿在参与过程中专注学习及自行动手尝试的态度。家长需要在幼儿不断尝试后进行鼓励。

(5) 游戏五：煮饺子及品尝

教师行为：教师展示每个幼儿的成果，并将每个幼儿的饺子收集起来煮，每个幼儿的成果用一个单独网兜煮以便区分不同幼儿的成果。在煮饺子的过程中，教师对幼儿在包饺子过程中的表现进行点评，重点说幼儿坚持完成的品质、在学习过程中认真的态度、制作过程中的趣事。强调“每一种食物都是来之不易的，从生长到制作、烹制，都需要很多人辛勤地劳动，希望每个小朋友珍惜食物，不挑食不浪费”。

家长指导语：家长配合教师煮饺子，在教师点评时协助幼儿认真听点评，并将教师传达的珍惜食物内涵在日常生活中灌输给幼儿。

四、家庭延伸活动

制作面食不仅能锻炼幼儿的手眼协调性和手部精细动作，也培养幼儿勤劳、珍惜食物等优良的品质。家长可时常带着幼儿一起包饺子，也可以将包饺子换成包包子、包汤圆等活动。

方案七 端午节吃粽子(2.5岁以上)

一、活动目标

(一)家长学习目标

(1)掌握端午节的食文化习俗。

(2)能利用生活中的事物和情景引导幼儿熟悉端午节食文化习俗。

(二)幼儿发展目标

(1)了解端午节食文化习俗,如来历、日期、吃粽子、挂艾蒿。

(2)了解粽子的来历。

(3)认识粽子的形态和构成材料。

(4)掌握包粽子的基本程序和相应的手部动作。

(5)体验到参与端午节习俗活动和劳动的乐趣。

二、活动准备

(1)主题食材:做粽子的材料。

(2)其他辅助材料:视频(屈原的故事,端午节的来历),关于端午节习俗的照片,如赛龙舟、吃粽子、挂艾蒿等。

三、活动过程

(一)教师揭示教育价值

端午节虽然是中国的传统节日,但传统文化在孩子眼中还是比较抽象的。本课程通过视频让幼儿了解端午节风俗、端午节食文化,促进其对中国传统节日的兴趣。利用端午节吃粽子的习俗,让幼儿了解粽子及其制作过程,自己动手制作粽子,发展幼儿的动手操作能力。

(二)活动中心环节

1.活动导入:猜谜语

教师行为(引导幼儿猜谜语):“两片绿叶把米装,小绳一绑真漂亮;五月节里粽儿香,小朋友们把它抢。”接着教师出示关于端午节习俗的照片(如挂艾蒿、吃粽子、划龙舟等),提问“他们在干什么呀”,教师边提问边讲解。教师讲解绘本《不是方的不是圆的》,让幼儿对端午节有初步的认识。

家长引导语:家长与幼儿一起认真倾听,并引导幼儿参与猜谜小游戏,提示幼儿回答教师提问。

2.活动操作环节

(1)游戏一:观察粽子

教师行为:

①教师出示粽子,请幼儿拿一个看一看,摸一摸,感受粽子的形状,并利用绘本《不是方的不是圆的》的内容告诉幼儿这不是方的也不是圆的。

②教师把粽子拆开,看一看这个粽子的组成(根据实际情况介绍粽子的组成,如粽叶、糯米、杂豆等)。

③认识粽叶:出示粽叶的图片。出示粽叶实物,请幼儿观察粽叶,闻一闻粽叶。

④认识糯米:教师展示脱壳的和没有脱壳的糯米,请小朋友看一看、摸一摸、闻一闻。告诉幼儿我们吃的是脱壳的糯米,是经常食用的粮食之一,糯米分为长糯米和圆糯米。出示长糯米和圆糯米的图片。

家长指导语:家长应提前了解端午节习俗,在日常生活中帮助幼儿巩固对粽子的认知。协助幼儿认知、辨识。

(2)游戏二:包粽子

教师行为:教师示范包粽子的步骤,分发包粽子的材料及步骤图。指导家长协助幼儿完成包粽子。

家长指导语:家长通过步骤图一步一步地协助幼儿包粽子,但不能代劳。包粽子相对较难,家长应耐心地对幼儿进行指导,重要的是体验过程,对于形状和成果不做要求。

(3)游戏三:赛龙舟

教师行为:包粽子结束后,煮粽子。在煮粽子的过程中,教师组织幼儿进行赛龙舟游戏。幼儿五人组成一艘龙舟,并排从起点出发,开展龙舟赛。后面的幼儿依次抱住前面幼儿的腰或者拉住衣服,蹲着向前走。加大难度,八人或十人一组,让幼儿拉着一条比较宽的横幅蹲着走或者站着走。

家长指导语:家长引导幼儿积极参与游戏,并注意保护幼儿安全。

(4)活动:分享及点评

教师行为:教师分发每组幼儿的粽子,并进行整个活动的点评(主要点评幼儿在包粽子过程中认真学习、不断尝试、坚持完成的态度),总结端午节的习俗。请幼儿分享粽子,谈谈吃粽子的感受。

家长指导语:家长协助幼儿认真听教师总结及点评,鼓励幼儿分享展示,提示幼儿关于端午节的各种习俗。

四、家庭延伸活动

(1)家长可进一步在生活中利用相应的绘本,参观博物馆或者社区宣传等活动为幼儿巩固端午节习俗及食文化。

(2)家长可以在家与幼儿再次练习包粽子,家庭其他成员也可参与其中。

方案八 圆圆月饼节(2.5岁以上)

一、活动目标

(一)家长学习目标

(1)掌握中秋节的食文化习俗。

(2)能利用生活中的事物和情景引导幼儿熟悉中秋节食文化习俗。

(3)能协助幼儿剪纸、扎灯笼、制作月饼,促进其动手操作能力发展。

(二)幼儿发展目标

(1)了解中秋节食文化习俗,如吃月饼、扎灯笼、团圆。

(2)了解月亮变化、面团可变等特性。

(3)掌握剪纸、扎灯笼、做月饼的基本程序和相应的手部动作。

(4)体验到参与中秋节习俗活动和劳动的乐趣。

二、活动准备

(1)主题食材:面粉、冰皮粉、莲蓉馅、牛奶。

(2)其他辅助材料:绘本《嫦娥奔月》、自制月相变化图及简笔画月相变化剪纸、儿童剪刀、灯笼、灯芯、绑绳、穗头、灯笼杆、月饼形状模型、垫板、装饰盒。

三、活动过程

(一)教师揭示教育价值

本次课程是利用中华传统民俗节日“中秋节”,增强幼儿对传统节日的兴趣,让其初步了解中秋节的习俗,如赏月、吃月饼、扎灯笼、团圆等。通过剪月亮活动让幼儿理解月相变化,知道中秋节以月托思、期待团圆的寓意。利用吃月饼习俗,让幼儿了解月饼这种食物的制作过程,自己动手制作月饼,发展幼儿的动手操作能力。

(二)活动中心环节

1.活动导入:中秋佳节

教师行为:讲述绘本《嫦娥奔月》,让幼儿知道农历八月十五是中秋节,一家人要团聚,并准备月饼、果品。这一日月亮很圆,人们通过祭月赏月,托月追思,表达人们的美好祝愿。

家长指导语:陪同幼儿认真听绘本。

2.活动操作环节

(1) 游戏一:剪月亮

教师行为:

①教师出示月相变化规律图,教师分别介绍新月、蛾眉月、上弦月、凸月、满月、凸月、下弦月、蛾眉月,再回到新月的过程,让幼儿知道月相变化的规律。

②教师在纸上以简笔画的形式画出每种月相的线条,分发给幼儿,请幼儿沿着教师画的线条剪出各种月相。

家长指导语:月相变化规律的认知对于幼儿来说相对较难,家长无须要求幼儿记住每个月相,只需让幼儿知道月亮按照一定规律进行变化。家长在生活中可以在合适场景帮助幼儿复习。剪月亮环节帮助幼儿理解月相变化以及知道中秋节以月托思,表达团圆的美好愿望。幼儿手指不够灵活,剪刀可能使用不到位,家长可以适时提供帮助,剪纸过程中注意幼儿剪刀使用的安全,对剪纸的结果不做过高要求,只要完成即可。

(2) 游戏二:扎灯笼

教师行为:教师将制作灯笼的材料(可网上购买)分发给幼儿,请幼儿根据教师示范自制灯笼。

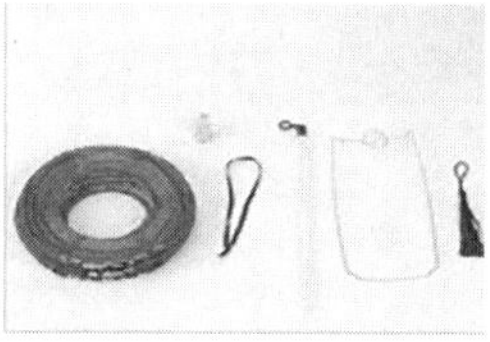
(1)

(2)

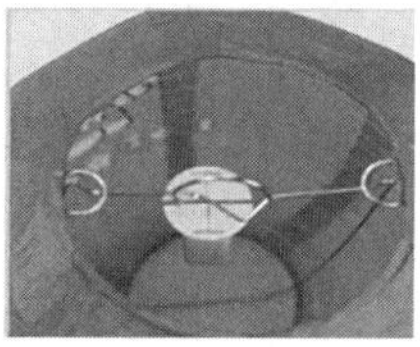
(3)

(4)

制作灯笼的步骤

家长指导语:家长提示幼儿每一步的制作要点,但不能代劳,协助幼儿完成灯笼制作。

(3) 游戏三:做月饼

教师行为:教师发放冰皮(教师提前制作冰皮),请幼儿在案板上撒上一些炒好的糕粉,将一小块冰皮用手压扁。用小勺舀一点莲蓉馅放入压扁的冰皮中,包起来,并放入模具中,用手压模具,压出月饼的形状。整个过程教师既要示范也要讲解,动作和语言放慢。在家长与幼儿制作过程中,教师根据情况进行个别指导。完成后,请每个幼儿展示自己的作品。教师进行过程的点评。每个幼儿可以做3~5个,教师请幼儿将制作好的月饼装进装饰盒,带回去与家人分享。

家长指导语:家长认真观察教师的动作,协助幼儿完成每一步,不包办,要让幼儿充分发挥自己的操作能力,引导幼儿运用不同的方法进行月饼制作,例如捏、压、揉等,利于幼儿的小肌肉的发展。注意鼓励幼儿自己完成,并装好分享给家人。

四、家庭延伸活动

(1)家长利用烹饪时间和幼儿一起制作味道不同的月饼,让幼儿自己动手制作,体验食物制作的过程,珍惜食物。

(2)家长可在生活中教孩子唱儿歌《爷爷为我打月饼》,助其体验家庭团圆之情。

附:冰皮及糕粉制作方法

1.冰皮

购买现成冰皮粉,将牛奶倒入并搅拌均匀,拌好的面糊放置30分钟,然后放入蒸锅中蒸熟,需15~20分钟。将蒸好的面糊搅拌均匀,放凉备用。

2.糕粉

将适量的糯米粉放入干净的锅中炒熟,炒到微微发黄的时候,闻起来没有生粉味道即可,放凉待用。

方案九 我是文明的小宝宝(2.5岁以上)

一、活动目标

(一)家长学习目标

(1)理解幼儿良好进食习惯的必要性和重要性。

(2)掌握幼儿良好进食习惯的内容和规则。

(3)能保持耐心,按照教师示范辅助幼儿逐步进行习惯养成活动。

(二)幼儿发展目标

(1)了解进餐礼仪。

(2)掌握正确的进餐方法。

(3)能够坚持在活动中完成进餐习惯训练。

(4)能在活动中表现出珍惜粮食、爱护食物的情感态度。

二、活动准备

(1)主题食材:小蛋糕若干。

(2)其他辅助材料:儿歌音乐(需提前发放给家长,先在家给幼儿多放几遍,使其熟悉),塑料餐具等。

三、活动过程

(一)教师揭示教育价值

幼儿的可塑性大,各种习惯容易养成,好习惯的早期养成将使幼儿受益终生。进餐活动不仅是每天都要进行的日常活动,也是中国人社交活动中非常重要的环节,养成好的进餐习惯和礼仪非常重要,这不仅有利于养成孩子良好的饮食习惯,也是孩子家庭教育中必不可少的一部分。孩子用餐时候的礼仪是一个家庭家教的体现,应从小教会孩子注重进餐的习惯和礼仪,并持之以恒。本课程通过餐前餐后礼仪教育和进餐故事绘本活动,促进幼儿了解进餐常识,培养良好的进餐态度,逐步养成良好进餐习惯。

(二)活动中心环节

1.活动导入:儿歌

教师行为:播放音乐,教师先朗读一遍儿歌,在朗读的过程中配上相应的动作,使幼儿记忆更加深刻。从儿歌过渡到活动主题“文明进食”。“小朋友们是不是都是吃饭文明的小宝宝呢,接下来老师教大家如何成为吃饭文明的小宝宝。”

家长指导语:家长与幼儿一起边读边做。家长可以将此儿歌与幼儿日常进餐的情况相联系,对幼儿进行积极的引导,在家需反复练习。

附:《儿歌》

要做文明好宝宝,就餐礼仪不能少。
照顾老人请上座,尊敬长辈要做到。
筷子勺子不乱敲,讲话嬉笑就不好。
不挑食也不剩饭,细嚼慢咽肠胃好。
餐后收拾少不了,比比谁是好宝宝。

2.活动操作环节

(1)游戏一:餐前礼仪——正确洗手

教师行为:

①教师示范礼仪警句“饮食卫生记心头,饭前一定要洗手”。

②教师为幼儿示范洗手的方法与步骤。教师分解正确的洗手步骤,逐步演示给家长和幼儿。

③请家长与幼儿一起练习洗手的每个步骤。

④协助摆放碗筷。教师请一位家长协助示范,用礼貌用语邀请家长入座,如“妈妈,吃饭了,请坐”。请幼儿与自己的妈妈做一遍。教师示范如何摆放碗筷,并请幼儿与家长一起练习。

家长指导语:家长在家让幼儿养成坚持饭前正确洗手的习惯,注意提示正确的步骤,直至完全掌握。提醒幼儿在家礼貌请家人就餐,练习碗筷的摆放。幼儿在家做正确时,提醒家庭成员及时鼓励。

(2)游戏二:快乐进餐

教师行为:

①教师通过讲解绘本《想吃一只小胖猪》,告诉幼儿“要轻拿轻放餐具,不要敲打餐具,不要随便扔饭菜,更不要把不喜欢吃的夹给别人”。

②教师为幼儿示范食用小蛋糕的过程。教师可以故意做错,请幼儿指出错误。如果幼儿有疑问,老师要进行回应与解答。

家长指导语：

①家长与幼儿一起进行进餐活动，要注意自己进餐时的言行，为幼儿做好榜样。家长可以采用有趣的方式为幼儿介绍今天的饭菜，让幼儿感兴趣，从而愉快地进餐。

②面对幼儿在进餐过程中的不良习惯，家长要温柔耐心地指导，不能指责幼儿。如果经常在进餐时指责幼儿，幼儿会渐渐地厌恶吃饭，这不利于幼儿身心的健康发展。

③幼儿的饮食习惯不是一天两天养成的，家长一定要耐心坚持为幼儿做好榜样。家长可以在家给幼儿读《小狮子可可绘本系列：用餐礼仪》，帮助幼儿养成良好的进餐习惯。

(3) 游戏三：游戏“餐后礼仪”

教师行为：教师示范用餐后用纸巾擦嘴，将餐具收拾整理好。如果比长辈先下桌，要给长辈打招呼，下桌后将板凳放回到桌子下。

家长指导语：如果幼儿做错或漏做了，家长应耐心地提醒幼儿，不要责骂幼儿。如果要养成良好的进餐习惯与进餐礼仪，家长应进行长期的监督、引导，不可以松懈。同时家长也要严格要求自己，时时刻刻做好幼儿的榜样。

四、家庭延伸活动

(1)家长可以在家里陪伴幼儿阅读有关进餐礼仪的绘本。

(2)当幼儿在家进餐时，家长也要时刻提醒幼儿进餐礼仪，反复强调，加深记忆，这样才能使幼儿养成良好的习惯。

下篇

0~3岁婴幼儿早期教育常见问题答疑

第七章 早期教育理念答疑

婴幼儿早期教育在近年来逐渐被广泛提及，受到国家和社会的普遍关注，也随之呈现出越来越多的政策与学术的研究、应用和推广的实践，广大幼儿家庭也逐步对其有所接触、了解和选择，当然因此产生的疑问也更多。首先让家长们困惑的就包括：什么是早期教育，为什么要进行早期教育，早期教育到底教什么内容等。

问题一：婴幼儿发展的关键因素——为何要进行早期教育

【问题背景】

婴儿出生后几年是其发展的关键期，从身高体重、动作发展、语言习得及社会行为都是父母一直关注的话题。有些父母在孩子几个月大时就让孩子开始上早教班，希望孩子不"输在起跑线上"；有的家长则是在不闻不问中等待孩子"顺其自然"地发展。问题来了，这些先天基因遗传、后天外部教育，哪一个才是影响孩子健康成长、全面发展的关键因素呢？或者说，它们又是怎样影响孩子发展的呢？

【诊断与分析】

实际上，影响婴幼儿发展的因素包含四大类，即遗传、环境、成熟、学习。

◆ 1. **遗传**

遗传为婴幼儿发展提供了物质基础，如身体形态结构、感官特征和神经系统机能等。但遗传只为个体发展提供了某种"可能性"——例如父母的智商会在一定程度上影响婴幼儿的智商，而要实现遗传的"现实性"，则需要外部环境的协助——例如大家所熟悉的音乐神童莫扎特，其父亲为宫廷乐师，这是"可能性"，而莫扎特年幼时被父亲有意教授训练音乐，才能使其在五岁时展现出高超的音乐才华成为音乐神童，这是"现实性"。因此，遗传对婴幼儿发展不是绝对因素，家长应理性地看待遗传影响作用。

◆ 2. **环境**

环境包括自然环境与社会环境。在自然环境大体一致的前提条件下，社会环境对幼儿的发展起着更为重要的作用。对于0~3岁的婴幼儿而言，社会环境主要是通过家庭环境的潜移默化来产生影响，例如家庭成员对幼儿的态度以及教育方式、方法、内容等将会直接影响幼儿的性格、思维及道德观的形成。社会环境中除家庭环境外还包括社区环境以及同伴影响的因素。

◆ 3. **成熟**

这里主要指婴幼儿的生理成熟，简而言之是婴幼儿身体各器官功能和身体机能的日趋完善。例如婴幼儿要在8个月左右才会爬行，在其相应的骨骼、肌肉、动作机制未成熟之前，不论对其做怎么样的训练教学，孩子的爬行能力也不会真正实现。格赛尔双生子爬梯实验就是最好的例证。被试者是一对出生46周的同卵双生子A和B。格赛尔先让A每天进行10分钟的爬梯实验,B则不进行此种训练。以此持续6周后。从第7周开始,格赛尔对B连续进行两周爬梯训练。最后,大家猜测应该是练了8周的A比只练了2周的B好。但是,实验结果出人意料——恰好相反。这是什么原因?格塞尔分析说:其实46周就开始练习爬楼梯,为时尚早,孩子没有做好成熟的准备,所以训练只能取得事倍功半的效果;52周开始爬楼梯,这个时间就非常恰当,孩子做好了成熟的准备,所以训练就能达到事半功倍的效果。

◆ 4.学习

学习是指个体经由经验或练习,使某些刻意的行为产生较持久的改变,例如学习阅读、学习识别交通规则等。个体的生理成熟与外部教育学习之间的关系是相互契合的:年龄越小受成熟的影响越大,越简单的基本动作受成熟的影响越大,而随着孩子长大,越是复杂、越是特殊的动作与行为则受教育和学习的影响越大。例如,1岁前婴儿需要学习翻身、坐、爬,锻炼大肌肉群,同时训练抓握动作,锻炼小肌肉的灵活性、手眼协调性;1～2岁幼儿开始学走路、各项协调运动技能,学习、发展语言与社会性;2～3岁幼儿学习与成人和同伴合作游戏,基本遵守游戏规则,练习说短句儿歌,能与成人进行简短的交流,逐渐会主动使用礼貌用语。这些都不仅需要生理成熟,还需要外部提供相应的教育环境和条件支持。

因此,我们认为婴幼儿的发展不是某一种因素单独影响的结果,而是多种因素综合地、系统地相互作用的结果。有了遗传生物因素为前提,在环境因素具备的情况下,通过恰当的教育引导促进婴幼儿自身主观能动性发展也非常重要。家长在教养孩子过程中不能孤立地、静止地强调某一方面的作用,而是要全面地认识影响婴幼儿发展的关键因素。

问题二:早期教育是提前学习还是提前准备?

【问题背景】

当今,在国家提出“幼有所育”的背景下,早期教育已成为教育的热点,承载了社会更多期盼而成为越来越多婴幼儿家庭的选择。早期教育就是让孩子提前学习吗?比如我们很容易看到家长让孩子在年龄更小的时候就开始学识字、读英语、学画画、学钢琴。正如有些家长担心的,在孩子上幼儿园之前就让他们提前学知识、学技能,是否有必要,又是否科学。另一方面,在现实中那些过早学习“十八般武艺”的孩子,长大了学有所成的却不多,是不是说明早期教育是没有价值的呢?故而,正确认识早期教育的价值和内涵非常重要。

【诊断与分析】

我们这里所解释的早期教育是相对狭义的,特指针对0～3岁婴幼儿进行的早期教育。上述问题反映了当今社会家庭对早期教育的普遍误解,是将早期教育、早期智力教育和早期知识教育三者混淆了。

早期智力教育是指为提高孩子的感知觉能力、绘画和音乐能力、语言与记忆能力、想象与思维能力及操作能力等智力水平而实施的教育行为;它关注的是婴幼儿智力的开发,容易忽视婴幼儿好奇心、专注力、毅力、自控力、自理能力、分享能力、合作能力等品质的培养。早期知识教育则指以学习知识为目的的教育行为;偏重教育的知识化、技能化,容易对孩子长远的学习兴趣、良好情绪个性的养成造成负面影响,还可能造成损害孩子视力健康等方面的问题。

那么，什么是真正的早期教育呢？

首先，科学的早期教育是以婴幼儿的“生理成熟”为前提的。生理成熟是一种伴随着人自身年龄的增长，身体各器官不断生长，功能不断完善，适应外界环境变化的能力不断增强的过程。婴幼儿生理成熟是按照基因规定的顺序有规则、有次序地进行的。换句话讲，婴儿什么时候俯、仰、爬、坐和站立行走，是预置在个体生理过程中的程序展现。于是在生活里我们会发现孩子只有在神经系统、肌肉和关节发展成熟之后才会迈步行走，只有在脊髓、膀胱和肠神经发展联结完成之后才会控制排便。[①]因而早期教育必须要理解并尊重孩子的生理成熟时间表，才能有效促进发展。

那么，你可能要问，既然孩子都是带着个人先天成熟时间表降生的，家长按照这个时间表来进行养育就可以了，为什么还需要早期教育呢？或者早期教育的价值和意义到底何在？什么时间才是早期教育的最佳时间呢？

应该说，早期教育是为创设符合孩子成熟规律的条件，配合孩子的生长顺序，引导孩子健康发展而存在的。即便孩子有生理的先天成熟规律，但如果家庭教养的环境创设和支持策略没有达成，也会影响孩子先天潜能的充分实现。早期教育就是在孩子成熟水平达到之后进行科学、必要的引导或训练，以支持、促进孩子健康、充分地发展，而且这个引导的时间切入点又不能在孩子完全自然成熟之后。

这里，请家长们先理解一个概念——国际上的教育学家、心理学家们很早就提出的“最近发展区”，这个“最近发展区”是指孩子目前发展水平范围之内的朝向下一段发展开始之前的区域。举个例子来讲，一般婴儿在3个月要会翻身、6个月要会独坐、8个月要会爬，而早期教育会在2～3个月时给予婴儿翻身的活动引导训练，在5～6个月给予拉坐、靠坐的活动尝试，在7个月开始，可以创设促进孩子学习爬行的机会。总而言之就是在孩子目前成熟水平的基础上，为下一段发展目标做好必要的准备，因为成熟不是突然出现的，而是日积月累的逐步演变。当然这些练习会根据幼儿个体的不同，在时间上、难度上有所不同。

反观前述问题背景中提到的提前学习等现象，过早地让孩子读英语，学画画，学钢琴，则是在孩子相应的生理成熟并没有达到的时候，就进行强化的学习训练，没有尊重幼儿的身心发展规律，孩子做的只是简单的记忆模仿，并不代表他真正的智力和能力。而科学的早期教育并不是提前学习知识和技能，而是强调巩固孩子现有的基础，并针对个体需求为孩子继续发展做好充分准备，为孩子今后长远的学习打好基础。

问题三：早期教育教什么，怎么教？

【问题背景】

随着社会的发展，越来越多的年轻父母不再满足于对孩子日常生活的抚养照看，他们已经意识到3岁前的早期教育对于孩子一生发展的重要性。现实中，我们也看到为了适应市场的需求，大量亲子园、托育中心等各种早期教育机构像雨后春笋般出现。早期教育究竟“教什么”“育什么”“孩子学什么”等系列问题一直备受家长关注。

---

① 文颐.婴儿早期教育指导课程(0～3)[M].北京：北京师范大学出版社，2012.

【诊断与分析】

首先，需要明确早期教育的时间界定。对早期教育有广义和狭义两种理解，广义的早期教育是指从人出生到小学以前阶段的教育，即0~6岁的教育。一些欧美国家将早期教育的年龄范围定为0~8岁。在我国，狭义的早期教育是指对0~3岁婴幼儿的教育，3~6岁的教育我们称为幼儿教育。现在也有人主张早期教育应向前延伸到出生以前的母亲怀孕期的胎教，我们也看到一些早期教育机构会提供给准妈妈胎教课程。今天我们谈的早期教育主要指0~3岁的教育。

其次，早期教育的内容有哪些？国内有千余家早期教育指导机构、早教中心、托育机构，提供的早期教育课程也十分丰富，如蒙台梭利感官训练、音乐教学、语言训练、感觉统合课程、运动课程、艺术课程、第二语言训练等。虽然家长们看到的课程名称有异，但其实这背后提供的教育内容是有相关性或相似性的。在早期教育的学术研究上，我们将这些内容主要划分为认知、动作、语言和社会性发展等四方面。

早期教育针对不同年龄段的婴幼儿设置不同的教育内容，也会采取相适宜的教学方法。

认知发展内容的早期教育从婴幼儿感觉器官训练开始。从1个月起，就可以对婴儿进行视觉、听觉、嗅觉和触觉的训练。例如，在新生儿视力所及范围内放置颜色鲜艳的物品，在生活中让婴儿听各种声音、闻到各种各样的气味，用软、硬不同的材料触碰婴儿的皮肤等。认知发展还包括对数和量的概念的理解和表达，如口头数数、按物点数、按数取物和说出总数等对数量的认知；对空间概念的理解，如形状、大小、距离、方位等的认知；对因果关系的理解，如利用生活情景引导幼儿体验生活中常见物体的匹配关系，理解一一对应关系；对类概念的理解，如能通过物品的知觉特征（颜色、形状和声音等）进行分类。综上，这些早期教育内容都与婴幼儿的生活场景和生活物品息息相关，教育中通常采用直观教学、体验教学、操作教学等方法。

婴幼儿动作的发展是早期教育的主要内容之一，根据婴幼儿动作发展的顺序和规律来设置训练内容。民间流传的“三翻六坐七爬九拿抓”总结出了婴幼儿动作发展的时间表，早期教育则是在达成这个能力的时间表稍早的时间内开始提供训练机会，也就是“最近发展区”。动作的发展分为：包括抬头、翻身、坐、爬、站、走、跑在内的粗大动作发展和幼儿使用手及手指等部位的小肌肉群而进行的动作，即精细动作发展。相关的早期教育内容则针对婴幼儿各个阶段粗大动作和精细动作发展的特点来设计相应的训练项目。所采用的教育方法也是以操作法、体验法、训练法等为主。

语言发展对3岁前的婴幼儿早期教育来说，主要是完成口语的掌握。教育内容包括：言语的感知能力训练，理解能力与表达能力的训练，从词汇的理解到句子的理解，从词汇的表达到句子的表达。人的语言能力是一个从使用到熟练的发展过程，因此早期教育会遵循孩子年龄阶段特点，往往通过与孩子日常生活中的各种语言使用尤其是口语等活动相结合，设计相应情景，关注趣味性和参与性。

社会性的发展跟幼儿对社会环境的适应与交往有关。比如“认知我是谁”“认知他是谁”“我应该在哪种场合遵守什么样的社会规则”等能力。因而，相应的早期教育涉及婴幼儿社会情感的发展，即对自己情绪的认识与调节，对他人情感的反应，从自我中心到移情能力的发展等；涉及婴幼儿社会行为，如幼儿自控行为的发展、自理能力的培养和分享、助人、合作等亲社会行为的发展等。而这些意识和能力的培养，由早期教育通过讲故事、角色扮演、示范、情景体验等方法和活动来实现。

第八章 早期教育问题答疑

第一节 ‖ 0~1岁婴儿早期教育问题答疑

新生儿出生到一岁以内是个体非常重要的时期，包括适应环境、满足身体的营养需求和各功能的发育成熟。那么这个时期是否需要早期教育？答案是肯定的。这并不意味着一定要将襁褓中的婴儿送到机构、学校接受教育，我们更着眼从婴儿家庭的角度，帮助新手爸爸妈妈们，从大家普遍关注的例如照料婴儿营养哺育、生长发育、认知动作发展及亲子关系等方面的常见问题进行解析。

问题一：每个月都不一样吗——成熟规律下的科学教养

【问题背景】

之前我们说到影响婴幼儿发展的重要因素之一就是孩子的生理成熟。0~1岁俗称孩子生长的“第一个黄金期”，是婴幼儿身体发育最快速的时期，同时也是视觉、听觉、运动、情感和社交发育和发展的关键期。但是面对这个生理成熟的黄金期，新手爸妈们发现自己有很多问号：新生儿也会注意到小细节，喜欢“挖小洞儿”是什么意思？2个月的婴儿可以做“飞机抱”吗？6个月的宝宝还不会翻身需要看医生吗？因此，本书将帮助家长们全面了解0~1岁阶段婴儿发育成熟的基本规律，帮助新手爸妈们更好地为宝宝提供科学适宜的教养策略。

【诊断与分析】

0~1岁之所以成为婴幼儿生长发育的黄金期，除了快速性，也体现在其变化性之巨大这个特征上。几乎在孩子出生的第一年里的每个月，我们都能发现他们身上出现的机能成熟发展的典型变化。所以下面我们将按月为阶段进行梳理：

◆ 1.1~2**个月**

婴儿在刚出生后就具有较完善的觅食、吸吮、吞咽等无条件反射动作；对即时反复的视听刺激有初步的记忆能力，例如有铃声或母亲说话的声音，他们会将头转向声源。

教养策略需注意：尝试每天让宝宝俯卧2~3次，刺激宝宝大动作的发展，此外还需要注意训练宝宝追视移动物体的能力。

◆ 2.2~3**个月**

此时宝宝的体重约等于出生时体重的2倍，相比之前，他们俯卧时能自主抬胸，头能竖立向四周张望，并且可以转动180度。此外宝宝的抓、扔等精细动作开始发展。

教养策略需注意:通过简单的肢体游戏来促进宝宝抬头、翻身、仰卧等大动作的发展,此外还可以帮助宝宝用手拍打、够取眼前的玩具,为精细动作的发展做好准备。

◆ 3.3～4个月

此时宝宝颈部肌肉变得有力,可以开始自己试着翻身,在俯卧时,双手可以支撑起全身,并会对周围世界开始产生兴趣,很容易被打断和分心。

教养策略需注意:帮助宝宝练习翻身,训练他们四肢多运动,可用松紧带将玩具拴在宝宝的手腕或足踝上,诱导宝宝运动四肢来牵动玩具。

◆ 4.4～5个月

这个时期的宝宝会抓住悬吊的物品,会两手各握一个玩具,并会使用手去拍打物品,能辨别人声,知道认生。

教养策略需注意:注意发展他们的下肢力量,为站立做准备,同时训练宝宝的手眼协调能力,练习一个手抓一个物体。

◆ 5.5～6个月

此时的婴儿能独坐一会儿,当成人扶着站立时,两脚会做跳的动作;手上的精细动作发展得更加完善,会尝试撕纸、抓去蒙在脸上的手帕;能认识熟人和陌生人,对别人的表情也会做出相应的回应。

教养策略需注意:帮助他们从靠坐到独坐,并开始引导宝宝练习抓握小东西,逐步引导他们学会用动作(点头或者摇头)表达自己的意思,此外,还需要注意多给宝宝接触与了解陌生人的机会,引导他们开始识别不同的情绪表现。

◆ 6.7～8个月

此时的婴儿会爬,并且自己可以坐起来;手指精细动作发展完善,会用拇指及其他手指配合抓玩具;有初步的模仿能力,不仅观察和模仿大人的行为,而且会在语言上重复大人发出的单音节。

教养策略需注意:可以帮助宝宝练习爬行、扶栏杆站立等。鼓励他们用杯子喝水,用手指抓食物自喂。而对于宝宝的模仿行为,可以及时给予相应的反馈,例如用温柔的声音与微笑鼓励,用严肃的声音与表情制止等。

◆ 7.9～10个月

此时宝宝会开始扶着栏杆或者推车站立、走路;会“察言观色”,能听懂常用词,能听懂命令,理解“不”;开始尝试探索周围世界及其环境。

教养策略需注意:继续训练宝宝扶着或靠着练习站立,扶腋下,学习走路。引导宝宝看图片或者触摸物体,模仿成人对物品进行发音,并注意开始要对周围的物品进行命名的学习。

◆ 8.11～12个月

此阶段的宝宝自我意识萌芽,能独走,会主动说出一些单字词汇,能用简单的东西表明自己的需要。能听懂较多的话,会听指令拿东西、听故事模仿动作。

教养策略需注意:需要鼓励和支持宝宝肢体运动的需要,让他们练习独立行走,鼓励他们自我需求的表达。此外,还需要有意识地扩大宝宝的社交范围,提高对陌生环境的适应能力。

以上时间节点呈现的是总体的年龄趋势,达到每个时间节点的能力发展会存在个体差异。除了婴幼儿自身发展规律有差异外,教养者的教养方式对婴幼儿发展也有较大影响,切忌揠苗助长式的教养。

问题二:新生儿抚触是必要的吗?

【问题背景】

新生儿抚触,又称为新生儿触摸,即通过触摸新生儿的皮肤,通过刺激皮肤感受器,作用于新生儿的中枢神经系统,促进新生儿健康发育的科学育婴的方法。这在现代社会得到了早期哺育工作者的普遍认可,更多家庭越来越接受给新生儿做抚触的观点。但相信对于很多新手妈妈而言,给新生儿抚触会遇到很多疑惑。例如一定要给新生儿做抚触吗?抚触是不是就是按摩?但给娇嫩的新生儿做按摩又该从哪里入手?成人的力道如何把握才不会伤到孩子?做抚触有时间和方法的要求吗?按摩油的选择有没有特别限制?接下来,本书就一一为家长们解开谜团。

【诊断与分析】

毋庸置疑,爸爸妈妈们给孩子做抚触是对他们极其有益的选择。正确地运用好抚触,第一,可以刺激婴儿皮肤感觉神经,促进神经系统发育;第二,抚触让婴儿肠道运动加速,刺激消化激素分泌增加,促进食物消化与吸收,在一定程度上增进了婴儿的食欲,缓解胃肠胀气;第三,父母的抚触可以增进亲子关系,帮助婴儿获得安全感,缓解情绪,促进睡眠,减少哭闹、不安、夜醒等情况。

那么如何做好新生儿抚触?

首先,做好准备工作:在时间选择上可以是沐浴前后、午睡及晚上睡觉前、两次喂奶之间清醒时,需将室温保持在25℃以上,备一些婴儿润肤油。

其次,抚触步骤。

第一,头部:将润肤油倒在洗干净的手上,搓揉双手后首先抚触宝宝的头部,以大拇指指腹的力量,从婴儿的眉头轻轻往脸颊两边触摸,3~4次以后继续运用大拇指指腹的力量,从婴儿下颚中间向颈部轻轻滑行;然后从发际线向上向后滑行至耳突处轻压,每次动作重复4~5次即可。

第二,胸部:从胸部的下缘沿着内缘,滑行到婴儿的肩部按摩,双手轮流地大交叉,按摩的时候要注意避开婴儿的乳头。

第三,腹部:从右下腹画个半圆到左下腹,这个动作可以单手或双手进行,需要避开宝宝的膀胱和肚脐。

第四,四肢手足:由中心向外,从上臂揉搓到手腕处,手法可以采取挤、捏、揉、搓的形式,同样的动作可重复2~3次。

第五,背部臀部:在进行背部抚触时,需要一只手抬住宝宝的头部,另外一只手放在宝宝胸前,将宝宝翻转过来。此外背部抚触的时候,要避开宝宝的脊柱,采用分分合合,由上向下,由里向外的方式进行按压，从头部到臀部，从上至下轻轻地抚摸。最后以轻轻揉捏宝宝的小屁股来结束按摩抚触。

那么，做新生儿抚触时对手法有无要求呢？

其实，家长们只需要注意从轻开始，慢慢增加力度，以宝宝舒服合作为宜，因此在抚触时需要关注婴儿的状态，只有在宝宝觉醒快乐的状态下做抚触，才能取得最好的效果。另外，再告诉家长们关于做新生儿抚触前的一些小技巧：

第一，该什么时候做抚触呢？

◆ 1.两次喂奶之间

刚刚喂完奶给宝宝做抚触可能会引起宝宝呕吐，因此至少要在喂奶后45分钟~1小时，在两次喂奶间歇的时候最好，这时宝宝既不饿也不撑。抚触时间从5分钟开始为宜，每天1~2次，后续可以根据宝宝的情况延长到10~15分钟。

◆ 2.宝宝心情好的时候

如果宝宝心情不错，他可能会很享受这次“SPA”，如果宝宝不愿意，或者迷迷糊糊想小睡，就别强求了，这可不是抚触的最佳时间！

第二，抚触的按摩油选择有没有要求呢？

按摩油可以让宝宝更放松，有的家长喜欢婴儿矿物油，有的家长则喜欢植物油。其实只要是对宝宝无刺激的婴儿油都是可以的。对于皮肤敏感的宝宝来说，要选择亚油酸含量高的油，因为这类油对宝宝的皮肤更温和，比如葡萄籽油。对于皮肤特别干燥或起湿疹的宝宝来说，要避免选择富含油酸的橄榄油、高油酸葵花籽油，因为在宝宝皮肤很干燥时，油酸会增加水分的流失，加剧宝宝的皮肤干燥状况，可能对宝宝的皮肤造成伤害。湿疹宝宝最好还是用医用润肤霜或软膏。如果标签上看不出含量高低，那就最好选择多不饱和脂肪酸含量高的按摩油。另外，也要避免含香精的润肤油。

问题三：是对是错——母乳喂养如何避开雷区？

【问题背景】

我们都知道，母乳是新生宝宝最完美的食物，其中富含了宝宝生长发育所需的所有营养物质，包括水分、蛋白质、脂肪、矿物质和微量元素，母乳中含有的抗体能显著增强宝宝的抵抗力，让宝宝更健康。即使配方奶的成分再怎么接近母乳，都没法和母乳完全一样。但很多新手妈妈对母乳喂养的认识存在着疑惑。例如月子里奶水不够需要大补发奶吗？宝宝爱哭是因为没喝饱吗？感冒流行季感冒了就不能喂奶了吗？正是有太多的不了解，导致许多妈妈理所当然地放弃了母乳喂养，或难以坚持，喂奶没多久就换了配方奶。本书将针对一些婴儿哺育中常见的问题给予甄别。

【诊断与分析】

下面，我们从日常宝妈们最关注的几个问题入手甄别，帮助宝妈们避开母乳喂养的雷区，自信喂养。

问题1：出生前几天奶水少=下奶慢，要加奶粉？

甄别:错!

产妇在娩出新生儿后最初的几天分泌的乳汁叫作初乳。初乳是淡黄色的,看起来很黏稠,量的确很少。但"量少"≠"吃不饱",反之,初乳比之后的成熟乳含有更多蛋白质、盐分、抗体和免疫球蛋白,这些都是助力宝宝免疫系统发育的关键物质,因此量虽然不多,但质非常好!新生儿胃容量很小,少量的初乳足够宝宝喝了,随着产妇的身体逐渐恢复,奶水也会越来越多的。

问题2:宝宝哭=饿了要喂奶?

甄别:错!

宝宝哭可能有很多原因,冷了、尿了、闹觉了、胀气了、打嗝了、烦躁了,或者只是想单纯地释放过盛的精力,并不一定是饿。那怎么判断宝宝哭了是不是要喝奶呢?很简单,用手指摸摸宝宝的嘴角,如果宝宝张嘴作吮吸状,不停地舔嘴唇;被妈妈抱在怀里就会往胸上蹭;不停地舔包被、衣袖等,那就是要喝奶了。

问题3:乳汁少=下奶汤补一补?

甄别:错!

传统观念"娘肥儿壮",家人为了让妈妈下奶仍然会绞尽脑汁,各种鸡汤鱼汤猪蹄汤,炒菜放猪油,恨不得连米饭里也放点猪油,以有助于宝妈们下奶。其实,哺乳期的妈妈不需要特殊饮食,只要营养均衡搭配,每餐摄入丰富多样的营养物质就可以了。这些高蛋白的下奶汤,少量摄入能够补充蛋白质,但喝太多的话就可能导致营养过剩,使乳汁中脂肪含量过多,宝宝喝了这种奶,还可能消化不良,出现腹泻。

问题4:奶水稀=没营养?

甄别:错!

奶水确实有稀有稠。每次哺乳时,前几分钟的奶是"前奶",含有更多的水分;后面的奶是"后奶",脂肪含量更多,更浓稠。对于宝宝来说,喝前奶能解渴,喝后奶长身体。虽然母乳有时稀,有时浓,但其母乳成分都是相对稳定的。

问题5:母乳喂养=下垂、变胖、身材走样?

甄别:不一定!

身材走形的锅,母乳喂养可不背。怀孕后,大多数妈妈都会发现自己的乳房形状有所改变。而是否下垂,则和遗传有关,并不是母乳喂养导致的。如果妈妈们能做到按需哺乳,勤排空乳房,避免胀奶,及时锻炼,注重产后恢复,会对保持和改善胸形大有好处的。

问题6:妈妈生病后不能给宝宝喂奶?

甄别:错!

对于哺乳期的妈妈们来说,也不必"谈药色变"。生病后不能喂奶的疾病也少有,妈妈常见的感冒是可以母乳喂养的。通过母乳喂养,还可以将一些抗体传递给宝宝,但是需要注意对宝宝的保护。建议妈妈喂奶前洗手,喂奶时戴上口罩。

问题四:时间、材料、方法——宝宝辅食添加你做对了吗?

【问题背景】

辅食即母乳或配方奶粉以外富含能量和各种营养素的泥状食物。虽然世界卫生组织建议母乳喂养到2岁，但是一般情况下6个月之后，母乳已不能满足婴儿的营养需求，这时引入必要的辅食不仅可以满足婴儿成长营养的多样化需要，也可以对以后断奶做前期的准备。网络中各色菜单和营养攻略让家长们挑花了眼，关于如何正确把握辅食的时机，恰当选择适合孩子的辅食，辅食添加的注意事项，新手爸妈们都做对了吗？

【诊断与分析】

6个月后，婴幼儿的嗅觉与味觉发展也进入关键时期，乳牙开始萌出，口腔有了咬切、咀嚼、吞咽非液体食物的能力，此时开始添加辅食，还可以帮助他们味、嗅觉的发育，对孩子的咀嚼功能以及专注力的培养起着重要的作用。下面我们将从婴幼儿个体化的需求、添加规律、添加时间等各方面为家长们一一梳理科学添加辅食的策略。

第一，把握辅食个体化需求。

婴儿的发育是个体化的，每个孩子添加辅食的时间都不完全一样。总的来说，宝宝达到辅食添加的生理准备包括：身体健康，体重约为出生时的两倍；食欲显著增强，日常奶量已明显不足；开始对大人的食物感兴趣，看到别人吃东西会吞咽口水；等等。一般情况下，建议宝宝满6个月之后再添加辅食，但如果宝宝身体发展相对较快，也可以相对提前。如果宝宝有特殊情况，比如早产、出生体重低、先天异常或经常生病导致发育减慢，满了6个月还不能达到上述标准，可以相应延缓辅食添加或者咨询医嘱。

第二，把握科学辅食规律。

◆ **1.优先引入高铁辅食**

宝宝在生长发育的过程中，对能量和铁元素的需求量增大。所以推荐最先添加的辅食应该是富含铁的泥糊状食物，比如强化铁的婴儿米粉、肉泥等。在此基础上逐渐引入其他不同种类的食物。

◆ **2.每次只添加一种新的食物**

刚开始时，每次只能给宝宝吃一种新的食物，适应两三天，观察宝宝是否出现呕吐、腹泻、皮疹等不良反应，如果他的消化情况良好，再尝试另一种，逐步让食物多样化。如果宝宝出现了不舒服的表现，应该等症状消失后再少量添加这种食物。如果仍然出现不良反应，就暂时不能再吃这种食物。

◆ **3.量要从少到多**

每次给宝宝添加新辅食的时候，可以从半勺或者一勺起步，观察宝宝的接受程度，如果没有出现呕吐、皮疹、腹泻等不适情况，再酌情加量。刚开始的辅食量还不能代替一顿奶，给宝宝吃少量的辅食后，还需要补充喂奶；等到快满7个月以后，可以每天吃一整顿辅食，这一顿可以不再补充喂奶；大概满9个月时，可以每天吃两餐辅食，减少奶量；快1岁时，可以过渡为每天吃三餐辅食，继续减少奶量。

◆ **4.辅食性状由稀到稠，由细到粗**

比如从米糊到稀粥、稠粥、软饭，从菜泥到菜末、碎菜。

第三，宝宝辅食添加时间表

6个月：可以尝试稀糊状的食物，比如婴儿米粉、肉泥、鱼泥、蛋黄泥、蔬菜泥、水果泥等。每天1~2次，从刚开始的1勺开始慢慢增加，具体添加的量根据宝宝的胃口大小调整。吃完辅食后再喝奶，每天800毫升左右奶量。

7~9个月：可以添加稠厚的泥糊状和颗粒状食物，比如稠粥、肉末等。添加的量比6个月的时候要多一点，差不多是小半碗，每天1个蛋黄（或全蛋），肉禽鱼50克。每天2次辅食，4~6次奶，一天600毫升奶量。

10~12个月：继续引入新的食物种类，可以添加块状、条状或者片状的食物，比如面包片、胡萝卜块等。每天保证吃1个鸡蛋、50克肉禽鱼。蔬菜、水果、谷类等食物根据宝宝的需求量继续添加。每天2~3次辅食，3~4次奶，一天约600毫升的奶量。

第四，辅食添加注意事项

（1）注意不要在辅食里放糖、盐等调味料；避免容易让婴幼儿窒息的食物，如整颗的玉米、瓜子、花生、果冻等。

（2）当宝宝情绪良好的时候，更容易接受辅食，如果宝宝愿意吃，可以多鼓励、表扬他。如果他不愿意，也不要过于勉强。

（3）添加辅食后，新手爸妈们要学会判断宝宝便便的颜色、形状是否正常，一般情况下，宝宝的便便在添加辅食后会有变化，便便颜色时深时浅、时黄时绿；形状有时偏稠有时偏稀，这与宝宝吃的食物有很大关系，家长不用太担心。

问题五：你的宝宝是哄睡、抱睡还是独立入睡？

【问题背景】

睡眠对于婴儿来说，是机体正常运转的基本保障，也是其身心健康的基本生理需求。婴儿期是儿童生长发育的关键期，越是在生命的早期，所需的睡眠时间越长。但由于1岁前婴儿的睡眠节律是逐步形成的，容易出现让家长困扰的各种睡眠问题，例如频繁夜醒，睡不踏实，需要哄睡、抱睡等，甚至到1岁后都无法独立入睡。这些问题，一方面不利于婴儿体内生长激素的分泌，影响其身体发育，另一方面会给父母的养育带来诸多不便。因此，本次讲座就从这里说起，帮助家长们解析如何科学培养宝宝睡眠好习惯。

【诊断与分析】

首先，我们梳理下0~1岁婴儿睡眠的周期规律特点。

刚出生的婴儿由于睡眠昼夜节律尚未形成，每天近70%的时间都在睡眠，可分布于一天24小时，且连续睡眠能力差，容易受干扰打断。[1]如果没有肠绞痛或者其他生理上的原因，父母几乎不用为新生儿的睡眠伤脑筋，这个时候的宝宝睡眠没有明显的规律，除了吃奶几乎都在睡觉。

---

① Montemitro E, Franco P, Scaillet S, et al.Maturation of Spontaneous Arousals in Healthy Infants.*SLEEP*, 2008,31(1):47-54.

此后，睡眠节律逐步与外界环境同步化，白天觉醒时间延长，睡眠也越来越集中于夜晚完成。6周，形成昼夜节律，夜晚睡眠时间延长。3个月，晚上睡得更好，白天睡眠规律化，睡眠是习得性行为，父母的养育目标是让孩子知道"睡眠是需要独立完成的事情"，看护人的一些不正确的养育方式，比如入睡时给予过多的帮助，睡眠周期中间的过度干扰，总在入睡时哺乳等，在很大程度上阻碍宝宝睡眠能力的发展。4个月，直接进入深度睡，戒除抱睡的好时机。6个月，逐渐能自己长睡，接觉成果显现，婴儿睡眠/觉醒模式在出生后6个月时变化发展最为迅速。9个月，不再需要夜间哺乳，也没有了黄昏小憩。12～21个月，白天小睡变为一次午睡。

那么，家长该如何培养宝宝良好睡眠习惯，有哪些实用方法？

前面已经提到，宝宝的睡眠变化并不是自发形成的，而是爸爸妈妈们有意识培养的结果。如果没有培养到位，宝宝容易出现昼夜颠倒、入睡困难、易醒、抱睡、奶睡等睡眠问题。所以，家长们需要着重培养宝宝昼夜节律和自主入睡两大睡眠好习惯。

◆ 1.**培养睡眠的昼夜节律**

新生儿在最初是没有昼夜节律，要么白天夜里都在睡，要么白天睡晚上醒，和大人的睡觉时间不同步，让人崩溃。家长们具体可以注意三个条件：第一，白天让宝宝在自然光线下活动，小睡时不必完全避光；第二，晚上睡前，调暗灯光喂奶、哄睡，等他睡着后关灯或只留一盏微弱的小夜灯；第三，白天宝宝清醒时，多跟他互动，说话保持适当音量就好，不用刻意压低声音，但晚上要尽量保持安静。

◆ 2.**养成按时入睡的习惯**

家长可以用睡眠仪式来固定入睡时间，比如睡觉前先给宝宝洗澡、做全身抚触按摩，再喂奶、唱睡前歌，最后道晚安、关灯，让他知道做完这一系列事情后，就该睡觉了。通过睡眠仪式，逐渐把宝宝晚上开始睡觉的时间固定下来。

◆ 3.控制吃夜奶的次数

矫正月龄	夜奶次数/次
1个月	3～4
4个月	2
6个月	1
9个月	0～1

随着消化能力增强、食量增加以及睡眠能力的发展，宝宝夜奶次数会逐渐减少。宝宝半夜仍然可能会醒，但常常不是被饿醒的，而是睡眠浅、过冷或过热等其他原因引起的。所以从矫正3～4月龄开始，就要有意识地控制宝宝吃夜奶的次数。如果他半夜醒了，可以尝试用其他安抚方法来帮他接着入睡，比如轻拍、抚摸、摇动摇篮、哼唱摇篮曲、使用安抚奶嘴等。

◆ 4.**转变从哄睡到自主入睡的模式**

宝宝想睡觉，却不知道怎么入睡。所以新生儿需要哄睡，新手爸妈们要善于发现他犯困的表现并及时哄睡。宝宝常见的犯困表现有：打哈欠、揉眼睛、眼睛没神、反应不那么灵敏、啃手、咬东西（竖抱时咬大人肩膀或下巴）、晃头、抓头发、挠耳朵等。从矫正2~3月龄开始，就要培养宝宝自主入睡能力了。

自主入睡就是指宝宝能自我安抚，不需要依赖抱着或吃奶入睡，放在床上能够安稳睡着，即使睡觉中途醒来，也不容易哭闹，易重新睡着。使用安抚奶嘴或安抚巾，播放白噪音或催眠曲，把宝宝放在床上抚摸或轻拍他的背部等方法，帮助他养成自主入睡习惯。同样，也可以借助每天固定的动作来提高宝宝夜间自主入睡能力。

问题六：饿了还是冷了——解读婴儿哭闹背后的生理密码

【问题背景】

哭是婴儿常见的一种行为表现。在婴儿还不会用语言、手势等媒介与外界交流时，哭往往成为他们表达需求的重要手段。但是没有经验的新手爸妈们，常常苦恼的是面对婴儿的啼哭，该如何理解和做出恰当反应。是一哭就抱，还是置之不理，婴儿的哭是饿了冷了，还是生病了，或是有其他原因，家长们如何科学分辨？显然，婴儿的哭闹不仅仅只是固定的某种原因，可能涉及生理的，病理的，甚至是心理的可能。如此繁复，该如何把握？本书将帮助新手爸妈们解读婴儿哭闹背后的生理密码。

【诊断与分析】

一般情况下，婴儿的哭闹都是有原因的。我们大致可以将原因分为生理原因、心理原因和疾病三种大类。面对婴儿因生理需要而引发的哭，如何来应对呢？

第一，宝宝饿了。

这个原因是很好判断的。宝宝在饥饿时哭的表现为：平坦而有节奏，边哭边觅食。对于新生儿来讲，一般3~4小时要喂一次奶。如果时间差不多了，宝宝哭闹起来，可以把手指放在宝宝嘴边，轻轻戳一下。宝宝如果真饿了，会张开嘴巴，有明显的觅食反应。宝宝要是一直醒着，比睡觉的时候容易饿，即使不到3个小时，也要给他喂奶。如果宝宝常常出现1~2个小时就哭闹地要奶吃，那么很有可能是一次喂奶量不够。如果是人工喂养就增加每次奶粉的量。如果是母乳不够，就另外给宝宝吃奶粉，采用混合喂养。人工喂养的宝宝，不到喂奶时间哭闹，不一定是饿，也可能是渴了。所以还要注意每两次喂奶中间，要给宝宝喝温开水，一次30~50毫升即可。如果宝宝不肯喝开水，可加一点葡萄糖粉。

第二，宝宝便便了。

这个原因也是很好判断的。家长只需要从尿不湿侧面掀开看看宝宝是否尿多了，或者有大便了。如果使用的是尿布，一旦尿布打湿就应该为宝宝换一块干爽的尿布。如果晚上使用纸尿裤，也不要相信广告中所宣传的一夜都不要换，因为尿不湿太沉也会造成宝宝很不舒服，从而哭闹；需要夜里起来喂奶的时候检查更换；如果发现宝宝的衣裤湿了的话，也要同时将之更换。在检查的时候，也可以检查一下宝宝是否有红屁股，如果红了，就需要抹一些护臀膏。

第三，宝宝想要睡觉了。

有些宝宝想睡觉时也会哭闹，这时候把宝宝抱起来轻微摇晃，轻轻拍拍他，哄他入睡。宝宝想要人抱了或是想睡觉了的判断方法是：如果宝宝躺着哭了，把他抱起来就不哭了，排除上面因为饿了或尿了这两种原因,那就是想要人抱了。在宝宝还没出世时,有些家长认为,宝宝要是哭起来不能老是抱,会养成孩子抱睡的不良习惯,但真正面对的时候,看着他躺在那里哭得撕心裂肺的,自然而然会去抱他的。这种情况需要家长进行恰当分辨和把握,对于宝宝必要的情感满足,抱哄也是必要的,但不能过度放任。

以上这三种生理需要是最为常见的情况。除了以上讲到的较为常见的原因外,细心的家长还可以检查下,宝宝穿的衣服是不是不合适了,或紧了,或多了。周围环境是否安静,周围的温度是否合适等。

问题七:真的是无缘无故吗——解读婴儿哭闹的心理密码

【问题背景】

哭是婴儿表达需求的唯一手段,排除了生理原因和疾病原因,婴儿还会出现"无缘无故"哭闹,而这种情况往往是让家长最摸不着头脑的。其实,看似无缘无故,实际上宝宝正在向成人表达个人的心理需要呢。"我不开心了""我很孤独,我想要陪""我有点儿害怕了"等都是婴儿常见的心理需要。读懂婴儿的哭背后的心理原因并给予及时正确的回应,恰当满足宝宝的心理需求,更是向宝宝传递了父母亲的爱和信任,对孩子长久情感和个性健康发展裨益良多。

【诊断与分析】

生活中,当家长排除了生理和疾病原因之后,如果宝宝还是哭闹,这时我们需要从心理角度来分析原因并给予恰当回应。引发婴儿哭闹的心理需要有哪些?家长又该如何正确应对呢?

第一种,宝宝不开心了。

不要以为小婴儿没有情绪,其实从新生儿开始,情绪和情感已经伴随着孩子日常生活的时时刻刻。宝宝也有不开心的时候,当他的需要被父母忽视了,他会用哭声来表达。这时的哭声有点儿委屈,表情也有点儿难过。小腿乱蹬,身子打挺,如果他的需要继续被父母忽略,他会越哭越大声,甚至变成号叫。这时宝宝仿佛都说:"快来帮帮我,为什么不来帮我?我很不开心。"此时,父母需要出现在宝宝面前,发现他的需要并满足他。他有可能是想拿自己够不着的玩具,也有可能是想出去玩。这时父母应该及时用关注的眼神、舒缓的面部表情、温柔的安抚动作,和"妈妈爸爸不是不理你的,一直很爱你,不要不开心"等语言去回应孩子。虽然此时的婴儿不会说话,但大人的表情、动作、声音都会传递给他们安全感、满足感,从而缓解哭闹。同时,轻柔放松的室内音乐或者小声地哼曲,也会有正面的效果。

第二种,宝宝很孤独,求陪玩。

家长们会遇到这种情况吗?当宝宝独自玩了一阵子后突然哭了起来,哭声平缓,边哭边左顾右盼时,一旦看到妈妈,哭声会变小,同时小眼睛乞求地望着妈妈。这种表现就是典型的"求关注、求陪玩"。应对的方法很简单,父母需要微笑着站在宝宝面前,摸摸他的小脸,牵牵他的小手,一边有身体的接触一边告诉宝宝"妈妈一直都守护在你的身边,不会离开"。如果父母这时候有时间的话,可以停止手上的工作抱起宝宝陪他一起玩耍。如果你希望可以一边做家务一边陪宝宝的话,可以用婴儿背带带着他,让宝宝感受到爸妈随时随地的爱。

第三种，宝宝有点儿害怕了。

这种心理需要一般发生在特定的情景中，比如在黑夜中雷电相交把宝宝给吓醒了，在独处时突如其来的响声，在看电视时出现可怕的动物或者在玩耍时发现让人害怕的玩具等。孩子表达“我有点儿害怕了”的哭声有点儿刺耳，甚至会声嘶力竭。身体会出现四肢同时伸展、小拳头张开、膝盖拱起后立即恢复的惊吓反射状态。遇到这种情况，父母需要立即把宝宝抱起来安慰，让他紧紧贴在你的胸前，他的小脑袋可以靠在你的左胸前，这样可以听到父母熟悉的心跳声，身体的安抚胜过千言万语。然后，父母一边轻轻地拍背或抚摸他的头发，一边轻声地安慰他“宝宝不害怕，爸妈在这里”。通常情况下，宝宝就会逐渐平静下来。

还有一种情况需要引起爸妈的注意：如果宝宝在夜间总醒，醒来之后就哭，如同受了惊吓，他会闭着眼睛哭，同时肢体抖动，有可能是宝宝缺钙了或者摄入过多的维生素A时而引起的中毒。这时需要到医院做进一步诊断。

问题八：宝宝生病了吗——从疾病的角度解读婴儿的哭

【问题背景】

生活中孩子的哭闹有很多原因。如果孩子在日常的生理需要、心理需要之外还是哭闹，需要及时地考虑到疾病因素，科学探查宝宝是不是生病了。但跟2~3岁幼儿不同，1岁前的小婴儿由于语言发展处于前语言阶段，无法用语言来表达自己的需求，如果身体抱恙，有哪里不舒服，是痛了还是痒了，无法直接说出来，只能通过哭来传递出自己的感受和需要，而且这里面需要辨别的内容更多更复杂。而提及孩子生病，家长们则会更加紧张和关注：婴儿的常见疾病引发了哭闹，家长能不能擅自在家庭中处理，还是需要马上送到医院进行专业解决？接下来，本次讲座将针对0~1岁婴儿日常疾病哭闹探讨其正确解读和应对措施。

【诊断与分析】

由疾病所引发的婴儿哭闹是需要父母高度重视的。婴儿常见的一般疾病有发疹子、肠绞痛和消化不良等，一般可以在家庭中进行处理。但也存在一些比较少见的疾病，如婴儿中枢神经系统感染或颅内出血、肠痉挛或肠套叠、婴儿缺钙、甲状腺功能低下等，在这种情况下，一定要及早到医院寻求专业帮助。

在日常照料中，如何辨别婴儿因不同疾病而引发哭闹，家长该如何科学应对呢？

第一，宝宝身上发疹子。

把宝宝的衣服解开，看看有没有发疹子？有没有被蚊子咬的包？如果身上有了疹子，应该是要去医院看的。如果是脸上发的湿疹，可以用普通的儿童润肤霜涂一下，效果很好。打预防针的地方也要注意观察，一般打完预防针当天，宝宝会比较闹，要给他多喝水。接下来的几天也要留意一下打的地方有没有异常变化。一般不需要做任何处理，不要用水沾湿，抱的时候不要碰到伤口，过几天就会好。

第二，宝宝患有肠绞痛。

大多数宝宝妈妈认为肠绞痛是一种疾病，其实不是的，不要被这个名字吓到。肠绞痛是一种正常的生理状况，并非疾病。宝宝会出现肠绞痛是因为出生后，消化系统和肠道系统还没有发育完善，对食物无法正常地消化和吸收，容易出现肠胀气，引起急性腹痛。3个月以内的宝宝容易产生这种症状，少数的会延长至5个月，不过，等宝宝长大了，身体的各个系统都发育完善了，肠绞痛的症状慢慢就会得到缓解。宝宝肠绞疼痛时哭声忽缓忽急，不觅食。当宝宝因为肠绞痛而哭闹时，家长可以用安抚奶嘴让宝宝停止哭闹，然后给宝宝进行腹部按摩，缓解腹部胀痛。如果宝宝表现得十分痛苦，也需要送到医院请医生诊断。

第三，宝宝的肚子“硬了”。

宝宝如果哭闹得很厉害，肚子自然会绷紧，所以要在宝宝稍微安静的时候摸。肚子硬邦邦可能是腹胀。如果宝宝每次喝完奶就会哭闹，同时肚子僵硬，那就可能是消化不良。给宝宝喂一些开水，如果症状缓解，就没什么关系。也可以给宝宝吃一些助消化的药，比如双歧杆菌。奶粉要冲淡一些，比如2勺奶粉应该加120毫升水，就可以加到150毫升水。虽然奶粉说明书上都说奶粉太稀不好，但消化不良的宝宝暂时喝稍稀的奶是有助于消化吸收的。如果宝宝连续好几天消化不良，吃药也没效果，就要考虑是不是宝宝对这种奶粉不适应，或者尝试更换一种奶粉。

问题九：孩子学走路之前一定要会爬行吗？

【问题背景】

从宝宝出生到1岁左右学步，中间要经过一个重要的承上启下环节——爬行。宝宝普遍都喜欢爬行，因为爬行证明他们可依靠自己的力量拿到想拿的玩具，去到想去的地方，很有成就感。但我们也会看到这样的情况——雨雨已经1岁了，但与同龄已经在学走路的孩子相比，她不会爬，站立时也因为力量不够而东倒西歪。雨雨妈妈开始有些着急了，她说因为雨雨出生在夏季，半岁时刚好是寒冷的冬季，衣服穿得很厚，所以没有让她爬，也觉得爬不爬都无所谓；而到了来年春季八九个月大时，雨雨也只喜欢坐着玩，不愿爬，所以到了1岁学步时也不会爬。雨雨妈妈虽然担忧焦虑，却不知怎么办才好。可见，在这样的案例中，由于家长不了解爬行对于孩子身心发展的科学意义，不知道如何科学指导宝宝进行有关训练而影响了孩子的健康发展。本书就从这几个内容出发一一解答。

【诊断与分析】

现实中存在不少家长，由于他们的一些过度担心，比如在地上爬很脏，孩子爬会不会撞到硬物不安全等，而导致孩子爬行机会不足甚至缺失。

家长应重视爬行对于孩子成长的宝贵价值。爬行是在婴儿成长过程中具有里程碑意义的行为。宝宝爬行时，头颈仰起，胸腹抬高，靠四肢交替抬起，协调地使肢体负重，既锻炼了胸腹、腰背、四肢等全身大肌肉活动的力量，四肢活动的协调性和灵活性也得到发展。同时，爬行能促进大脑及各个神经纤维间的通畅联系。由于婴儿的前庭平衡功能发育较早，所以视觉、听觉最先与前庭统合，宝宝往往向着一个目标爬去，目标物会引起视、听兴奋。爬行训练可以加强前庭与感觉系统的统合，使身体灵活平衡并促进脑的功能健康发育。

作为家长，如何进行宝宝爬行训练呢？

首先，知道进行爬行训练的顺序。第一步，先让宝宝趴下，呈俯卧位，把头仰起，引导孩子自己用手把身体支撑起来。第二步,把宝宝的腿轻轻弄弯放在他的肚子下,在宝宝的面前放些他感兴趣的玩具,比如不倒翁、会唱歌的娃娃、电动汽车等,提高宝宝的兴趣,启发、逗引他爬行。第三步,家长可以用手在宝宝的小屁股轻轻推一下或者用手掌抵住宝宝的小脚掌,促使其向前扑,逐渐地,宝宝就开始爬行了。

其次,合理利用家庭中的现有资源,在日常生活中发展婴儿的爬行动作。杜威说,"教育即生活"。在生活中,时时刻刻都充满了教育的资源。家庭中有很多环境可以用作婴儿爬行的场地,比如床铺、地板、沙发、楼梯等,可以用桌椅、纸盒拼接成山洞,用沙发做成大大小小的山坡、用靠垫枕头做障碍物、用叠起的旧轮胎做小路和高低不同的小桥,营造出爬行场景。家庭外出时,也可以充分利用草地、沙滩、塑胶场地等进行爬行练习。这里需要注意场地的安全性,比如移开尖锐的、易落的家具与物品,避免危险物品伤害到婴儿。

另外,充分考虑婴儿的个体差异和在不同月龄的发展水平,营造丰富多样的爬行环境。家长在准备爬行活动的材料时,要注意提供难易程度不同的、多样的爬行环境,以满足婴儿的个体差异和处于不同发展水平的婴儿的需要。例如,对于已经能够在平地自如爬行的婴儿,可以为其提供攀爬架,鼓励其上下攀爬,培养爬行动作灵活性和协调性;也可以在平地设置若干障碍,让孩子爬"独木桥"、爬过"大山"、爬过"山洞"等,增强爬行的趣味性。

问题十:婴幼儿感统训练是跟风还是真有必要?

【问题背景】

近年来,感统训练这个词在社会中逐渐被人们熟知。越来越多的早教机构、早教课程都陆续推出了相关的内容。感统训练的全称是感觉统合训练,说到感觉统合,是意味着对个体的各个感觉功能进行整合。这个词汇听起来很专业,很有噱头,似乎对0~3岁婴幼儿的身心发展很有影响。但相信很多家长们在为孩子考虑这类教育的时候都有这些疑惑——感统训练到底是什么?它对孩子的发展到底有什么意义和价值?这类课程到底教什么、训练什么?效果怎么样?本书将为大家一一解答。

【诊断与分析】

问题1:感觉统合是什么?

心理学认为,人体的各种感觉系统不是独自割裂起作用的,而是通过视听、触觉、运动等多个感觉系统协调、共同参与的,在这个过程中内外感知系统相互配合,确保有机体能正常运动以及生活,这就是感觉统合,简称"感统"。①

问题2:感觉统合对于孩子的意义?

0~3岁的婴幼儿,其感统能力正处于早期发展的关键期,如果家长能有意识对其进行感觉统合训练,能很好地激发婴幼儿感觉功能综合协调发展,促进婴幼儿健康成长。②有案例反映,在现代都市生活中,智能自动的机器替代了人体感觉动作的自然功能应用,婴幼儿感觉综

① 王萍,高宏伟.家庭中的感觉统合训练[M].2版.北京:清华大学出版社,2017.

② 李娟.儿童感觉统合训练[M].北京:中国妇女出版社,2016.

合能力发展缺乏必要且足够的刺激，容易导致孩子在儿童期开始出现多动、任性、注意力不集中、行为冲动、讲话不流畅、胆小等问题。

问题3：感统训练做什么？

感统训练是引导孩子对感觉刺激做适当反应的训练，包括前庭（重力与运动）、本体觉（肌肉与感觉）及触觉等刺激的全身运动，其目的不在于增强运动技能，关键是给予宝宝前庭、肌肉、关节、皮肤以触摸、视、听、嗅等多种刺激，并将这些刺激与运动相结合。

问题4：婴幼儿的感统训练怎么做？

从专业训练来说，感觉统合训练要基于耐心培养宝宝的兴趣，建立宝宝的自信心；要让宝宝在游戏中感到快乐，自动自发才有效。该训练因人而异，让宝宝每天都有多样的感觉刺激。感统训练方法有触觉训练、前庭平衡觉训练、弹跳训练、固有平衡训练、本体觉训练等，不同的感统训练方法所用的感统训练器材也不一样，教养者要根据宝宝的具体情况来选用。

但针对0～3岁阶段的婴幼儿，家庭完全可以从孩子更小的时候在日常生活，例如亲子互动游戏中创造出对婴幼儿进行感统训练的机会。

问题5：婴幼儿感统训练方法有哪些？

下面从不同年龄段列举适合孩子的相应感统训练，非常适合家庭日常开展：

◆ 1.0～1岁阶段强化触觉训练

触觉是婴幼儿接受最频繁、分布最广的感觉信息，能够帮助婴幼儿的神经系统进行整体感觉的统合。父母可以充分利用日常生活中的日常用品对婴幼儿进行触觉训练，例如让其感受毛巾、毛刷等粗糙物品，促进触觉刺激。也可采用触觉球压滚游戏、球池游戏、钻被子游戏、抓痒游戏、刷身游戏、寻宝游戏、吹风游戏、玩橡皮泥游戏等游戏或者活动，通过对不同材质物体的不同感受来训练他们的触觉。

◆ 2.1～2岁阶段强化听动和视动统合的训练

听、看、动是不可分割的，还包括理解并做出相应的反应，因此父母在对婴幼儿进行视动统合训练时，可以一方面采取婴幼儿感兴趣的图形或者音乐，帮助他们形成听动和视动协调能力，强化他们对视觉空间的认知，另一方面也需要通过强化婴幼儿对声音、景象及对应行为的配对来强化联结。父母可以通过同时要求视觉和听觉配合才能完成的游戏或者活动来训练他们的听动和视动统合能力。

◆ 3.2～3岁阶段强化本体觉、平衡觉训练

父母可以借助适量的转圈或者前后、左右摇晃婴幼儿的整个身体来促进其前庭觉和平衡觉的发展，例如爬行、玩吊桶、荡秋千、晃平衡木、滚圆筒、玩大陀螺、转大笼球、滑板转圈、跳跳床、走平衡木等活动或者游戏就是训练婴幼儿前庭觉和平衡觉很好的方式。父母可以拉着婴幼儿的手脚或者借助摇篮等外物，通过改变婴幼儿的身体姿势的方式，例如人体倒立（蜘蛛人）、滑板车载人、变身桌子等游戏或活动，使他们了解和掌握运动，促进其本体觉的发展。

总的来说，0～3岁婴幼儿的感觉统合训练，更多是一种生活中的游戏活动，并不是固守在某个年龄段，而是在各个发展阶段中相辅相成，融为一体，共同促进婴幼儿全面发展。

问题十一：你为孩子选对游戏了吗?

【问题背景】

有人说，游戏是婴幼儿学习的全部方式。婴儿从出生以后，除去他们吃饭睡觉外，他们开始对周围世界充满好奇，并逐步探索。婴儿的生长发育又具有阶段性，所以抓住时机很重要，特别是随着年龄的增长，婴儿的睡眠时间逐渐减少，开始了更多的探索世界的活动。这个时候，我们需要适时地提供相应的游戏活动及辅助性玩具，协助婴儿在探索中逐渐成长。家长们都知道丰富的游戏互动对婴幼儿发展非常有益，但是你们是否知道不同年龄、不同需求的婴幼儿适宜进行哪种游戏呢？你们是否也为如何选择游戏项目或玩具困惑？事实上，我们需要握好“8个月”这个分界点，按宝宝发展进程采取相应游戏策略，疑惑就能一扫而光。

【诊断与分析】

婴幼儿在0～1岁的早期阶段，主要任务是适应这个新的世界，适宜的游戏主要是感觉机能游戏、语言启蒙准备、亲子交往游戏等，包括视觉、触觉、嗅觉、听觉等感知觉发展的游戏，粗大精细运动机能游戏等。结合婴幼儿早期游戏的任务和特点，亦根据婴幼儿的身体的发展情况，新手父母可以将0～1岁左右的早期婴儿分为0～8个月、8～16个月的两个阶段，有针对性地为宝宝设计游戏。

◆ 1.针对0～8个月婴儿的游戏策略

(1)促进感觉和机能发展。

新手爸妈可以通过各类俯卧活动、坐的活动及肢体游戏来增强他们上半身的力量，例如转动头看肩、引导宝宝用胳膊支撑自己的体重、帮助他们弯垂和倒下等。对于玩具的选择，此阶段可以为宝宝投放手抓球(既是玩具又是牙胶固齿器，刺激宝宝视觉感官发育，更训练宝宝抓握能力，0月以上宝宝即可使用)，一方面可以帮助他们练习抓握，另一方面可以满足宝宝口欲期的啃咬。

也可以给宝宝投放摇铃、沙锤等，促进其伸手抓的能力，通过铃铛声音提高目标和因果意识。此外磨牙棒可以提高自我安慰及手眼协调能力，各种材料制成的小垫子和抚触球等类似的玩具，可以让宝宝通过触摸促进身体感知觉等能力的发展。在宝宝5个月以后，可以给他们投放弹跳椅、学步车，帮助宝宝练习爬行和走路。

(2)促进语言启蒙准备。

对于3个月以内的宝宝，新手爸妈可以将黑白书或者黑白卡在婴儿头上方慢慢移动，促进其语言理解和视觉协调能力的发展；3个月后，彩色卡和布书更适合宝宝，可以满足宝宝啃咬、追声及触觉等能力的发展。

(3)促进自我认知发展。

对于3～6个月的宝宝，父母可以抱着宝宝在镜子前照一照，宝宝会好奇地睁大眼睛，认真地看镜子中的人，这样的游戏能够有效促进宝宝自我认知发展的能力。爸爸妈妈还可以对着镜子做一些夸张的表情、动作以引起宝宝的注意。成人可以通过镜子看到自己模样，宝宝也一样，镜子可以给宝宝提供不一样的视角来观察周围的人和事物。

◆ 2.针对8~16个月婴幼儿的游戏策略

(1)促进大肌肉群感知觉发展。

爸妈可以通过各类翻滚运动、推拉运动、走步运动、爬行运动来提高感知觉运动的整合程度、大肌肉的协调性、手眼协调能力。例如圆木翻滚、推拉各种玩具、直线走路、侧行、鸭子走路、乌龟爬、蛇形爬、障碍爬等都是比较合适的运动。

(2)促进小肌肉群感知觉发展。

这个时期,宝宝手指的精细动作基本发育成熟,因此可以给他们一些可以操作的手指画的材料,便于他们涂鸦,例如笔和纸、音乐电子琴、按键盒、沙滩排球、带有拨号盘的儿童电话、带有轮盘的拉绳等。

(3)促进语言能力发展。

爸妈可以为宝宝准备节奏简单,朗朗上口的儿歌、讲故事的早教机,提高宝宝语言表达和倾听的能力,此外积木或者用作积木的纸板、纸盒等也可以开始投放给宝宝使用,提高他们探索发现的能力,比如绕珠和便于操作的动物、手偶娃娃等。

问题十二:宝宝一哭就抱吗——建立安全型亲子依恋关系

【问题背景】

关于0~1岁婴儿的养育有个话题总是引发人们的争议,这就是"宝宝一哭就抱吗"。有家长认为,如果宝宝一哭就抱的话,孩子会被宠坏;也有家长认为"哭—抱"这种互动模式的形成实际是父母跟孩子之间建立的情感联结,是宝宝安全感、自尊心、人际能力发展的重要起源,利于发展安全型的亲子依恋关系。那么,真正关于"一哭就抱"恰当的诠释是什么?怎样正确解读1岁前亲子关系的建立?我们又该如何建立孩子与父母之间安全型的依恋关系?

【诊断与分析】

我们先从科学心理学关于婴儿发展规律的描述开始。

心理学家埃里克森认为,0~1岁的婴儿在身心发展过程中面临着一项核心任务:与父母形成亲密的亲子关系,也就是此时的婴儿特别需要获得来自父母亲的情感满足。当这种需要得到来自父母一贯的、足够的、积极主动的满足时,婴儿就会从环境中获得安全感,从而对环境、事物、人产生信赖并予以积极互动。这一基本的信任感将会构成孩子人格发展中的重要组成部分。

这就是有关"一哭就抱"背后的正面诠释逻辑。实际上,从满足婴儿发展的心理学角度来说,当孩子出现因为生理匮乏、心理需求或是病痛困扰而产生哭这种负面情绪,"一哭就抱"就是父母传递给婴儿的积极回应与支持,让婴儿感知到周围的人是爱他的,是可以信任的。进而,这种重复发生的、相互回应的行为模式,也使得建立在稳定、信任、安全基础上的亲子关系得以发展起来,也就在婴儿生命的第一年中形成了安全型的依恋关系。

亲子依恋关系,一般被定义为婴儿与其亲密养育者(哺乳期中更多是母亲)之间存在的一种特殊的感情联系。和父母建立了安全型依恋亲子关系后,婴儿通常表现为当在妈妈身边时,内心会感受到足够安全,可以在完全陌生的空间里进行积极玩耍和探索,适应陌生环境能力强。0~1岁是亲子依恋关系的开端，此期间建立起来的安全型依恋关系，对孩子今后的个性品质、家庭亲子沟通、社会适应与人际交往都具有非常积极的价值。

那么，如何把握1岁前这个黄金时期，和孩子建立安全型依恋关系呢？

第一，有规律地满足宝宝身心需求。

在0~1岁期间，家长们尤其是母亲们，应能够在日常生活中有规律地照料婴儿，满足他的基本生理需要，比如饮食、排便等，使婴儿对周围的人产生一种基本信任感，感到周围世界和人都是可靠的。如果婴儿的基本需要没有得到满足，或者得到的是无规律的满足，会从生理混乱的满足中体验着身体的不适，产生最初的不安全感。例如，当孩子没有表达要吃奶的愿望时，妈妈就主动喂奶，会使得孩子特别容易轻信别人；当孩子表达吃奶的愿望时，父母耽搁不喂，孩子会不信任别人，戒备这个世界。

第二，经常与宝宝进行有情感的交流互动。

在有规律地满足宝宝基本需求的基础上，父母还要用微笑使他感受到安全，用怀抱使他体验到温暖，用细语慢慢引发他对世界的探索，使他顺利获得对亲人的信任感，与亲人逐渐建立一种稳定的情感关系——安全型依恋。和宝宝一起玩，鼓励宝宝爬行、探索，不仅有利于建立良好稳定的情绪联结，对宝宝语言发展、动作发展和社会交往能力等都有积极的促进作用。建议抚养者不要长期离开自己的宝宝，给更多的爱抚、帮助和鼓励，无论是充满感情的言语表达还是搂抱、亲吻等身体的接触。

第三，给予宝宝稳定的抚养环境和抚养人。

建议在1岁前的养育过程中，不要给婴儿频繁更换亲近照顾者。有的家庭可能出于客观因素，不断地给孩子换月嫂、换保姆、换看护人，但因为每个人自身的不同特点和对待婴儿养护的态度不一，很容易打破前面所说的规律性，让宝宝无法顺利建立对人的信任和安全感，包括多数宝宝会过于害怕与已熟悉的亲密抚养人的分离情境。此外，对婴儿的抚养环境的变更也会增加宝宝对环境适应的焦虑。多数宝宝对新的环境有较高的焦虑及情绪困难，这时就会表现出过分依恋父母的黏人行为。因此，稳定、有序的家庭抚养环境是1岁前孩子成长的重要保障，更是家长与孩子建立安全型依恋关系的重要基础。

问题十三：说话能力是自然形成的吗——婴儿语言准备

【问题背景】

语言是人类文明中复杂的符号系统。学习语言对成人来说是件容易的事，但我们常常惊奇地发现幼儿1岁开始说话，3岁几乎能掌握母语，这是什么道理？难道孩子的说话能力在早期是自然形成的？其实不然。虽然3岁前孩子学习语言的速度和效果确实优于成年人，但从早期教育的角度来说，没有充分的条件准备和正确教育引导，孩子的语言水平也不会理想。例如，我们会看到有的家长没少焦虑：为什么我家宝宝1岁半了才只会叫妈妈？家里老人老是讲方言，孩子今后学普通话会更难吧？宝宝看到女性，不论老少都叫“姐姐”该怎么办？等等。因此，为了让孩子今后的语言水平更好地发展，针对0~1岁期间婴儿语言的早期准备十分必要。当然，这都需要以家长了解婴幼儿语言发展的进程，采用科学有效的方法策略为前提。

【诊断与分析】

0~1岁婴儿语言萌芽及发展规律如下：

婴幼儿语言发展具有固定的阶段性：0~10个月为“早期发声期”，10~16个月为“始语期”，14~28个月为“单词联结期”，24~36个月为“语法期”。

婴儿6个月后开始咿咿呀呀发出声音，这说明婴儿从这时候开始，已经开始进入了语言敏感期发展的阶段。此时的家长们可以充分地与婴儿进行交流，强化他们的交流意图，增加他们通过语音交流的积极性。

10个月左右的婴儿开始有预测性地对有些单个词进行回应，例如，点头表示“要”、摇头表示“不要”等，随着月龄的逐渐增加，婴儿会发出跟真正词语发音类似的语音，并不断修正与完善。这个时期的父母就应该尽量多地与他们交流，尽量用轻柔缓慢的语速告诉宝宝你在做什么、周围有什么、接触到的事物叫什么、有什么特征等。虽然宝宝可能还听不懂，但是这样早期的语言刺激有助于促进语言中枢神经和大脑的发育。

◆ 1.1 岁内婴儿语言准备的日常策略

(1)每天对话半小时。

如果宝宝每天吃奶、睡觉、玩耍的时间有了一定的规律，那么与他说话的半小时要选在没有人打扰的时候，否则，可以利用喂奶或换尿布的零碎时间进行，记住说话的氛围一定要轻松愉快。

(2)拉近说话的距离。

说话时要靠近宝宝，你可以抱着他，让他听得更清楚些。说话时宝宝能看到自己的口型更好。

(3)不要强迫宝宝保持注意力。

宝宝的注意力经常会分散，这时候不要强迫他再去集中，否则会影响他的注意力发育。

(4)告诉宝宝他看的是什么。

当宝宝目不转睛地在看某件物品时，你可以告诉他那是什么，比如他正盯着一张小鸡的图片，你可以说“这是一只小鸡”，或者给他模仿小鸡“咯咯哒”的声音。

(5)注意和宝宝的说话方式。

多使用简单的句子。说话时句子要简短一点，语调变化多一点，语速慢一点，这样会让宝宝听得更认真。

模仿宝宝的发音。可以学他发的单个音节，比如他说“哦”，你就学他说“哦哦哦哦哦”。每次发音比他长一点儿，会让他觉得很有趣，咿咿呀呀说话的劲头就更足了。

不要连着说很多话。每次说几句话后，都要暂停一会儿，让宝宝有时间回应你。你可以在等待的时候观察他的反应，这有助于你理解他的意思。

第二节 ‖ 1~2岁幼儿早期教育问题答疑

在完成了1岁前基本的生理发育与成熟后，幼儿开始了全新的发展旅程，其身心发展在此时显示出更多与外部环境、教育影响相关的需求和特征，故而也更彰显出早期教育的价值和意义。在这个阶段，从学说话、学走路开始，幼儿的智能、动作、情感、社会性等各项能力开始全面萌发，整体水平大幅提高，这是在为下一阶段生长和进入学前教育的适应做积极准备，因而同样备受家长关注。当然，新的发展就不免引发新的挑战和问题，广大家长需要开始认识和了解更多教育相关的新概念、新策略。下面我们整理了十个关键话题供大家参考。

问题一：孩子“学说话”了，该怎么开启语言教育？

【问题背景】

俗话说，“牙牙学语”。通常来讲，幼儿从1岁开始学说话，咿咿呀呀，鹦鹉学舌，家长们都很期待孩子开口说出第一个词是“爸爸”或是“妈妈”。面临幼儿语言启蒙和家庭教引的重要任务，父母们一方面知道要多跟孩子交流，引导孩子说话，而另一方面也困惑于孩子的语言教育是随意的还是严谨的？是有既定的步骤规律还是顺其自然发展的？为什么别人家的孩子语言表达能力特别好？自己的孩子什么时候才能流畅清晰地说出一句话呢？诸多不解，需要我们从孩子学说话的第一步——词汇的掌握和应用开始。下面让我们从词汇对于孩子学说话的重要意义开始。

【诊断与分析】

词汇是构成人类语言的建筑材料，有了词，语言才有了意义。孩子对掌握的词进行反复强化，经常说出这些词，然后才能帮助他们形成句子，和人们进行交流。婴儿最初是从6个月开始能听懂大人们说出的词。从1岁正式开始学说话，孩子词汇能力的发展规律为：先理解词，后说出词，意思就是先要用恰当的方法让孩子明白某个词的意思，然后他才能说出这个词。

因此，首先让我们全面了解下孩子词汇能力发展的基本规律。

◆ 1.**理解词与表达词**

从12个月左右开始，婴儿对词语的理解和表达能力开始相互联系起来。如拿着苹果给婴儿，并说：“这是苹果。”婴儿会跟着——虽然含糊但是主动地表达：“苹果”。

◆ 2.**词汇量与词类范围**

婴儿最早可以在9个月时说出第一批有特定意义的词语，最晚第16个月，这很大程度上直接取决于婴儿的生活条件与教育条件。在发展趋势上，一般1岁左右出现20个，2岁末出现300~500个。在词类范围方面除了名词、动词之外，幼儿在口语中也会逐渐使用形容词、副词、代词、连词等，如“大”“小”“和”“在”。

◆ 3.**口语句子的不完整表达**

1~2岁儿童的口语处于不完整句时期，可分为单词句阶段（1~1.5岁）和双词句阶段（1.5~2岁）。这里主要介绍第一个阶段。

单词句是指用一个单词来表达一连串意义更为丰富的意义。比如幼儿喊“妈妈”,有时指要妈妈抱,有时要妈妈帮他捡一个东西,有时叫妈妈给他一点儿吃的。但接近1.5岁时,语言发展较快的孩子也可以说出简单的短句,如“妈妈再见”“爸爸走了”等。幼儿的单词句发展主要有以下特点:

(1)固定化。往往和某种固定的物体相联系,例如,“爸爸”就是指自己的爸爸。

(2)单音重叠。更喜好,也更容易发出单个、重叠的音,如“车车”“果果”。

(3)词义笼统,一词多义。例如,幼儿用“熊”指代他大部分时间抱着的又破又旧的泰迪熊,但也用“小汽车”指代公共汽车、火车、卡车、消防车等一系列车。

(4)和动作紧密结合。当儿童用单词表达某个意思时,常伴随着动作和表情。

(5)词性不确定。如“嘟嘟”既可作名词来称呼汽车,又可作动词表示开车。

接下来,对促进1~2岁幼儿词汇的发展,我们给出以下家庭教育建议。

(1)注重日常生活实践积累。家长应注意在日常生活中随时随地帮助幼儿掌握新词,扩大词汇量;可多跟孩子交谈,用规范和丰富的语言与儿童交流;开展多种形式的语言游戏,如“猜猜看”“打电话”等游戏,鼓励幼儿多开口;当幼儿说话时,成人要耐心倾听并予以应答。

(2)用直观的动作游戏活动潜移默化。此时的幼儿主要用肢体语言与成人进行交流,家长可以和幼儿玩“认识五官”的游戏;家长先做动作,然后指导幼儿做,并告诉其名称;或幼儿做某个动作时,家长告诉其动作的名称。

(3)特定的单词句表达练习。用一个单词表达,如饭后出门散步,成人可以对幼儿说,“走,出去玩”,引导孩子说“走”或“玩”。当幼儿明显表现想要某个东西时,成人可以问“你要什么”,引导孩子说出东西的名字;可以通过“打电话”等游戏,引导幼儿学习礼貌用语,如“您好”“拜拜”等。

问题二:孩子是“话痨”吗——不可小觑的“词汇爆发期”

【问题背景】

很多幼儿家长会有这样的经历:在孩子1岁半以后,他们在日常生活中说话的积极性逐渐高涨,有时候会在很短时间内从不大说话变得很爱说话,表现为整天絮絮叨叨,念念有词,对周围事物非常好奇也有很多疑问,每天追着大人问东问西,不停地问“这是什么”“那是什么”“为什么”,甚至让人觉得有点儿“话痨”。家长不必烦恼,这其实是幼儿语言发展过程中的一大重要阶段,被称为词汇爆发期,大多数幼儿在此阶段的语言表达与交流的欲望非常强烈,语言表达能力也逐渐从早前不完整的单词句过渡到比较完整的语句。值得家长注意的是,这个时期恰是锻炼孩子口语和句子表达能力的重要时期,不可小觑,反而应该合理利用。

【诊断与分析】

首先,让我们梳理一下幼儿“词汇爆发期”的主要特点。

◆ 1.词汇种类增多

从名词、动词扩展到形容词等各种词汇,甚至短句。例如:“宝宝吃饭”“爸爸上班”等。

◆ 2.句子表达更完整

双词句出现并占到日常语言表达习惯的一半以上。双词句也被称为“电报句”,因为它与电报类似,集中于携带重要内容的单词,例如“爸爸抱抱”“开车车”“妈妈鞋”。

◆ 3.词汇“爆炸”式增长

幼儿2岁左右开始出现“词汇爆炸”现象,能理解的词汇量可达300个左右,能够说200~300个词,之前仅靠一个单词句的“小儿语”表达逐渐退出历史舞台。

◆ 4.日常语言表达需求增多

基于口语表达发展的需求,此时的孩子开始喜欢歌曲、故事、儿歌,喜欢阅读图书且“指指点点”“叽里咕噜”,好像在讲解;能理解并执行成人的简单指令;喜欢听成人反复讲同一个故事,并且能简单复述大意;不断地提出问题,疑问句较多。

◆ 5.能用语言进行自我调节

2岁左右的孩子能在没有直接事物的刺激的情况下,按成人指示调节自己的行动。例如,如果平时成人经常使用“好”“对”“可以”对孩子的行为进行强化,那么孩子在某个时刻会自己大声说出词来调节——“宝宝(自己的名字)要”或“我自己来”等。这是非常值得期待的时期,因为这标志着幼儿独立行动倾向的开始。

可见,2岁期间孩子的话多、问题多是一件非常好的事情,给孩子语言能力积极发展带来诸多有利激励。虽然每个孩子都拥有这段珍贵的机遇,但最终的实际效果还得落实到家长们能否把握住机遇,采取恰当、科学的早期教育:

(1)接纳并满足孩子对语言的欲望。

此时的幼儿在生活中会越来越频繁地向家长追问“是什么”“在干什么”“在哪里”以及“怎么办”等问题,家长一定要不厌其烦、耐心接纳幼儿的好奇追问,尽可能回应并与之互动,如果不能一一解答,就耐心倾听,切不可反感甚至埋怨孩子的多问、多话,反而会打击幼儿探索语言的信心。

(2)日常家庭亲子小游戏解答孩子需求。

生活中以成人提问,幼儿回答的方式进行亲子游戏。家长指某物问“这是什么”,或问“爸爸在做什么”,让要幼儿答;也可以选择一些只有几句话的绘本跟孩子一起阅读,注意故事的每句话都简短,可以问孩子“这是谁”,了解幼儿是否理解。

(3)创设丰富多样的外部语言教育环境。

利用儿歌锻炼幼儿听力和丰富规范幼儿语言。成人讲述时采用重复的节拍、生活化的语言再配合夸张的表情动作,非常吸引幼儿跟随学习,并可以配合“词语接龙”等词汇游戏巩固幼儿语言表达能力。

问题三:学步孩“偏偏倒倒”正常吗?

【问题背景】

众所周知,幼儿的动作发展是其身体健康和谐发展的重要基础。1岁后的幼儿从学步开始,其动作发展的复杂性和多样性逐渐呈现。在幼儿家庭抚育的过程中,家长们会很好奇:孩子学步是从偏偏倒倒开始的吗？这段时间会持续多久？孩子什么时候才能掌握稳定的行动能力？如果孩子运动协调不太好，是不是不正常，需要求医吗？家长这些焦虑非常普遍。但我们需要从1岁后幼儿动作发展的规律开始，掌握科学要领，切不可盲目追求“快”和“好”。相反，幼儿“稳扎稳打”“一步一个脚印”都是其今后全身动作协调的重要基础。

【分析与诊断】

先来看看关于孩子行走能力的发展开端——粗大动作。个体的粗大动作发展主要指头颈部、躯干和四肢幅度较大的动作，如坐、爬、站、走、跳、身体平衡等各种运动能力。1～2岁幼儿的粗大动作发展主要由移动向基本运动机能过渡，包括走、跑、跳等能力表现：

(1)行走：1.5岁左右的幼儿已经学会走路，大多数孩子走路比较稳当、学会上下楼梯。

(2)跑：幼儿在行走的基础上，加大步伐和频率才会形成跑。跑可以刺激婴儿的前庭器官，促进感觉综合功能发展和平衡能力的提高。幼儿一般在第13～18个月期间开始学会跑。

(3)跳跃：相对于走和跑而言，跳的动作难度更高，对身体的肌肉能力、平衡能力的要求也更高。19～24个月的幼儿开始能在原地做并足跳跃动作，还可以原地跳、向前跳等。

提醒家长，在陪伴幼儿开始锻炼各项动作能力的过程中需要注意以下问题：

(1)行走是由跌跌撞撞到逐渐稳当的过程。13～18个月幼儿行走的前期表现为身体僵硬，行进时身体不平衡，有明显的左右摇晃的动作，经过数月练习，大约1.5岁左右才能够走得很流畅稳当。

(2)上下楼梯是运动能力和深度知觉能力的综合过程。13～18个月儿童能在大人的牵引下进行单侧身体运动，即用手爬上楼梯时，儿童会抬起一条腿，把两只脚同时迈到同一位置才再上一层楼梯，暂时不会双腿交替使用。

(3)此时幼儿的四肢动作并不协调，通常在跑步跳跃中摇摇晃晃，步幅小、步子快，一般要到2岁后才可以迈开步子奔跑。

(4)大动作发展迟缓、落后的孩子，常常对左右方位弄不清楚，保持身体平衡困难，他们动作不灵活，经常碰伤自己，家长对此尤其需要注意，不可忽视。

(5)每个孩子都是独立不同的个体，其动作发展速度存在个别差异，家长应当遵循生命内在的发展秩序，无须攀比或过分焦急，更不可因此而对孩子过度训练。

下面给出一些针对1～2岁幼儿动作训练的家庭亲子活动或游戏，家长们可在日常生活中多加运用，有效促进孩子动作能力稳步提升。

◆ 1.行走训练

行走的动作训练与站立息息相关。当婴幼儿可以独立稳定站立时，就可以尝试练习行走。成人可从11～12个月开始引导幼儿练习走路，可以用学步带，也可以由父母搀扶着走，一切以让婴幼儿主动行走为原则。从18～24个月起可以引导幼儿练习在椅子上爬上爬下，也可以锻炼其倒退走，玩追人游戏，锻炼幼儿平衡灵活能力。引导幼儿上下楼梯时要注意训练顺序：先练习上楼再练习下楼，下楼的练习则从双手扶栏杆下楼到单手扶栏杆下楼再到独立下楼。

◆ 2.跑步训练

首先进行“牵手跑”。成人和幼儿面对面，牵着他的两只手，成人向后慢慢退着跑；接着可以只牵幼儿的一只手退着跑，熟练以后，成人可以从侧面牵着幼儿的一只手跑。之后进行“放手跑”，即当幼儿向前跑时成人在他前方半米远处退着慢跑，以防他头重脚轻向前倾时摔倒。最后训练幼儿“自动停稳跑”。成人可以在幼儿跑时用口令“一、二、三、停”，使他渐渐学会将身体伸直、步子放慢而平稳地停下来。

◆ 3.蹦跳训练

成人可以先做示范，双脚离地向上跳，让幼儿跟着跳，还可用“青蛙跳跳”“小白兔蹦蹦”“顶气球”等游戏来鼓励其练习双脚跳。在幼儿能稳定地双脚跳离地面的基础上，可教其从一阶台阶上往下跳，开始练习时应选比较矮的台阶，待幼儿有一定的胆量，并能稳定地跳下站稳后，再逐渐增加台阶的高度。训练中要注意选择在草地、泥地等有一定弹性、相对安全平坦的地方进行。注意正确的跳跃姿势：双脚并拢屈膝轻轻地跳起，脚尖先着地，两臂自然摆动。

问题四：孩子还没上幼儿园，有必要训练智能吗？

【问题背景】

虽然“不能输在起跑线”这个话题很有争议，但实际上每个家长都希望自己的孩子能在更早的阶段为今后良好智能发展打下坚实基础。那么1~2岁的孩子还未上幼儿园接受教育，此时就进行所谓“开发智能”是不是为时过早？其实，在0~3岁婴幼儿早期教育理念中，也是认可对幼儿智能进行适当的开发。跟早期教育一样，它并非等同于提前学习，提前智力教育。有一种“指尖上的智能开发”的概念，就更贴近日常生活常规发展所需的准备教育，它就是俗称的“幼儿精细动作训练”。这个训练是什么？跟1~2岁幼儿的智能开发有什么关系？家庭教育可行吗？

【分析与诊断】

精细动作即小肌肉动作，是由人体小肌肉群所组成的随意动作。幼儿的小肌肉动作实际上是指幼儿手的活动，主要包括眼手协调、手指屈伸和指尖动作等局部活动。手部动作无论是对身体机能的促进，还是对认识思维的影响，都能从幼儿智力发展上体现出来。因此常说“儿童的智能在他的手指尖上”，正是伴随手部动作的发展，幼儿的身体及智力才取得了长足的进步。

◆ 1.1~2岁幼儿精细动作发展水平如何？

（1）手腕和手指的灵活控制

满1岁以后，幼儿主要是学会玩比较复杂的玩具，学会拿东西的各种动作，开始把物体当作工具来使用：12~15个月的幼儿会双手合作打开瓶盖；13~18个月的幼儿会用双手将两三块积木垒高，能双手捧碗；19~24个月的幼儿能双手合作把五六块积木搭成塔，并能双手配合用线穿进扣眼，还能自己用汤勺吃东西。

（2）涂涂画画的手眼协调

1~2岁的幼儿对涂涂画画的动作很有兴趣，他们喜欢拿着笔在纸上、墙面上或者画板上

“划道道”。涂涂画画不仅可以练习手、腕部关节的大肌肉运动和小肌肉群精细动作控制，提高了手眼协调能力，也有助于婴幼儿学习使用筷子、勺子或其他小工具、小玩具。

因此，基于以上手腕、手指和手眼协调的需求，家长们可在日常生活中用下面这些小练习、小游戏促进孩子“指尖智能”有效发展。

(1)堆积木训练

积木是幼儿非常喜欢的玩具，不仅可以发展精细动作，集中性地提高幼儿的手眼协调性、抓握能力，而且可以发展婴幼儿的空间思维、想象能力，对观察能力也有很好的训练作用。16～17个月是幼儿垒叠能力发展的关键期，这个阶段婴幼儿通过搭积木和垒叠盒子等动作可以发展手的精细动作；帮助幼儿感受积木在空间上的变化，理解高矮宽窄等概念，促进认知的发展。

家长需要准备足够数量(6块左右)的不同形状的积木或者一些盒子，让幼儿有足够的空间来完成垒叠的动作，不限制其有序或固定造型。刚开始进行搭建活动，积木数量不要过多，从简单的垒叠开始，等幼儿掌握堆高技能后，可逐步增加积木的数量，再逐渐过渡到搭小桥或者房子等。在幼儿搭建的过程中，成人尽量保持不打扰，但在其搭建好后可以与之交流“这是搭的什么呢”。

(2)涂鸦练习

家长可以提供幼儿用的画板或者纸和笔让其在这些规定的地方涂写，而不是随意在墙上乱涂乱画。这一阶段幼儿还没有办法用正确握笔的姿势来涂写，成人只需要引导幼儿抓握住笔来涂写，培养幼儿对书写和绘画的兴趣就好。

(3)其他生活小游戏

比如，“盖盖-配盖”游戏——打开，盖上，练得熟练后，再练习给不同大小形状的瓶子配盖。“玩套叠玩具”游戏——套碗、套塔、套桶，先按大小，熟练后可按颜色顺序。

“投小球入瓶”游戏——用食指、拇指拿稳小球，拿到瓶口时手放松后，使球落入瓶中。“穿珠子”游戏——将绳子穿入小孔内，但要在孔的另一侧将绳子提起。“开门”游戏——拧开门把，推开门，或拉开横栓和扣吊，打开柜门，学着转动开锁。“倒来倒去”游戏——用手泼水或用塑料小碗装满水倒来倒去。

问题五：“指尖上的智能开发”仅仅是手的锻炼?

【问题背景】

上文已经提到关于幼儿早期手部精细动作训练的重要性。我们知道手是认识事物的重要器官，手的活动可以促进大脑的发育。但单纯的手活动对幼儿的成长并没有特别的意义。关于孩子早期智能的开发训练，是必须通过手和眼的共同作用实现的。比如跟孩子生活自理能力相关的拿勺子吃饭、端水、穿衣、使用剪刀，跟孩子上学能力相关的用笔、写字、阅读，这些都需要手眼协调能力作为基础。我们会发现，有的孩子在上幼儿园后吃饭缓慢、撒得到处都是，自己穿衣服扣扣子总会扣错位，自己系鞋带学得很慢，上学后写字歪歪扭扭，阅读会漏字跳行，甚至运动时姿态不协调，容易碰撞摔跤……这些其实都反映出孩子手眼协调能力的不足。0～3岁是孩子各项能力打基础的重要阶段，生活的手眼协调综合能力训练，家长务必重视。

【分析与诊断】

首先，让我们了解手眼协调为什么重要。通过综合的"手眼协调训练"，幼儿眼睛可以看到物品的色彩、形状、大小等，而手则可以触摸物品，感受它的软硬、粗糙度、冷热等特性；在眼睛的监控下，通过手的摆弄，幼儿还可以发现物体的上下、左右、前后等空间特性。因此，手眼协调能力的发展对促进幼儿的运动能力、智力和行为起着不可或缺的重要意义。

关于1~2岁幼儿手眼协调发展的特征主要有下面几个进阶过程：

(1)12~15个月的幼儿主要从翻书、用勺、涂鸦实践中发展手眼协调能力。

(2)18~24个月的幼儿开始通过搭积木练习，画线活动和脱袜子等动作发展协调性。

(3)13~18个月幼儿手眼协调能力快速发展，可以完成将小物品投进、倒出瓶子的一系列动作，能使用杯子喝水，已可以用手准确地将勺子中的饭菜放入口中，而不像1岁前那样拿勺子不分方向，胡乱拿起就往嘴里塞，以致大部分饭菜都撒在桌面或沾满脸上以及嘴边。此外撕纸、拧瓶盖、扣扣子、折纸、使用剪刀剪物等活动都是此时幼儿发展手眼协调能力的重要活动，也是幼儿日常生活中随时可得、喜闻乐见的兴趣。

在家庭教育中，父母可以做这些活动逐步培养孩子良好的手眼协调能力：

◆ 1.翻书练习

成人与幼儿一起看图书，边看边讲，可扶着幼儿的手翻书。把图书给幼儿拿着，分清书的正和倒，把书拿正。然后对着书一页一页地讲故事，讲完一页后，让幼儿自己动手去翻书页。

◆ 2.撕纸训练

家长可为幼儿准备各种材质、形状和颜色的纸。餐巾纸由于其柔软的质地，便于幼儿操作，容易撕纸成功。颜色单一或鲜艳的双面彩色纸除了让婴幼儿练习撕纸外，还能帮助他们认识诸如"红红的、黄黄的、蓝蓝的、绿绿的、黑黑的"这些词语。

◆ 3.穿扣子训练

成人示范相应动作后，提供鞋带等有一定硬度的线绳，大纽扣若干，引导幼儿拇指食指捏住线绳的一头，穿过小孔，并将线头拉出，锻炼双手配合的穿和拉，发展双手配合及手眼协调能力。可鼓励幼儿左右手都进行练习。

◆ 4.拧瓶盖训练

成人为幼儿做拧瓶盖的示范动作并配上讲解：左手握住瓶身，使整个瓶子固定，然后右手用力转动瓶盖。在练习之初，幼儿只是看到成人只要用力，瓶盖就被拧开，再用力，瓶盖又被紧紧地扣上，但并不明白如何用力、向哪个方向转动才可以把瓶盖打开或扣上。成人引导幼儿向左右两个方向都试一下，当幼儿重复几次后，自然就发现向哪个方向转动可以打开瓶盖，向哪个方向转动可以扣紧瓶盖。

◆ 5.折纸训练

成人引导2岁左右的幼儿将一张纸进行1~2次折叠，但不要求折成规则的形状，对2岁半左右的幼儿可要求将纸的边缘折叠得基本整齐。

◆ 6. 剪纸训练

幼儿从1.5岁可以开始学习如何握住剪刀，常见的是把食指与中指放进套环，而不是拇指。1.5～2岁幼儿可开始学习如何打开与合上剪刀。当幼儿可以正确地握住剪刀，就表示已经准备好了练习如何进行剪的动作，但是还不适合直接拿纸来练习剪。若是幼儿想要尝试剪东西，那么揉成条状的黏土等将是不错的选择，因为易于掌握且剪断的成功率较高，能提高他的成就感。

问题六：你重视孩子的情绪教育吗？

【问题背景】

如果我们做一个调查：有多少家长会在平日里留心自己孩子的情绪呢？对，就是孩子的开心或者不开心，烦恼或者情绪波动，家长们有留心或主动去探究这些变化背后的原因吗？有多少家长会将孩子的情绪情感需求与其身体健康，学业顺利视为同样重要的呢？我们在生活中常常发现，家长似乎觉得孩子的情绪波动只是一种自然的、幼稚的表现，或者只要用成人的规则去要求孩子服从，情绪问题就能得到解决。心理学研究认为，人的情绪情感具有信息功能，即能在人际交往中传递有效信息，促进沟通交流。在幼儿的家庭教育过程中，信息交流是必经的过程。1～2岁幼儿的语言能力尚未成熟，表情和情绪是其内心想法传递的重要渠道。只有当父母亲正确读懂、接纳儿童的情绪情感，方能真正了解其需求，进而施以有效的教育。

【分析与诊断】

孩子的情绪值得关注。那么1岁左右的幼儿，他们的情绪情感值得关注吗？会不会夸大其词，那么小的孩子懂什么？其实不然，从幼儿出生开始，情绪和情感就已经伴随他们的生长并起到越来越重要的影响。

随着动作能力的发展，1岁左右的幼儿开始站立、行走，越来越广泛地参与社会生活。除需要与父母亲建立亲密的情感依恋、获得心理安全感的满足之外，此时的幼儿还会在恐惧感情绪上表现突出，既有来自生理上害怕巨大声响、跌落或疼痛的恐惧，也有来自后天生活中通过各种体验而逐渐感受的恐惧经验，特别是来自母亲自身恐惧情绪的感染。

因此，家长应逐步引导幼儿从单一的家庭环境进入更丰富多元的外界环境，如社区、公园、幼儿集中区域，让其多与他人进行接触，尝试社会交往；要密切关注幼儿对陌生环境和人的反应，在保障亲密照顾者陪伴或情感服务的基础上，尝试让幼儿逐步接触陌生的环境、人和物。如果发现幼儿对某些陌生环境和人产生焦虑和不安，不可无视其消极情绪，不可对之进行责备或呵斥，更不可强迫其与刺激对象接触，应及时给予情感抚慰，并将其带离刺激环境，待其情绪稳定后，再尝试用恰当的方法让其接触。

那么，家长该如何做好1～2岁幼儿的情绪情感教育呢？我们给出下面这些建议。

◆ 1. 情感满足

此时由于幼儿活动性的增强，在喜欢刺激与探索世界的好奇心驱使下，“蹦蹦”和“举高高”等游戏常常使他们体验到更多的兴奋、愉快与满足。家长应注意在生活中为幼儿安排更丰富的身体活动游戏，适当提高游戏任务难度，满足其对探索新异刺激的需求，同时在游戏中要用鼓励适当地帮助幼儿获得成功，使其获得更多的自我效能感，从而带来愉悦情绪体验。

◆ 2.稳定情绪

情绪稳定和人内心的秩序性密不可分。此时的幼儿会对秩序、规则有一定的坚持性，包括空间布局上的秩序或时间秩序上的固定。例如，成人将物品放错位置或在原有固定的吃饭时间没有吃饭，幼儿就会表现出不安、焦躁的情绪，甚至用哭闹、拒绝成人指令来表达。成人应注意发现和顺应幼儿的秩序倾向喜好，不可用成年人的喜好强迫幼儿，在游戏材料、玩具的安排提供和游戏规则、口令指导中要一贯而至，保持秩序感。

◆ 3.培养共情

幼儿在此时会发展出一定的幽默感和同情心，能感受他人情绪，安慰他人情绪，在悲伤时寻求父母帮助，这是其情感发展与社会性交往的一种表达。成人对其积极和消极情感都要给予共鸣，特别是在幼儿出现哭泣、烦躁、愤怒时，要第一时间给予包容和接纳的情感反馈，不能抱怨、斥责，或者置之不理，应保持耐心，用平和、温暖的情绪接纳幼儿。

问题七：焦虑？恐惧？胆小？——幼儿情绪解码

【问题背景】

上一篇我们说到了家庭早期教育应该重视婴幼儿的情绪发展。那么在日常生活中，家长们是否清楚如何解读1~2岁幼儿的情绪密码呢？例如婴儿从6个月到1岁之间，他们容易强烈地依恋父母，生活中容易表现出跟父母的分离焦虑情绪，这是正常的吗？有的家长会嘲笑宝宝胆子太小，这正确吗？又如，1岁后的孩子似乎情绪丰富了很多，有对特定事物的恐惧情绪，也有没有被满足需求时的气愤情绪，还会表示出对某些事物例如小狗狗的喜爱之情，家长们既欣喜于孩子对周围世界感受更丰富，也好奇于如何正确引导孩子的这些情绪情感持续健康发展。那么，把握1~2岁幼儿情绪发展的内容和特点是必要前提。

【分析与诊断】

情绪情感是个体全面发展的重要内容，健康安全的亲子情感依恋关系是1~2岁幼儿面临生活重要课题和身心健康发展的重要保障。

总的来说，从出生起，婴幼儿的情绪是从未分化到分化、从非社会性到社会性发展的。例如婴幼儿从出生开始就有哭、静、四肢蹬动等情绪表现，但这些初生情绪几乎都属于遗传本能反应，主要与其生理需要是否得到满足直接相关。婴幼儿的情绪在其成长与环境的影响下逐渐分化与丰富。到1岁半左右，随着自我意识、交往以及认知的渐渐发展，幼儿逐渐产生羞愧、自豪、骄傲、内疚、同情等更高级、复杂的情感。

婴幼儿的情绪自我调节能力也在社会生活中不断发展。出生后头几个月，婴幼儿只是能够通过让身体远离引起不愉快的物体或通过不断吮吸的方式抑制某些消极的情绪。接近1岁时，婴儿学会了使用意识控制和自我安慰的方式来调节自身不愉快的情绪，比如晃动自己的肢体、用嘴咬东西和远离引起不愉快的人或事物。

从1~2岁期间的分段特点来说，也具有各自的主要需求：

第10~12个月中，孩子的情绪走向社会性情绪发展方向。此时也是婴幼儿与成年人早期依恋建立并发展的主要阶段。在这个时期，婴儿表现出对父母等主要亲密照顾者的强烈的、高度积极的情绪情感(包括分离时的消极体验和痛苦表现)，但对陌生人表现出更警惕的疏远情绪。

第13~18个月中，幼儿的恐惧感产生的范围扩大，既有生理上害怕巨大声响、跌落或疼痛恐惧的，也有在后天生活中通过各种体验而逐渐感受的恐惧经验，特别是母亲恐惧情绪的感染对婴儿来说尤为敏感。另外，此时婴儿的依恋情感体验达到高峰，母亲或其他亲密照顾者的出现会给婴儿带来极大的安全感，反之，离开则会带给他们极大恐惧和焦虑。

第19~24个月中，幼儿的活动性增强，在喜欢刺激与探索世界的好奇心驱使下，他们更喜欢和父亲或男性亲密照顾者在一起。有研究称这可能是男性行为更具活动性，更容易带来新异和刺激影响。此时的幼儿会对秩序、规则有一定的坚持性，包括空间布局上的秩序或时间秩序上的固定。例如，成人将物品放错位置或在原有固定的吃饭时间没有吃饭，婴幼儿就会表现出不安、焦躁的情绪，甚至用哭闹、拒绝成人指令来表达。另外，幼儿在此时会发展出一定的幽默感和同情心，能感受他人情绪，安慰他人情绪，在悲伤时寻求父母帮助，这是幼儿情感发展与其社会性交往的一种表达。

总之，家庭在对1~2岁幼儿的情绪发展教养中，需要注意帮助幼儿辨认自己和他人情绪。无论早期婴幼儿是否会说话、口头交流，但成人教养者关于情绪的正确态度是可以通过各种渠道传递给他们，对其情绪能力进行熏陶的。在日常生活中，家长应通过表情情绪图卡游戏帮助幼儿辨识人们的情绪含义，当孩子情绪激动时，进行拥抱、深呼吸、自我安慰等示范，帮助他们学习情绪管理。最重要的是家长自己的情绪表达和管理要合理，在孩子面前做到正面的榜样而不是反面的错误示范。

问题八：叛逆期来了？——幼儿自我意识发展不得不说的事

【问题背景】

有一个常见的现象：当幼儿2岁左右时，家长往往会发现从前“乖乖听话”的孩子，逐渐变得“不听话”“叛逆”“有自己的想法”，不管家长的态度是和蔼还是严肃，孩子经常对大人的指令说“我不”……这难道就是传说中人生的第一个“叛逆期”来了？很多家长为此开始焦虑，认为孩子即将脱离自己的掌控，难以管教，甚至会出现很多行为问题，为此伤透脑筋。其实家长不必太过担心，这是家庭教育中必经的一课。作为个体，幼儿有其必然的自我意识发展，涉及自我认识、自我评价、自尊自控等系列个性表现。2岁的孩子出现“叛逆”的行为，恰是其自我意识发展的重要开端，是为今后成为一个独立自主的个体的重要开端，当然这也是家庭教育面临的一堂新课。

【分析与诊断】

首先，梳理下3岁前孩子自我认知发展的过程。

◆ 1. **自我意识尚未形成**

出生头3个月内的婴儿还不能区分自己和他人，不具备对自己的主体觉察，但从第3个月开始其自我认识就逐渐发展起来。

◆ 2.自我认知发展起点

1.5岁左右是幼儿自我认知发展的重要转折期。此时幼儿对自己的面部特征已经有了比较明确的认知。在一项经典研究(1972)中,成人将婴幼儿鼻子上涂上一点红胭脂,让他坐在镜子前,婴幼儿能清楚地指出不属于自己面部特征的东西,伸手去摸自己的鼻子而不是去摸镜子里的鼻子。这说明他已具备区分自己与其他物体的认知能力。

◆ 3.拐点:"我"的出现

在1.5~2岁期间,幼儿出现了"我"的认识。由于具备了用语言标示自己的能力,幼儿开始学习用代名词"我""你"称呼某个形象的能力。例如,在表达自己的想法时总要把自己的名字,"某某""宝宝"挂在前头。2岁后幼儿逐渐形成了"自我"这个概念,知道哪些东西是"我的",表现出对物的占有欲,语言表达总是用"我""我的"开头。自此,幼儿自我意识真正形成。

面对孩子自我意识发展的这堂新课,我们给父母们这些教育建议。

◆ 1.接纳孩子的个体独立

关注幼儿自我意识发展,首要必须接纳幼儿作为独立个体的必然性。家长要允许和包容他们展示出自己不同于其他孩子的行为风格特点,放下自己对孩子持有的"应该""必须""拒绝变化""跟过去婴儿时一样乖乖听话"等固有观点,避免"这个孩子怎么跟别的孩子不一样""你为什么不能像别的孩子那样安静"等主观上的偏见、指责、抱怨,甚至限制孩子用自己的风格去探索世界。除开从科学依据上排查确实困难和问题,家长要包容接纳儿童的个性特点,耐心观察和理解孩子行为表现背后的原因。

◆ 2.促进孩子认知的主客分离

家长可以和孩子玩"照镜子""找照片""找不同"等游戏,让幼儿探究镜中映像与自己身体运动变化之间的关系,逐步学会辨识主体的自己和客体的镜子;或者向幼儿同时展示他自己的、母亲的(亲密照顾者的)、熟人的、陌生人的相片,让孩子指出哪个是自己;或者进一步引导幼儿具体地去认识人脸面部特征的区别。例如眼睛、鼻子、嘴等五官,头发、衣服等特征,甚至最后可以认识男孩与女孩外貌特征的区别。

◆ 3.保持孩子认知稳定发展

前面说到的家长要接纳孩子的独立,不代表教育的放弃和放任,而是指家长要对孩子的任性、反抗、叛逆,特别是不听话而导致的错误的行为做出合理科学的反应。自我意识情绪在幼儿2岁半左右时出现,并且只有成人在场的时候,幼儿才会表现出来,在很大程度上会受成人评价的影响。如果父母只是不断地给幼儿价值和表现的反馈——"这件事做得真糟糕,我还以为你是一个好孩子",幼儿则倾向于在失败时感到羞愧。反之,如果父母更关注的是如何改进幼儿的表现——"你应该这样做",那么幼儿体验到的是一种适度的、更具有适应性和指导性的羞愧和内疚。

问题九:孩子的社会交往几时开始?——从家庭到同伴

【问题背景】

当今社会,拥有健康良好的社会适应与交往能力是一个人必备的素养。幼儿期是个体发展的重要基础阶段，社会能力的培养同样显得非常重要。这么小的孩子就需要锻炼社会能力吗？答案是毋庸置疑的。有调查发现，当今幼儿的社会交往能力存在一定的问题，一方面，亲子深度交往互动的机会少，大人忙自己的，孩子玩自己的；另一方面为安全起见，家长也很少放手让孩子跟外界交往，孩子容易交往范围小，交往技能不足，性格孤僻，不懂得谦让合作，在同伴交往中，缺乏尊重他人、礼貌待人、争抢多、哭闹多、情绪控制不足的现象。这些问题都值得广大家庭关注。那么，早期社会能力如何培养呢？这一切都要从家庭亲子交往开始。

【分析与诊断】

其实婴儿从出生开始，就已经在家庭环境中跟父母之间展开了人际交往，其交往能力体现在亲子交往风格，比如孩子随时黏着父母不能分开，面对陌生人特别害羞。1岁后的幼儿从语言和动作发展中获得了开拓家庭以外社会环境适应和交往的机会，因此也逐渐从亲子交往过渡到社会同伴交往。

如何正确利用家庭亲子交往促进孩子能力发展？

第一，通常母亲是幼儿的主要抚养者，是婴儿社会性行为和社会性发展的重要基础。幼儿在2岁左右能认知并理解母亲的情感，知道交往时应考虑母亲的需要和兴趣，并据此调整自己的情绪和行为反应。例如，当母亲忙于别的事情，需要离开自己一段时间时，幼儿会表现出理解，因为他相信母亲肯定会回来。

第二，与父亲的交往。这对幼儿心理发展有不可替代的特殊作用。较之跟母亲交往的时间、频率不同，父幼交往表现出这些特点：交往内容上多为游戏活动，交往方式上更多通过身体运动方式，游戏性质上多是大动作、激烈的、强刺激的身体游戏和新异性游戏。这些可以对幼儿身体感觉动作发展带来更多刺激满足，更激发幼儿大脑和身体的发育。

进而，家长如何科学引导孩子学会社会同伴交往？

随着幼儿各方面能力的发展，必然走出家庭与更多的人产生互动，其中最主要的就是与同龄儿童开展的同伴交往。

6个月前的婴儿对同伴的反应还算不上真正的社会交往，更可能是将同伴当作可活动的玩具。随后，简单社会人际交往行为发生在12~18个月时，婴儿对其他婴儿的反应，开始出现某些带有应答特征的行为，这就是“社交指向行为”。

从第15个月左右开始是幼儿同伴交往的关键时期，幼儿间的互补性交往行为，即真正的同伴交往自此开端。此时幼儿们之间相互影响的持续时间更长，出现了共同的游戏、互补或互惠的行为，如你追我跑，你躲我找，两人在一起共搭一个东西等。

1.5岁是幼儿同伴交往能力发展的转折点，在这之后其社交性游戏数量和频次迅速增加，到2岁左右，幼儿的社会性游戏在数量上超过了独自游戏，社会人际关系的重心逐渐由父母亲过渡到同伴。

因此，关于幼儿早期社会交往能力培养，家庭教育需要注意以下问题。

首先，亲子交往中需注意交往信号的特性。社会交往的基本信号是注视和交谈。1岁以内婴儿的交往信号主要是注视、伸手够物，模仿面部表情，视觉和动觉追踪成人。9~12个月的婴儿已经更多表现出对母亲和亲密照顾者的偏爱。婴儿需要成人的陪伴,如果分离则会表达抗议。为促进婴儿获得更多良好的社会交往经验,父母可以在1岁前通过每日定时的亲子抚触按摩操,在1岁后通过日常对话、亲子阅读、亲子游戏等方式增进双方社会交往互动。

其次,同伴交往中的影响因素是多样的,包括家庭亲子交往经验、玩具物品的数量特征、同伴之间的熟悉性、婴幼儿自身的个性气质等。所以,一是要注意培养幼儿在家庭亲子交往中获得良好情感满足、愉悦体验,才能使之在今后面对陌生同伴时,有勇气、自信和乐观的态度,主动发起交往或者乐于接受对方交往的信号。二是要注意幼儿个性气质特点,在尊重幼儿自己选择喜欢的交往小伙伴的基础上恰当地引导他与适应的同伴进行交往。有些气质偏内向、安静、不灵活的幼儿,可以制造机会让他与热情、外向、活动性强的幼儿交流互动,既帮助幼儿接触更多与自己行为方式不同特征的同伴,更好地适应环境,也能在同伴相互影响下取长补短,完善幼儿自身个性。三是注意教给幼儿正确的交往方式,遵守共同的交往规则。在2岁以后孩子之间开始进行联合活动游戏时,给予儿童内部规则的发展空间,引导他们去思考如何跟小朋友合作更愉快,跟小伙伴一起玩要注意例如“礼貌谦让”“共同分享”“有矛盾要想办法”等问题。

问题十:幼儿需要培养自制力吗?

【问题背景】

有家长很疑问:孩子才一二岁,自然是不知道规矩和自我管理的,所以必须要严格要求孩子的规则性吗?有的教育者也疑惑:4岁开始是孩子规则意识的关键期,那么在这之前给孩子讲道理、讲原则是行不通的,有必要培养孩子的自制力吗?

其实,自我控制是指个体自主调节行为,使其与个人价值和社会期望相匹配的能力。它可以引发或制止特定的行为,如抑制冲动行为、抵制诱惑、延迟满足、制订和完成行为计划、采取适应社会情境的行为方式。自控行为是个体从幼稚、依赖走向成熟、独立的标志。虽然4岁开始孩子的规则意识会更突出,教育更便利,但这不等于对于1~2岁的孩子,自制力的培养没有意义。

1~2岁幼儿自我控制最显著的表现就是对成人教养者的服从,以及克制对自己所需求事物的欲望。比如幼儿伸手想去抓烫的铁锅,妈妈制止并禁止孩子今后继续做同类行为,孩子就乖乖把手缩回来,并且在下次遇到同类好奇的诱惑时,能想到妈妈的要求,能克制、管理自己的心理冲动。

【分析与诊断】

首先我们看一下关于个体自控力的发展研究。

儿童自我控制和调节能力发展的进阶:1岁前的婴儿主要是自发的动作活动,并根据环境的变化来调节,主要是对成人警告性信号的反应,表现为依从的行为控制。1岁左右,属于外部控制阶段,幼儿能使自己的行为服从于控制命令,行为中的有意成分在增加,开始辨识出照看者的要求,并抑制自己的行为。2岁左右属于自我控制阶段,幼儿能在没有外界控制的情况下服从照看者曾经给予的规则,并根据他人要求延缓自己的行为。3岁以后属于自我调节阶段，幼儿可以用语言对自己行为进行调节，例如自言自语“这样做不好”。

许多研究发现，年龄是早期自控能力最显著的预测因素，随着年龄的增长，尤其是在3岁左右，儿童根据外界要求调节自己行为的能力有显著变化、提高。家长尽可能早地在幼儿3岁前进行外部教育引导，可以为孩子在3岁后自控行为的发展奠定良好基础。

因此，对于1～2岁幼儿的自制力培养，需要找到适宜的家庭教育策略。

◆ 1.养成适宜的家庭教养风格

专制型父母对孩子过于严厉，对孩子行为期待过高，要求孩子无条件服从，常用惩罚责备的方式管理孩子行为，导致儿童对外部规则过于依附，自我调节能力发展不足，自控灵活性差，适应新环境新问题困难；放任型父母对孩子行为过度容忍，甚至缺乏必要约束和要求，让孩子从未经历有效外部控制的阶段直接进入自我调节阶段，当然缺乏参照的标准，孩子的自控显得无所适从，往往表现出无法自控、调节，自尊心水平低，行为任性；权威—民主型父母对孩子既有比较严格的管理限制，也能正确引导儿童自觉规范调节行为，使得儿童更具有自信感和自控感，利于儿童形成良好的内在行为准则。

◆ 2.施以延迟满足训练

自我控制其实与克制自我欲望有关。如何正确管理自己的想法，与本能冲动对抗，是必须从婴幼儿时期开始由外部教育进行训练的。发展心理学研究中有一个经典的实验，称为“延迟满足”实验。实验者发给4岁儿童每人一颗糖，同时告诉孩子们，如果马上吃掉这颗糖的话，就不再发糖；如果等20分钟后再吃，就再发一颗。实验者观察到，有的幼儿迫不及待地把糖吃了，有的幼儿则耐住性子，以唱歌、休息等方式消磨时光，最终获得了两颗糖。在后来的追踪观察中，实验者发现那些克制自己欲望获得两颗糖的孩子长大后表现出较强的适应性和自信心，事业上更容易获得成功。而那些经不住诱惑的孩子则往往屈服于压力而逃避挑战。

◆ 3.明确要求，内化规则

3岁前幼儿因为语言能力、注意力有限，理解并执行成年人的指令要求也较局限。因此成人对幼儿发出的行为规则指令要单个而明确，包括对象、程度、性质等，不能含糊不清或多个要求含在一个指令中。此外，2岁前幼儿尚处于外部规则阶段，规则不仅是对幼儿适用，幼儿父母自身也要在幼儿面前遵守这些规则，做好榜样示范。在日常生活中积极给予幼儿制定自身行为规则的机会，比如吃饭时不看电视，吃饭时不说话，吃饭用多少时间等，逐步引导幼儿形成内在规则意识。

第三节 ‖ 2~3岁幼儿早期教育问题答疑

经过了前两年的生长准备，2~3的幼儿开始逐渐发展出相对独立的生活与适应能力，在此基础上其个性化的心理智能与社会性也开始萌发。这使得家长对孩子的教养、引导、教育的关注话题指向针也悄然发生转移，例如孩子的自理能力养成，孩子人际交往的互动，孩子情绪调节与行为习惯，孩子的兴趣爱好的发掘等。这些话题之所以受大家关注，是因为它们恰是为幼儿在3岁后进入幼儿园接受系统的学前教育打下了重要基础。

问题一：吃饭习惯不好？——如何培养孩子独立进食

【问题背景】

“宝宝3岁了，都不会用勺子，还不爱吃饭，每次都要家长追着喂食，慢慢地还养成了挑食偏食的坏习惯，导致营养不良，影响生长发育。”这样的案例屡见不鲜。吃饭与独立进食是1岁后的幼儿需要学习的新技能，也是家庭早期教育需要关注的重要话题。幼儿断奶后，父母如何培养幼儿学会独立进食十分重要。3岁左右的幼儿正处于学习独立进食的黄金时期，同时，2~3岁的幼儿容易出现挑食和偏食的现象，家长就更需要注重培养幼儿养成良好的饮食习惯了。那么，家长该如何把握好时机，用正确的方法培养幼儿独立进食的好习惯呢？具体有哪些需要注意的呢？

【诊断与分析】

首先，家长要明白独立进食习惯对于幼儿的重要性和积极意义。在幼儿使用手或者勺子、筷子独立抓取、获得食物的过程中，有助于幼儿触觉的发展，既锻炼了眼手的协调性，提高幼儿的专注力，从而促进幼儿大脑的发育，同时，幼儿又在此过程中逐渐生成自理意识，有助于幼儿未来形成良好的生活自理能力。

其次，如何培养孩子的独立进食习惯与能力，总结起来主要是以下这四方面。

◆ 1.调动幼儿进食的兴趣

让幼儿对进食产生兴趣，是保障幼儿养成良好进食习惯的必要条件之一。家长不当地频繁喂食，是幼儿不爱吃饭的原因之一，所以建议家长要控制幼儿饭前的摄入量，让幼儿产生适当的饥饿感，从而对进食产生兴趣。前面“问题背景”中的3岁宝宝自己不想吃，家长追着喂，由此常常引发一些因隔代教育问题而引起的不必要争论。

◆ 2.调动幼儿进食的“独立性”

有些家长经常追着喂食，不让幼儿自己动手进食，极大地打击了幼儿的自主性，也是导致幼儿不爱吃饭的重要原因之一，这时就需要调动幼儿进食的“独立性”。如何调动幼儿进食的“独立性”呢？家长首先要管住自己想要“喂”幼儿的手，要引导幼儿形成“自己的事情自己做”的意识。当幼儿模仿家长进食过程中的动作时，建议家长不要因为动作不准确就批评或者阻止幼儿再次独立操作，从而打击幼儿的积极性，应该经常鼓励幼儿在独立进食中的一些良好表现，如独立用勺吃饭、独立拿碗、用餐结束后独立收拾干净用餐区域等。幼儿由于受到家长的鼓励,自尊心和自信心得到满足,面对进食就会变得积极主动。所以面对前面“问题背景”中幼儿不爱吃饭的情况,家长可以尝试着为幼儿创造一些独立进食的工具和环境,适当鼓励幼儿独立进食并给予及时的表扬,这样既可以培养幼儿独立进食的能力又能促进幼儿“独立性”的发展,可谓事半功倍。

◆ 3.调动幼儿进食的“专注性”

家长应给幼儿树立好榜样,吃饭时应停下与吃饭无关的活动,如看电视、玩手机、打电话等。如果用餐前幼儿还在做与吃饭无关的活动,建议在用餐前15分钟将其活动停下来,让幼儿将注意力转移到用餐上。幼儿进食时容易被环境影响,如房间的温度、外部噪声、玩具、电视、手机等。建议家长选择一个安静的饮食环境,在吃饭前调整好房间的温度,关闭手机、电视,并将餐桌上的玩具、杂物收放在幼儿看不见的地方,为幼儿创造一个舒心、安静、干净的饮食环境。

◆ 4.锻炼幼儿手部精细动作能力

幼儿不爱独立吃饭,也许是平时手部精细动作锻炼不足造成的,建议家长从训练幼儿的手部精细动作和眼手协调能力开始。抓、握、捏是幼儿发展手部精细动作的基础,家长除了选择合适的玩具来锻炼幼儿外,用餐也是一个很好的锻炼机会。家长可选择幼儿方便用手抓取的食物,如饭团、软面包等,同时建议家长选择合适安全的餐具,如勺子、碗、筷子等,来培养孩子手部的小肌肉能力和眼手协调能力。

刚开始幼儿会把玩手中的勺子,家长需要耐心陪在幼儿身边,指导幼儿用手握住勺子的上部。一开始幼儿还不能准确地将食物送入口中,这时候家长需要在旁耐心地指导和鼓励,目的在于促进幼儿手眼协调地配合。当幼儿学会用勺子吃饭后,就可以慢慢开始训练幼儿对筷子的使用了。建议家长准备轻巧又易夹取的食物,如面条、青菜等。幼儿在使用筷子用餐时,家长需要教孩子握筷子的力度,根据幼儿自身的情况决定握筷的高低位置,一般建议握住筷子上部的三分之一处,家长可以在旁做示范。

问题二:3岁的孩子还不能独立入睡是为什么?

【问题背景】

前面提到当婴幼儿1岁以后,父母已经开始着眼培养孩子独立入睡的习惯,这对孩子的身心健康发展都是极其有益的。但是我们也会看到有的孩子到了3岁左右,依然没有养成独立入睡的习惯,或者独立入睡又总会遇到许多问题,比如孩子哭闹、孩子不能克服怕黑的恐惧等,这就像是一次“断奶”的过程,甚至比“断奶”还要难。孩子大多会表现出:抗拒、哭闹,甚至有时候家长会通过趁孩子睡着后偷偷把他们抱到自己的床上,希望孩子能渐渐适应独立入睡,但是孩子半夜醒后也会哭闹着回到家长身边。家长们很苦恼:为什么别人家的孩子就很勇敢自己睡,而自己的孩子却“胆小”“依赖性强”呢?对此,我们需要找找原因,想想办法。

【诊断与分析】

首先,幼儿独立入睡出现困难一般源自以下四个方面。

第一,与早期亲子依恋关系有关。1岁前的幼儿与父母亲形成了依恋关系,一般表现为幼儿对照料者的依附、追随和亲密行为带来的安全感。2~3岁阶段幼儿正处于社会情感发展的关键期，对亲情、安全感、信赖感的需要依然强烈。所以大多数幼儿对独立入睡表现出抗拒，很大一部分原因在于没有建立足够安全的依恋关系，如果幼儿突然与父母分开睡，让其置身于一个陌生的环境，会让幼儿产生不安全感以致拥有不良情绪。

第二，与哺乳期睡眠习惯有关。从哺乳期开始，幼儿大多数时间都与母亲一起入睡，幼儿对母亲具有强烈的依赖，这个时期开始养成的睡眠习惯很难一时之间改变。当幼儿习惯与母亲一起入睡时，突然将幼儿从母亲的怀中抽离，肯定会让幼儿觉得不适应并且感到恐惧。

第三，与幼儿的独立性不足有关。如果父母在生活中对孩子过于宠爱，万事包办代替，那么将不利于幼儿独立意识和行为能力的培养。当幼儿自身的独立性不足时，对父母的依赖过强，在培养他们独立入睡时可能需要更多的时间适应。

第四，与家长自身的情感不舍有关。不仅仅幼儿有分离焦虑，父母也会具有。当父母一向习惯了孩子在自己的近距离照看下入睡时，与孩子的分离也会让他们有很多担忧，担心孩子在自己睡觉时会不会遇到一些不安全的情况，担心晚上孩子会不会因为被子没盖好而感冒等。再加上看着孩子哭闹着想要回到自己身边睡觉时，父母的内心也会动摇，心软让孩子回到自己身边，最后导致恶性循环，培养孩子独立入睡也会更加困难。

接下来，找到了原因，我们就可以循序渐进、分类分步骤培养孩子独立入睡。

第一，分床不分房。

决定培养孩子独立睡觉以后，家长不要操之过急、立即分房，因为这样只会加深孩子的恐惧心理。家长可以在生活中的方方面面引导孩子，让孩子知道自己可以独立吃饭、独立上厕所，当然也可以独立睡觉。我们先分床不分房，让孩子在父母的照护之下入睡，从心理上满足孩子的需要，又适当为孩子创造了一个脱离父母的睡眠环境，渐渐培养独立入睡。

第二，分房陪睡。

当孩子完全适应自己分床睡觉无障碍时，家长可以逐渐培养孩子分房睡觉了。在锻炼孩子完全独立分房睡之前，让孩子主动参与布置自己的房间，产生对自己卧室的憧憬。入睡之前，给他讲讲绘本和有趣的故事，营造一个愉快且舒适的睡眠环境，陪伴孩子入睡。

第三，分房不陪睡。

当孩子完全适应自己较为独立的睡眠环境时，家长就可以逐渐不再陪伴孩子入睡。但是必须一步一步来，不要紧闭房门，让孩子觉得与父母产生距离。在最开始可以打开父母和孩子的房门，在孩子不适应独自入睡时，让孩子觉得自己是被接纳的，给孩子足够的安全感。分房睡后，父母可以放一些让孩子有安全感或者喜欢的东西在孩子的床边，同时家长要严格执行自己的决定，内心要坚定，不能因为孩子的哭闹就心软。

问题三：幼儿说话晚就是有疾病吗——需科学鉴别

【问题背景】

一般幼儿1岁左右开始学习说话，从最开始简单音节的发音、叠词的重复到简单语句的表达，幼儿3岁左右语言发展便进入关键期。然而生活中，我们却不免发现：3岁左右的幼儿，有的一张嘴就咿咿呀呀，叽叽喳喳说个不停，而有的幼儿却不大开口说话，或者说话时也仅仅只发一个音，并且还含糊不清，这一类型的幼儿，常表现为语言发展能力欠佳，开口说话时间较晚，不能用语言清楚地表达自己的想法，只能凭借肢体语言或者断断续续的几个字来传达自己的意思。遇到这样的情况，家长们难免感到担忧与焦虑，担心自己的孩子是不是存在语言发展迟滞或者身心不健康等问题，从而“病急乱投医”。遇到这种情况，请家长们首先要理性认知，科学鉴别，对症下药。

【诊断与分析】

导致3岁左右幼儿说话晚、能力水平稍落后的原因是多种多样的，但最主要有以下两点。其一是幼儿本身的生理和心理条件，即幼儿内部身心因素，这类问题更多倾向于器质问题或疾病倾向，需要寻求专业医学诊断解决。其二是幼儿生活、教育所处的外在环境影响，这类情况是属于非器质或疾病倾向，是教育个体问题，可以在家庭生活和教育情景中慢慢调节。

1.生理因素

针对第一类跟生理因素有关的情况，我们梳理了如下一些具体问题供家长们掌握。

(1)耳聋。

由于耳聋影响声音输入障碍，如中度以上耳聋可以影响幼儿对语言的理解和表达，导致说话迟缓，耳聋越重，影响语言发育情况越明显。

(2)构成说话的组织器官异常。

如先天性腭裂幼儿，由于口腔上腭不同程度缺陷，导致说话的构音器官不全，影响语言发育，导致说话延迟。部分脑瘫幼儿，由于构音器官肌肉运动不协调导致说话表达困难，导致说话延迟。

(3)智力低下。

智力低下在语言发育迟缓中所占比例最大，由于智力低下，学习和模仿能力差，对语言理解和表达能力差，导致说话晚。

(4)儿童行为障碍性疾病。

如儿童孤独症，由于社交行为障碍，对交流说话对象不关心，影响学习说话，同时运用语言能力差，自言自语，重复刻板言语，或说话单调，没有抑扬顿挫表现等。

倘若幼儿出现以上情况，建议家长们及时就诊，寻找专业医院和康复机构就诊治疗，在专业医师指导下，选定最适合孩子的治疗康复方案，对症下药，争取把握住最佳治疗康复时间。

2.外部环境因素

针对第二类跟外部环境因素有关的情况，家长们又该如何应对呢？

(1)幼儿语言环境的复杂性。

当幼儿在学说话时，环境的复杂性可能改变幼儿的生活习惯及语言环境，导致幼儿在交流过程中对新环境难以适应，从而影响语言表达和说话困难。

(2)幼儿语言环境的不良性。

有的家长选择让孩子看电视，认为多看电视，有助于幼儿说话，但对于并无实际说话经验的幼儿，仅听声音，对于幼儿语言发展的作用也是微乎其微的。此外，过度的保护与溺爱，家长承包代替了一切，使得幼儿开口说话显得没有必要，同样不利于幼儿的语言发展。

为此，家长们应在日常生活教育中为幼儿创设优良的语言环境。其一，给予幼儿一个相对稳定的学习、生活环境是很有必要的，可以给予幼儿无形的安全感。其二，家长们应保持足够的耐心与信心，学会倾听幼儿说话，多陪伴幼儿，善于抓住幼儿的兴趣点，多与幼儿做游戏，说话聊天，给幼儿讲故事，教幼儿诗歌等，刺激幼儿表达自我的欲望，使幼儿敢说、愿说、会说。其三，当家长们明白幼儿发出的需求信号时，也不应该马上去执行或代替幼儿说出口，而应该加以引导，鼓励幼儿自己表达出来，激发其说话欲望。

总而言之，希望每一位家长明白，孩子的语言发展既受生理因素影响，也受外部环境影响，同时还具有个体差异，而语言能力自身也是循序渐进的过程，不可一蹴而就。因此，即使现在小朋友说话比同龄的其他小朋友较晚一些，家长也不必过分忧虑，应辨明情况，对症下药，积极应对。

问题四：如何让孩子乐于分享——“四步走”策略

【问题背景】

生活中大家都喜欢乐于分享的人。很多家长都希望自己的孩子可以乐意将吃的、玩的分享给长辈和小伙伴。但在2~3岁的小朋友群体中，我们常发现：孩子手中的玩具不给别人，孩子常常想要别人手中的玩具，孩子们在一起玩耍的时候很容易出现互相抢玩具的现象等。此时家长们会问：这是因为孩子太小还不懂得分享吗？这是不是2~3岁孩子的特定表现呢？随着孩子年龄的增长，分享的能力是不是就自然获得了？又或者，当两个小宝贝抢东西时，家长往往会把东西给哭的孩子，这种做法到底对不对呢？我们该如何教育这个阶段的孩子学习分享？

【诊断与分析】

幼儿的分享行为指的是幼儿与其他人共享某种资源的行为，是幼儿亲社会行为的一种重要表现方式。幼儿的分享行为对幼儿的发展和人格的塑造有积极意义，可以为幼儿赢得更多的伙伴，锻炼了人际交往的能力，也能帮助幼儿学会与他人和睦相处、共同合作，促进儿童社会性行为的发展。

部分孩子尤其是独生子女常常不愿意分享自己的东西，这是为什么？这里需要了解一个概念：物权。物权是指人对物品的所有权。物权概念的形成是伴随个体自我意识的萌芽而产生发展的。一般来说在1岁半以前的婴幼儿阶段，孩子是没有物权概念的，而2~3岁孩子对物权的理解则是：这东西是在我手里，就是我的；这东西是我先拿到的，所以就是我的。因为此时的幼儿正处于个体自我中心的发展阶段，其自我意识的认知发展水平是相对自我的。因此，当你的孩子不会分享时，家长也应该理解他的出发点，不需要过度责备或者强迫孩子立即分享，可以在平时教育中循循善诱，逐步引导孩子逐渐形成乐于分享的态度。

第一步：安抚情绪。尤其是当孩子正处于不愿意与别人分享自己的东西的情境中时，成人要做的不是责备和说教，因为对于3岁前的孩子而言说理是不起作用的。这时候成人应该给予孩子情绪的认同。如你可以说：“你不想给别人玩对吗？”“别人来拿你的玩具，你不开心是吗?”这样,孩子的情绪被成人所认同,孩子会平静下来。

第二步:帮助同理。同理就是帮助孩子去理解别人情绪。举个例子来讲,小朋友拿走了你家孩子的玩具,这时你可以对孩子说:“你有没有发现你的小汽车很漂亮,其他小朋友也很喜欢,所以上来就来拿了。”

第三步:引导与支持。当孩子发生分享冲突时,可以转移孩子的注意力,或者可以引导去交换,降低分享的程度。而当孩子想玩别人的玩具,别人不给时,你可以叫孩子跟别人这样说:“我手中有小汽车,我们可以交换着玩吗?”然后就等待别人的决定。如果对方不愿意交换,对于孩子而言是被拒绝的体验。你可以帮助孩子去理解对方。

第四步:以身示范。当两个小宝贝抢东西时,家长往往会把东西给哭的孩子。其实这种方式无异于在向孩子传达某种错误的观念,即只要哭闹就可以达到目的。家长教育孩子学会分享的最好方式其实是榜样示范。家长可以通过讲故事的方式让幼儿发现与其他人分享的重要性,愿意与别人分享自己的东西,并能体验到分享的快乐。妈妈可以和宝宝分享自己的冰激淋,让宝宝戴自己的围巾、发卡、帽子,穿爸爸的鞋子、戴爸爸的手套等,当然也要让宝宝拿一些东西来与父母分享。重要的是要让宝宝亲眼看到妈妈给自己东西或者拿走自己的东西,在这个过程中学会和家人分享,进而学会与其他小伙伴分享自己的玩具、食品等。

问题五:你会辨识和理解孩子的情绪吗?

【问题背景】

婴幼儿天生就具有情绪反应能力,通常是通过面部表情、肢体动作行为等直接表达情绪。2~3岁孩子的情绪往往来自情境,喜怒哀乐都很真实,程度也较强烈。幼儿的情绪不比成人,往往突如其来,暴风骤雨,比如这个案例:豆豆2岁8个月,刚上幼儿园,她非常喜欢幼儿园,最近老师跟豆豆妈妈说,豆豆各方面表现都很不错,但老师一句话都不能批评她,刚说一句,她立马就哇哇大哭起来,自尊心特别强。幼儿的情绪有时候也容易走极端,令人费解,比如这个案例:奇奇2岁,因为调皮而常常受批评,以前批评他,他会生气地把东西扔一地,但是越是扔东西越是会受到更为严厉的批评,后来再受到批评时他不扔东西了而改为在自己的手背上咬一口。所以,面对孩子的这些情绪表现,很多家长觉得不解和棘手。该如何分析、理解豆豆、奇奇的情绪,又该如何应对呢?

【诊断与分析】

先让我们了解一下人的情绪。

日常生活中人的情绪种类丰富、细腻,可多达200多种。但无论是成人或幼儿,都具备四种最基本的人类核心情绪:喜、怒、哀、惧。同时,心理学研究也将情绪从影响面角度分为积极情绪和消极情绪。例如在四种基本核心的情绪中,喜是积极情绪,怒、哀和惧是消极情绪。事实上,不管是积极情绪还是消极情绪,每一种情绪都有存在的价值。

为什么这样说呢?我们通常认为恐惧是不好的情绪。可以设想一下,如果我们的祖先没有恐惧这个情绪,当他们面对野兽时,就不会逃跑,就可能被吃掉。所以,恐惧这种坏情绪在某种程度上能够帮助我们适应环境。所以情绪不分好坏,每个情绪都有它的功能。我们也看到,如果消极的情绪得不到及时疏导的话,会对身心产生不良影响。因此,家长在生活中需要关注到孩子的情绪变化,了解其情绪起因和表达特点,做好教育引导非常有必要。

婴幼儿天生就具有情绪反应能力。1岁以前的婴儿主要通过生理需求的满足而与情绪产生联系。随着年龄的增长,活动能力和内容的扩大,孩子的情绪逐渐从生理性走向社会性,即与自身所在的环境及其中的人、物、事产生联系,并且日趋复合化、复杂化、多样化。

2岁左右的幼儿开始表现出自己丰富的情绪,比如喜、怒等,并且会形成初步的爱与憎。这个时候的幼儿也会出现一些消极的情绪,比如生气、愤怒、害怕、难过等。幼儿情绪的最大特点就是敏感,而且非常易变,具有不稳定性,很容易受到外界的影响。幼儿的情绪是容易外显的,不高兴就哭,高兴就笑。幼儿对情绪的调节能力很弱,容易出现难以自控的情绪或相关行为问题。

以上述两个案例为例,家长该如何正确识别和应对孩子的情绪呢?

首先,人为什么会有情绪?人的情绪从何而来?

心理学认为,情绪跟人的主观需要有很大关系。人的主观和外部世界的客观是一对相辅相成的关系,如果外部世界的客观符合人主观的需要,那么人就容易产生积极的、愉悦的情绪,反之则产生消极的、负面的情绪。

其次,我们看下案例。案例一中的豆豆,因为主观自尊心强,不能接受客观批评,所以稍一批评就情绪激动。这种情况往往跟豆豆在成长过程中缺乏挫折经历,家庭过度保护有关。当豆豆出现这种突发情绪,家长需要帮助豆豆理解,批评只是针对事情,而不是针对人,合理保护豆豆的自尊心,但也要进一步考虑如何锻炼其意志力,例如承受挫折,接纳合理批评的心理素质。案例二中的奇奇,由于经常被家长批评,容易产生负面情绪。但任何情绪都需要被疏解,家长应该理解奇奇从前乱扔东西并不是偶然现象,而恰是其情绪发泄的渠道。但后来这个渠道被阻断,奇奇的负面情绪越来越累积而没有出路,所以才会做出咬自己的行为来发泄。因此,面对奇奇这种情况,更重要的是家长在日常教育中的方法要合理,同时要关注到孩子情绪的产生与消化。

在这里,给家长推荐几本宝宝情绪管理绘本,可以通过日常亲子阅读让孩子了解情绪,家长也可以发现和理解孩子的情绪:《我变成一只喷火龙了》《生气汤》《杰瑞的冷静太空》《我的大喊大叫的一天》。

问题六:孩子发脾气、闹情绪——怎么应对?

【问题背景】

孩子到了2~3岁时很爱发脾气,一遇到不如意的事情就会闹情绪,与父母反着来、哭闹、在地上打滚等。家长通常很无奈,若过于严厉,担心伤害孩子自尊心,若迁就,又怕惯坏了他。来看看这个案例:蓓蓓快满3岁了,脾气极差,情绪不稳定,缺少克制能力。有一次,蓓蓓和小区的小朋友争一包糖果,糖果是小朋友的,蓓蓓想要就去争抢,没有抢到时当即哇哇大哭,躺在地上打滚,甚至骂了拿了糖果的小朋友"小气鬼"。回到家之后,各种打闹,吃饭也耍小性子,一气之下把汤碗打翻了,又哇哇大哭起来。这个情景是2~3岁幼儿家庭常遇到的棘手问题,它反映出了2~3岁的幼儿还无法正确地表达和管理自己的负面情绪。这时,家长该怎么办?

【诊断与分析】

有研究指出:绝大部分孩子在有了负面情绪之后,通常会有两种表现:第一是随意发泄出来,伤害了别人,也导致别人对自己产生排斥,以牺牲人际关系为代价;第二种用生命力来压抑情绪,克制自己,把坏心情憋在心里,对自身产生不良影响。蓓蓓属于第一种,稍微有点儿不高兴就发泄出来,不考虑后果,只管自己发泄出来就好。

先问家长一个问题:当孩子伤心甚至哭闹时,您会怎么做?有父母说买点好吃的哄哄就行了,有父母说没事儿,让他回房间,自己想通了就好了,还有个别父母用恐吓来阻止孩子哭闹。从心理学角度来看,以上三种做法分别属于“交换”“无视”“惩罚”。交换是用一种高兴的事情吸引孩子的注意力,让他忽视那些伤心的事情;无视是像不关自己的事情一样让孩子自己去解决;惩罚则是采用恐吓孩子的方式阻止他哭闹。这些方法都仅能在表面上让孩子暂时不哭闹,但从长远来说,对帮助孩子懂得如何正确表达及调节自身情绪毫无益处。

那么,家长们可尝试这样来做。

第一,分析宝宝发脾气的原因。案例中的蓓蓓发脾气是因为有了强烈的挫败感。当她想要这个东西时,无论在什么情况下都想得到,这种感受越强烈,如果得不到的话,蓓蓓的挫败感也就越强。因此,就会用哭闹、发脾气的方式来进行情绪的表达。这时家长需要理解宝宝的情绪。

第二,帮助宝宝认识到自己的情绪是怎么产生的。案例中蓓蓓的父母可以通过“糖果事件”来讲解“物权”的概念,东西是自己的,自己可以使用,如果东西是别人的,那么需要得到别人允许后才能使用,或采取交换或轮流的方式来共享别人的东西。让蓓蓓说说对这件事情的感受,比如这么问:今天你与小朋友发生的这件事,你的感受是什么?有了这种感受之后你做了什么?你为什么要这样做呢?诸如此类,家长通过对话帮助宝宝去理解情绪的产生,如果蓓蓓能自己表达自己的情绪,还有理解事情的因果关系,那么家长就可以鼓励并引导她如何采取行动来表达情绪。

第三,引导宝宝正确表达个人的情绪。上述案例中,当蓓蓓已经理解自己产生挫败、不开心的情绪时,父母需要帮助蓓蓓知道接下来怎么做?一是可以告诉父母,我想要小朋友手中的糖果,但他不给我,我很不开心。这一步是自我情绪的认知。二是因为糖果是别人的,我可以怎么做才能分享到别人的糖果呢?这一步是调动积极情绪来解决问题。三是如果别人仍然不愿分享的时候,虽然我很不开心,但我可以做什么呢,比如想想家里还有其他好吃的,或者父母也可以给我买,或者做我喜欢的事情等。这一步是情绪的调节。

第四,孩子发脾气的时候宜疏不宜堵,家长要接纳孩子的各种情绪,要对孩子的情绪表现出理解和尊重。但也需要让孩子明白,情绪可以有,但无理取闹、撒泼摔东西的行为是不对的。

问题七:谁不喜欢善解人意的孩子?——谈谈共情能力

【问题背景】

有这样一些孩子:别人受到责备批评了,他却在旁边拍手大笑;别人已经疲惫困倦了,他却闹着要人家继续陪他玩；别人伤心难过了，他还在“伤口上撒盐”……有个家长就举了个让人哭笑不得的例子：我家孩子5岁了，前几天我发高烧，量了体温后他噌噌地跑过来，看了体温计，满脸惊诧地喊：“哇！40℃了！妈妈你好厉害，能烧这么高！”我看着朋友生病了帮她倒水递毛巾的同龄儿子，感觉到无比失落。我该如何引导孩子逐步学会关心他人呢？其实这些都与幼儿的共情能力有关。共情能力，指的是一种能设身处地体验他人处境，从而达到感受和理解他人情感的能力，也就是我们常说的“善解人意”。那么跟3岁的孩子讲共情合适吗？是不是太早？共情能力对幼儿的发展意味着什么？家长该怎么引导和教育？

【诊断与分析】

有人认为，幼儿太小，和他说共情太早，其实不然。事实上，幼儿一出生便已经具备了共情能力。比如，很小的幼儿去打预防针，听到其他小朋友的哭泣他也能哭起来，再大一点儿看到身边的小伙伴不开心，他会拿出自己的玩具和零食进行分享，以此安慰同伴，这都是幼儿最纯粹的共情能力。家长所要做的，就是在此基础上再加以助力，让幼儿能获得较为完善的共情能力。

身为家长，我们应该如何培养幼儿的共情能力呢？

◆ 1.提供“共情”榜样

很多父母看到幼儿情绪出现变化的时候，常常冷漠对待，在他们看来，不能惯着孩子，不能孩子一有需求就马上回应，但这种做法其实要依据具体情况来看。当幼儿出现需求，情绪上产生变化的时候，父母应该及时回应，这样才能让他们感受到安全感，感受到父母对他们的爱。家长对幼儿的身心需求保持敏感性，即敏锐地察觉到幼儿身心上有某方面的合理需求，并积极做出回应，给予及时满足，尊重幼儿的意愿，并接纳幼儿的想法。幼儿的合理需求得到满足，才能以“满足”的状态去产生共情。

◆ 2.“心智化”引导

“心智化”指理解与心理状态相关行为的心理活动，在这里代指家长能将心比心地理解孩子的行为并能很好地与之共情。要想让幼儿具有极佳的共情能力，家长首先自己要有较强的共情能力，充分理解幼儿的行为，做到换位思考，并与幼儿进行共情能力的互动练习。其次，家长要引导幼儿进行自我观察，对自己有初步的认识，再引导他站在他人的角度去考虑问题，以此来不断强化幼儿的共情能力。

◆ 3.恰当使用情绪“语言”

家长通过绘本或亲子游戏的方式，教会幼儿对人的情绪进行认知和分辨，如最基本的喜、怒、哀、乐、惧都是怎样的状态。一个人流泪代表什么，微笑往往意味着什么。同时也要让幼儿学会表达自己的情绪，并理解各种不同情绪下的状态。2～3岁的幼儿已经可以用语言表达情绪，在感知并理解的情况下，家长可以引导幼儿尽量用带有共情色彩的语言进行表达和描述，比如前述案例中，妈妈可以说：“妈妈高烧很难受！宝宝安慰一下妈妈，妈妈会很开心。”妈妈教孩子说：“宝宝知道妈妈很难受，宝宝去给妈妈倒水喝。”这些语言能更加丰富幼儿的情绪体验和表达，从而引导幼儿更好地体会别人的情绪，增强共情能力。

同时,也要引导幼儿学会用肢体语言表达自己的情绪。如果一个孩子在奔跑中磕破了腿,会共情的宝宝可以从摔伤孩子眼角的泪花和颤抖的双腿上看到奥妙,感到“他其实很疼”,然后做出抱抱的动作,这也是共情能力。遇到对方不愿意开口的事情,也可引导幼儿用肢体语言来表达自己对同伴的同情或支持。

共情的终极目标是爱与宽恕。一个人能爱上真正的自己,能理解自己和他人,是一个人高情商的标志,也是一个人能幸福的标志。所以,要想你的孩子具有较高的情商,做一个幸福快乐的人,家长要重视从小培养孩子的共情能力。

问题八:你的孩子会抗拒上幼儿园吗————如何克服分离焦虑

【问题背景】

每年的九月是幼儿园新生入园的时间,由于生活环境的突然改变,不少幼儿会产生入园焦虑,表现为每天哭闹着不愿上幼儿园,好多祖父母看见幼儿哭得“声嘶力竭”甚至打起了让幼儿再隔段时间上幼儿园的念头,这让爸爸妈妈们常常觉得束手无策。初入幼儿园的孩子,因为突然和家庭进行长时间分离,会产生一种正常的焦虑心理,被称为“分离焦虑”。如何帮助孩子消除分离焦虑,使其尽快适应幼儿园生活,一直都是家园双方共同探讨的问题。那么究竟什么是幼儿分离焦虑,家长们应该如何应对呢?

【诊断与分析】

我们从心理学的角度分析幼儿的分离焦虑到底是什么。

分离焦虑是指婴幼儿因与日常相处的亲人突然分离而引起的焦虑、不安或不愉快的情绪反应,又称离别焦虑。幼儿的分离焦虑分为三个阶段,首先是反抗阶段,在此阶段,幼儿会号啕大哭,又踢又闹;度过了反抗阶段后,幼儿会进入失望阶段,在这个阶段幼儿仍然会断断续续地哭泣,但是动作的吵闹会有所减少,表现为不理睬他人,表情迟钝;失望阶段过后,最终会进入超脱阶段,在这时,幼儿能够接受外人的照料,开始正常地活动,如吃东西,玩玩具,但是看见父母时又会出现悲伤的表情。

那么,当幼儿必须面临与家庭做适当分离,进入幼儿园开展新的社会交往的时候,我们该如何帮助孩子疏解和克服分离焦虑,良好适应入园生活呢?

◆ **1.入园前做好充分准备**

在宝宝快要进入幼儿园前的3~6个月,父母就可以开始培养宝宝良好的日常作息规律,比如带领幼儿坚持按照幼儿园同步的作息时间安排一日活动,适当地培养宝宝的自理能力,比如吃饭、如厕、穿脱衣服等,还可以通过给幼儿讲关于“我爱上幼儿园”主题的绘本故事帮助幼儿做好心理准备。家长要在孩子面前树立信心,不要让幼儿感受到我们的担心和忧虑。

此外,家长还可以在生活中培养孩子的社交自信心。有意识地为幼儿创造一些外部环境,给幼儿提供一些与其他小朋友、陌生人相处的机会。要培养孩子树立勇于、善于表达自己的诉求,比如,在口渴时幼儿会主动向成人要水喝,身体不舒服时会说出或用手指出具体的地方(如头痛、肚子痛等)。如果尿湿了裤子,知道要及时告诉老师,让老师帮助换裤子。

入园前,家庭还应与孩子进行适当的短时间分离练习。例如如果孩子处于一个自己不熟悉的地方时，我们可以等一两分钟然后再把他们带回身边，在此期间，让他们自己尝试适应新的环境；可以在离开他们之前，提前告诉他们你马上就会回来，因为什么需要你在这儿等一等，如果孩子还是因为看不到你，他们就马上开始哭闹，你可以待在原地叫他们的名字进行安慰，而不是立即冲过去安抚。

◆ 2.入园时对幼儿情绪状态积极关注

家长要在宝宝入园时多给予鼓励，不要拿宝宝跟别的幼儿比较。如果一开始幼儿无法忍受和家长分离，可以请老师或者其他小朋友跟孩子一起玩耍，转移他的注意力，如果转移注意力行不通，可以延迟分离过程，花一点儿时间和他一起玩耍，让孩子忘记即将分别的这件事。当家长最后决定离开的时候，要果断离开。孩子的适应能力很强，家长也要相信老师和孩子，在幼儿园中孩子可以得到多方面能力的发展，老师也会给予孩子成长的专业支持。分离焦虑只是暂时的，经过一定的时间和专业的教育引导，孩子可以很好地迈过这一成长阶段。

◆ 3.入园后对孩子焦虑情绪的正确疏解

不同幼儿入园后会有不同的焦虑反应，面对这些具体的幼儿焦虑反应，我们应该怎么做呢？

面对严重哭闹型的孩子：家长要在坚持送孩子入园的同时多与老师沟通，了解孩子在园的情况。注意从正面引导幼儿，比如每天让孩子分享在幼儿园遇到的有趣事件或者活动，帮助孩子和老师、小朋友建立起感情。

面对跟随哭闹型的孩子：家长可以请老师扮演妈妈的角色，让孩子感觉一切如常。每天离园时有意引导孩子和性格比较开朗活泼的幼儿在一起玩，用同伴积极的因素去感染、带动他们。

面对不断唠叨型的孩子：家长尽量每天准时接送幼儿，接到幼儿后可以在条件允许情况下与他在幼儿园多玩一会儿，使他感受到家长对他依然很关爱，陪伴他一起更加熟悉和适应幼儿园的环境，增强安全感。

面对后发作型的孩子：这类孩子一般两三天就能适应幼儿园，所以一开始最容易被老师和家长忽略，家长甚至会骄傲地觉得孩子适应能力非常强，从而忽略了与他情感上的沟通，从而造成了孩子心理上的失落，后期出现焦虑和哭闹。家长一开始就要对孩子初期的良好表现及时予以鼓励。和老师沟通，让孩子当小朋友的小榜样，从正面进一步强化适应能力。即使孩子表现得很开心，也要给予比平时更多的关心和陪伴。

面对身体不适型的孩子：首先要确定究竟是生理原因还是心理原因引起的，其后再给予相应的解决办法。和老师勤沟通，给孩子足够的安抚，让他能够接受幼儿园的一些规定。不能让孩子产生“只要我说不舒服就可以回家”的想法。

面对矛盾型的孩子：这类孩子一方面对幼儿园新鲜的环境感兴趣，一方面又不能忍受离开父母和熟悉环境的不适感。这种矛盾的心理会使他们难以控制自己的情绪，显得反复无常。这类幼儿克服焦虑的时间比较长，一般要持续三周或更长的时间。事先做好稳定孩子情绪的工作，用感兴趣的话题转移他的注意力，以淡化分离焦虑。家长可以每天主动与孩子聊天，对幼儿园的生活表示出极大的兴趣，让孩子感受到家长对他的关注和欣赏。孩子发脾气时不要责备孩子，要让他有适度发泄的机会。

面对“绝食”型的孩子：要循序渐进，可以和老师协商是否可以先把孩子接回家吃饭，然后再送回来。请老师有意安排孩子与性格开朗活泼的孩子在一起玩，用积极的因素去感染带动他。坚持天天送幼儿园不动摇。不能因为孩子采取了“过激”行为，父母就“心软”放弃，断断续续，时而送时而不送，只会延长孩子适应的时间。

总的来说，孩子的分离焦虑时间长短不一，有的宝宝几周就好了，有的宝宝则要几个月的时间。家长不要因为别的孩子已经适应幼儿园生活，而自己的宝宝还没有适应而感到烦躁和焦虑。在孩子焦虑期，要多给予孩子关心、鼓励，相信孩子会很快地适应幼儿园。

问题九：我们和孩子相处为何会有矛盾？

【问题背景】

幼儿在3岁前会跟父母亲之间产生强烈的情感依恋关系，良好的亲子关系是帮助孩子健康成长的重要基础。但亲子关系必然是和风细雨，一片坦途吗？恰恰相反，随着孩子长大的过程，大多数父母会发现尤其在孩子2～3岁的阶段，亲子关系开始出现一些挑战，较难把握住与孩子的相处之法。例如，有一些家长忙于工作，没有足够的时间去陪伴孩子，未能注重亲子互动；再比如有一些家长口中常常说“别人家的孩子”，日积月累，容易让孩子缺乏自信心；还有一些家长不太能与孩子沟通，常常会因为孩子的调皮和无理取闹“不由自主”地大发雷霆，这不仅不能够解决孩子的问题，甚至会让孩子更加害怕、恐惧你。渐渐地，亲子关系中陪伴不足、关系淡漠、沟通不畅、家庭矛盾冲突、教养风格严厉、孩子自信心不足、家长包办代替、孩子独立性差、依赖性强等问题层出不穷……

如何与孩子相处，培养良好的亲子关系是一门艺术，也是一项考验。那么在日常生活中父母应该如何建立这段关系呢？

【诊断与分析】

了解和接纳孩子的成长，正确地认知亲子依恋关系的发展是解决问题的必要前提。随着身心的成长与发展，2～3岁的孩子在其自我意识、情感需求、个性形成、行为意志力表现等方面都有着显著的变化。

首先，孩子的自我意识开始萌芽，逐渐有了“我”的意识和概念，其“自我中心感”正处在高峰，很容易出现家长口中“叛逆”“不听话”等特点，而伴随自我意识产生的自尊心也让孩子在与家长沟通时容易产生矛盾。

其次，孩子的情感需求依然是其心理发展的重要内容，对父母亲的依恋、依赖会更加深刻而且复杂，不仅出现与父母的分离焦虑、入园焦虑，还会伴随父母的不同回应而产生情感起伏波动，有时候甚至有内疚、沮丧等负面情绪，而伴随情绪的行为问题当然也就更多了。

最后，此时孩子的规则意识、意志力方面的自控力、自我调节能力都很孱弱，如何适应家庭教育的要求，适应幼儿园集体生活的规则，对幼儿自身也是一种挑战。

因此，在理解孩子的基础上，我们给家长关于建立和谐亲子关系的几点建议如下：

◆ **1.留出充足的时间陪伴孩子，建立安全感**

父母不管多忙多累，一定要给予孩子充足的陪伴时间，注重亲子互动。在与孩子的日常互动中,我们可以与孩子一起玩玩具;以小孩子的方式、口吻与孩子多做游戏,例如:捉迷藏、堆积木、唱儿歌等。可以给孩子讲绘本故事或者每天睡前来一个"晚安小故事";平常多带孩子去旅游,让孩子感受一下外面的新鲜事物,开阔眼界,增长见识。以此,增进亲子之间的感情,建立良好的亲子关系。

◆ **2.相信并肯定孩子,积极支持孩子**

在《幼儿园教育指导纲要(试行)》中的教育评价,我们就可以参照正确评价孩子的原则,例如夸孩子要具体不夸全部,如果笼统地夸奖孩子会让孩子无所适从,比如孩子将玩具放好之后,表扬孩子,你真棒,但不如有针对性地具体地表扬孩子。"宝宝将玩具整齐地放好,妈妈很高兴。"家长要留心孩子的努力,注意生活中的细节,善于发现孩子的闪光点,及时给予孩子积极的回应,这样孩子也会更明确地树立规则意识。

◆ **3.尊重孩子,倾听孩子的感受**

从行为主义向人本主义转变。首先,跟孩子交流的时候一定要蹲下来,让孩子感受到我们彼此之间是平等的关系,是好朋友的关系。尊重孩子,也要以身作则,做好表率。孩子最初是不会表达感受的,只会用哭、闹来发泄不满,我们要耐心地引导并教会孩子正确地表达情绪,多体会他们的感受,这样我们也能理解孩子,与孩子更近一步。

问题十:孩子说谎?——也谈行为习惯养成

【问题背景】

2~3岁的幼儿处在大脑发展的关键期,随之而来的活动性和行为能力逐渐增强。但正因为行为能力的增强,孩子的有些行为习惯却让家长开始担心。例如这个案例:小宝今年3岁,已经开始上幼儿园了,但最近我发现他的书包里总是多出一些不属于自己的玩具,和老师沟通后发现是他把自己在幼儿园喜欢的玩具偷偷拿回家。当我严厉问他时,他却大哭大叫,说这是他的,就不还回去!孩子这么小就开始撒谎,让我觉得很尴尬。

孩子为什么说谎,面对孩子的行为家长应该怎么做,这样的行为会不会影响孩子今后品行的发展?怎么养成孩子良好的行为习惯呢?

【诊断与分析】

这样的案例并不少见。比如幼儿到了两三岁的时候,家长会发现,宝宝竟然会说谎了。比如他把杯子打碎了却说不是他,午饭没吃完倒掉了却说吃完了等。那么我们该怎么看待这些问题?

2~3岁幼儿说谎,并非完全是品德问题。但是,如果作为家长只是一笑了之,而不去分析其原因,不对宝宝进行教育,会使宝宝得到不断强化与练习说谎的机会,从而养成说谎话的坏习惯。

其实,对宝宝说谎这个问题,家长在耐心了解的同时,还要仔细分析宝宝说谎的心理,然后采取相应的教育措施。

首先,家长需要了解影响3岁前幼儿不良行为习惯的主要因素:

家庭对幼儿的影响:对于幼儿而言,父母的表情、语言、行为、态度对他们都起着榜样的作用,幼儿会进行观察和模仿。所以父母在孩子面前一定得注意自己的言行举止,真正做到言传身教。

幼儿园对幼儿的影响:幼儿园是幼儿除了在家,待的时间最长的一个地方。当孩子进入幼儿园时,就相当于迈进了社会的第一步,幼儿园的整个环境是积极向上的,但更多不同风格、行为特点的幼儿同伴会带给幼儿自身不一样的视角,在这个过程中,幼儿的观察、模仿也是存在的。

社会对幼儿的影响:社会是一个大环境,各形各色的人都在里面。当前社会中各类媒体、互联网信息的传播是广泛的,对儿童接受社会化、成人化信息的限制门槛至今仍是社会关注和亟待解决的问题。

培养幼儿养成良好的行为习惯是一个阶段性的过程。正因为受到各种因素影响,孩子的行为习惯需要从日常生活的点滴中逐渐养成。家长们可以着重把握这三个方面的策略:

◆ 1.理解孩子

家长在日常生活中要换位思考,理解孩子,从而更有效地对幼儿进行教育。对反抗的孩子不能采取“高压政策”,要冷静对待,反思一下为什么孩子会说谎,为什么会抗拒自己的要求,是因为对孩子的不了解让他们受了委屈,还是因为动辄打骂伤害了他们的自尊心。

皮亚杰的认知发展理论中提出,3岁前幼儿的思维有这三个特点:(1)直觉集中倾向,意味着幼儿只凭直觉去考虑事情,仅仅注意事物的单面;(2)不可逆性,是指幼儿只能单面思考问题,不够全面;(3)自我中心主义,指幼儿只从自己的观点着眼事情而不会去考虑别人的看法。了解和把握住孩子所处阶段的发展特点,有的放矢地对孩子的行为加以引导,会起到事半功倍的效果。

◆ 2.亲近孩子

家长切忌用严厉的语气与孩子交流,这样不但达不到效果,还会让孩子产生对你的恐惧感。家长正确的做法应该是亲近孩子,蹲下身来与孩子说话。对待幼儿的其他行为也同理可得,家长的正确引导对培养幼儿良好的行为习惯是至关重要的。亲近孩子能够进行有效的沟通与交流,引导他们学会同别人一起分享并能从中得到快乐。

◆ 3.督促孩子

家长和教师在对幼儿不良的行为习惯进行改正时,要循序渐进,切莫急于求成。因为习惯是一个长期养成的过程,必须花时间才能达到预期的效果。而小孩子的自制力太差,这时就需要家长起到督促作用,用正确的方法引导孩子改正。所以,家长和教师要耐心地、细心地等待幼儿养成良好习惯。

问题十一:亲子阅读的绘本你选对了吗?

【问题背景】

绘本作为幼儿早期阅读的重要载体,对幼儿的身心发展具有重要意义。绘本文字优美、图画连贯、主题丰富多样、情节生动有趣,非常适合作为幼儿早期阅读的材料。引导幼儿及早接触、阅读绘本对幼儿的观察能力、阅读能力的培养具有重要作用。但是你遇到过这样的情况吗？我家宝宝2岁半了，平时我们工作繁忙，没有时间陪孩子。孩子想看书，我都是下班的路上随便给他带几本回家，宝宝拿到书，最开始兴致勃勃地看了起来，10分钟过后就去玩别的东西了，以后也没碰过书，为此我感到很困惑且受挫。选择什么类型的幼儿绘本读物才能提高孩子的积极性，让孩子更容易接受呢？

是的，有的家长不会选择适合自家孩子阅读的绘本，通常随便买几本给孩子看就行，造成孩子阅读质量下降甚至不爱阅读。现在市面上绘本类型众多，家长该如何进行选择，才能让幼儿受益匪浅呢？又怎样培养亲子阅读呢？

【诊断与分析】

绘本指的是以儿童为主要阅读对象，用文字和图画相结合的艺术形式来表现故事情节或传递信息内容，具有一定文学价值、审美情趣和艺术魅力的一类儿童文学作品。绘本具有图像性、艺术性、趣味性和创意性。

如何为2~3岁幼儿的早期阅读选择适宜的绘本读物，建议家长们从这几个方面考量：

◆ 1.**鉴别种类**

绘本有很多种类，家长在选择绘本时不仅要选择一些常见的有字类绘本，也应该引导幼儿阅读一些无字绘本，如《下雨天》《蓝色的天空》。这些无字绘本完全用图画把故事串起来，画面的连贯性更强，有利于培养幼儿的观察能力、阅读能力。

科普类的绘本也必不可少，如《偷偷看里面系列》。这一类绘本把生涩难懂的科学知识变成有趣的故事，并配上直观形象的图画讲述给幼儿。幼儿通过成人的引导观察图画、聆听故事，潜移默化地学习了各种科学常识。

针对2~3岁的孩子，在书籍选择上还应该选择一些情绪和安全感类、行为习惯养成类、自我认知类、人身安全类等主题的绘本，逐渐培养孩子的行为意识。

◆ 2.**与生活衔接**

家长在为幼儿选择绘本时应多考虑一些和幼儿的生活经验相关的故事，如此才能引起幼儿的兴趣，并且会加深幼儿对绘本内容的理解。首先可以选择以家庭人物为主角的绘本。里面的人物主角都是孩子非常熟悉的家人，幼儿阅读时自然能引起兴趣。其次选择一些以和幼儿同龄的小朋友为主角的绘本。这类绘本以小朋友为人物主角，描写的也是他们的日常生活，幼儿在阅读时能结合自己的生活产生共鸣。还有以小动物为主角的绘本。这类绘本以小动物为主角来讲述故事，符合幼儿的年龄特点，容易引起孩子的兴趣。另外，为幼儿选择的绘本，故事情节应简单但具有很强的趣味性，幼儿在阅读时会深深地被绘本中的情节所吸引。

◆ 3.**具有一定的挑战性**

有些绘本的结构具有潜在的挑战性，对幼儿来讲具有发展性，其图画和文字按照两页、三页或者四页为一组不断重复，这样我们就看到了一本绘本呈现出了类似音乐节拍似重复的节奏。幼儿非常喜欢重复结构的绘本。因为这类绘本有一种节奏的美感，幼儿在阅读重复结构的绘本时很容易发现其中的规律，从而预测出后面的内容，让幼儿在阅读时有预测结果的成就感和快感。另外，有一定节奏的绘本还便于幼儿进行表现和创造。幼儿不仅可以用动作来表现故事中人物的行为,还可以运用故事中的文字规律来创造其他句子。

问题十二:陪读还是精读——谈谈有效亲子阅读

【问题背景】

亲子阅读是孩子童年时期和父母之间最经典的互动活动,是从小培养孩子阅读习惯的最佳方式,是孩子与父母之间建立深厚感情的重要渠道之一。但平时家长工作繁忙,孩子和父母静下心来深入互动的时间都比较零碎化,现在中国家庭里大多都是老一辈帮忙照顾孙子、孙女,隔代教育又很难替代亲子阅读的效果。

所以各位爸爸妈妈们也会遇到这样的情况吗:我家宝宝3岁了,平时我们工作繁忙,很少花时间陪孩子。孩子想看书,都是拿一本书让他自己看,有时候会和他一起阅读,但我都是直接把字念出来,孩子听着很枯燥,或者有时阅读绘本,多以图画为主,我又不知道该怎么给孩子讲,所以孩子往往注意力一会儿就转移了。

是的,这样的亲子阅读有效吗?而怎样的阅读方式才能吸引孩子呢?本书将为家长们提供一些实用有效的亲子阅读小方法。

【诊断与分析】

首先,亲子阅读并不简单。

幼儿的早期阅读本身是为其今后认知、阅读、语言及其他能力打下基础的活动。而亲子阅读之所以有价值,也绝不是仅仅因为父母在一边陪读的仪式需要。其实,在幼儿早期阅读中,由于许多绘本都具有深刻的内涵,幼儿认知能力有限,需要在成人的指导下才能够发掘这些内涵。另外,从最直接的角度来说,幼儿能够识记的文字量很少,因此就更需要成人的指导。通过绘本精读的形式来加强亲子之间的交流与情感共鸣,让幼儿感受到来自成人的陪伴与爱,更有利于其身心的健康成长。

那么如何有效培养亲子阅读,增强亲子之间的交流与共鸣?

第一,预测故事内容。幼儿在家长引导下阅读绘本的过程中,应当尽量由幼儿自行去读懂故事的角色。在绘本精读中,家长并非只是一个讲故事的角色,也是一个引导者,引导幼儿去理解绘本中的内容,更是一个参与者,和幼儿一起去解读绘本中的故事。因为幼儿对文字的认知能力有限,因此通过读图来预测故事内容便成为绘本阅读的重要方法。绘本中的预测包括封面预测和内容预测。关于绘本里的内容,家长可以进行提问,因为提问非常宽泛,而且画面信息有限,所以此时幼儿难以准确预测出这是一个什么样的故事。但是封面预测阶段的预测结果并不重要,只要幼儿产生了对故事内容的好奇心,就达到了目的。接下来,家长再引导幼儿观察画面,并让幼儿获知开头几页的内容,当幼儿获取了这些信息之后,预测后面故事的能力将大大提高。每个页面的问句都需涉及三种主体事物,幼儿才能够发现事物与事物之间的联系,做出正确预测。幼儿要善于组织语言,才能够正确描述出画面的内容。因此,幼儿的预测过程也是一个组织思维和组织语言的过程。

第二,提问引导思考。提问是绘本阅读中最为基本的技巧之一,提问不仅能够开启幼儿的思维,还能使家长了解幼儿对绘本的理解程度。在提问时,多提开放式问题,如"这个故事中发生了什么?”“在故事中有什么人物?”“你从这个故事中懂得了什么道理?”这样能激发出儿童更多的语言,提高儿童的语言表达能力。

第三,开展游戏化阅读。单一的绘本阅读形式容易使幼儿产生厌倦情绪,在绘本阅读中引入简单的游戏,更能够让幼儿对绘本内容产生浓厚的兴趣。我们可以根据绘本内容创造具有相似性的情境。家长和幼儿一起制作绘本中简单的道具,在过程中体验手工的快乐,同时加强幼儿的动手能力,然后用制作的道具角色扮演,播放背景音乐创造情境,开启幼儿对故事的想象,仿佛自己正置身于故事的情境之中。这样不仅能激发幼儿对表演活动的极高兴趣,还能够加深对角色情感的体悟。

问题十三:早期音乐启蒙是否为时过早?

【问题背景】

如今家长对孩子的早期培养越来越重视,翻遍了各种幼儿教育书,听遍了莫扎特、贝多芬的各种经典乐曲,有的甚至从孕期就对胎儿进行所谓音乐胎教。近年来关于0~3岁孩子音乐启蒙的话题更是助推了家长们对这方面的关注。但是真正了解早期音乐启蒙教育的家长很少,大家有的摸不着头脑,大多人云亦云,有的又混淆了音乐教学和音乐启蒙,认为对3岁的孩子进行音乐教育能否真的有效果,甚至担心过早学习会影响孩子今后对音乐的兴趣,更多的家长则是到具体操作时,却不知道该怎么做了,比如很多妈妈虽然有意识要对宝宝进行音乐启蒙,但是对于音乐种类的选取则不大清楚。

恰恰是这些误解和不了解,让幼儿音乐启蒙成为大家又好奇又担心的话题。本书将为家长们解答清楚。

【诊断与分析】

首先,家长们要树立正确的音乐启蒙教育理念。

幼儿早期音乐启蒙并不是音乐教学。

它其实是通过音乐刺激宝宝的听觉和大脑,通过舒缓或者有适量节奏的音乐来吸引宝宝的强烈好奇心,进行适量的刺激。而宝宝受到这种刺激后,会跟随音乐摇晃,或者表达出喜悦的情绪。早期音乐启蒙不光能够培养宝宝的审美和音乐天赋,更重要的是能激活宝宝的大脑,促进发育,激发各种潜能,并且能让宝宝分泌一些有益的激素,促进宝宝的身心健康。因此,幼儿早期音乐启蒙具有积极的意义和长远的价值。

因此,建议家长们对幼儿音乐启蒙不要有太多功利性的想法,比如以让幼儿以后以此为生或者到了一定年龄“考级考证”为目的去进行音乐启蒙教育,这样往往只会适得其反,让幼儿失去对音乐的兴趣,错过了音乐对幼儿性格、交际、创造力发展方面的有益作用。

其次,我们该如何对幼儿进行科学、正确的音乐启蒙教育呢?其实说到启蒙,并不像教学那样系统、专业、复杂,简而言之就是从生活中渗透式培养,家长朋友把握下面两个方面即可:

◆ 1.创设一个良好的音乐环境

在平时生活中,家长可以在不同的时间段给宝宝创造不同的音乐环境。比如:晚上在宝宝睡觉前放一些舒缓的古典音乐,这样有利于帮助宝宝安静入睡,最经典的应该就是勃拉姆斯的《摇篮曲》,带着宝宝们缓缓地进入甜蜜的梦乡。还有就是莫扎特的《单簧管五重奏》,其实莫扎特的很多音乐都非常适合宝宝聆听,因为他的大部分作品都是很积极阳光向上的。在宝宝清醒的时候可以给宝宝放一些欢快的音乐,比如贝多芬的《欢乐颂》,巴赫的《小步舞曲》等,活泼的旋律,愉悦的氛围,可以帮助宝宝们拥有好的心情。音乐在精不在多,家长们可以配合宝宝们的作息,放固定的音乐,为宝宝创造一个熟悉的音乐环境。

◆ 2.引导幼儿发现生活中的"音乐"

家长在与幼儿互动时,可以引导宝宝倾听生活中的各种声音,甚至还可以让宝宝们模仿,从而激发宝宝对音乐的兴趣。比如将敲门声拟声化,带着宝宝模仿它,咚咚咚,并且还可以自己改变节奏,带着孩子一起模仿,这样会极大地吸引孩子的注意力,提高他的参与度。同时还可以通过亲子活动的方式开展不同的音乐活动,与其他方式结合在一起,比如故事、舞蹈等,与宝宝一起互动。在网上学一些简单的手指韵律操,比如《数鸭子》《礼貌歌》等,带着宝宝一起做,不需要多么规范,让宝宝感受到愉悦的心情就可以了。家长也可以通过游戏进行音乐活动的开展,在奥尔夫音乐里,通过不同的音调,让孩子们唱出自己的名字,如利用木琴或者其他乐器弹出音调,如弹出A、C调,让宝宝熟悉音调,再跟着唱出自己的名字,"小——鱼——"。不光让宝宝熟悉了音调,也能练习语言能力。